역사가 만든 도시

경북대학교 기초교육원
복현모둠강좌 No.10

역사가 만든 도시

찍은 날 2012년 11월 22일 • **펴낸 날** 2012년 11월 28일
지은이 김중락|김창성|나인호|박윤덕|박진빈|이문기|이영석|하세헌|황보영조
펴낸이 함인석 • **펴낸 곳** 경북대학교출판부 • **출판등록** 1973년 10월 10일 ㉣97호
주소 대구광역시 북구 대학로 80 • **전화** 053-950-6741~3 • **팩스** 053-953-4692
이메일 press@knu.ac.kr
ISBN 978-89-7180-358-5 93900

값은 표지 뒷면에 있습니다.
파본은 바꾸어 드립니다.

역사가 만든 도시

김중락 | 김창성 | 나인호 | 박윤덕 | 박진빈
이문기 | 이영석 | 하세헌 | 황보영조

경북대학교출판부

서문

도시의 본질은 시간적 토대 위에서만 발견된다.

도시학자 카우퍼J. M. Cowper는 "신은 자연을 만들었고, 인간은 도시를 만들었다"라고 말하였다. 구약성경 바벨탑 이야기에서 보듯이 도시에 대한 인간의 집착은 태곳적이고, 아마도 본성적인지도 모르겠다. 고대로부터 나타난 수많은 도시들은 도시 만들기가 인간의 어쩔 수 없는 버릇임을 말해 준다. 그러면 인간이 만든 다양한 도시들 가운데 가장 이상적인 도시란 어떤 것일까? 우리가 살고 있는 도시는 어떻게 더 나은 도시가 될 수 있을까?

도시에 대한 사람들의 관심은 어느 시대에나 뜨거웠다. 여행기는 이제 문학의 한 장르로 취급해도 될 정도이다. 도시학은 사회학의 한 분야로 자리 잡았고, 역사학자들은 도시사에 매료되어 있다. 고대의 도시는 그 자체로 하나의 국가였다는 이유에서 흥미롭고, 현대에는 국가가 사라지고 있기 때문에 그러하다. 국경의 의미가 오늘날만큼 무의미한 시대도 없었다. 머지않은 미래의 세계지도는 아마도 국가의 구분을 보여 주는 선이 아니라 도시를 표현하는 수많은 점으로 채워질지도 모르겠다.

이 책은 세계 주요 도시의 역사를 다루고 있다. 오늘날의 도시들은 서로 다른 길을 걸어왔다. 따라서 우리가 한 도시의 내면인 역사를 보지 못한다면 우리의 도시 경험은 피상적일 수밖에 없다. 이 책은 대부분 수도의 경험을 가지고 있고, 그 역사가 오래되었으며, 오늘날도 역사가 살아 있는 세계의 주요 도시들을 포함하고 있다. 기존 세력과 새로운 세력의 갈등 속에 성장한 도시, 왕과 제후를 위해서 만들어진 도시, 인간의 물욕과 탐욕을 위한 도시, 갈등과 화해의 산물로 나타난 도시, 정치적 갈등이 반영된 도시, 각종 문제들을 자신만의 방법으로 해결한 도시 등 우리는 다양한 도시의 역사를 볼 수 있다. 우리는 다양한 도시사를 보기 위해 가능한 한 많은 도시들을 포함하고자 하였다. 그러나 안타깝게도 우리의 범주에 부합하는 많은 주요 도시들이 시공간적 제약으로 인해 포함되지 못했다.

이 책은 대학의 교양 강좌에 참여한 각 도시 전문가들의 글을 엮어 만들었다. 모든 저자가 전문 역사가지만 가능한 한 대중과 소통하고자 노력하였다. 다시 말해 이 책은 소수의 학자들만을 위한 글이 아니라 교양인을 위해 기획된 것이다. 그러나 이 책은 단순한 도시 여행 안내서도 아니다. 우리는 각 도시의 특색과 문화를 담고 있는 역사를 보고자 하였다. 그러므로 가벼운 여행서를 기대한 독자는 다소 실망스러울 수도 있겠지만, 진지한 여행자에게는 큰 도움이 될 것이다. 언제까지나 감각적으로 도시들을 경험할 수는 없다. 현대도시의 진정한 모습을 보기 위해서는 그 도시의 역사부터 알아야 할 것이다.

※

먼저, 이영석 교수는 상업도시로서 런던의 성장과정을 세밀히 소개하고 있다. 15세기 이후 런던은 잉글랜드 수도의 위상을 가졌지만 18세기 말까지는 오늘날과 같은 국제적 명성을 얻지는 못했다. 17세기 말에도 런던은 여전히 정기시의 모습을 지니고 있었다. 런던이 오늘날의 명성을 지니게 된 것은 근대국가 영국의 발전을 통해 설명 가능하다. 저자는 영국이 17세기 후반 이래 경쟁국 네덜란드와 프랑스를 제치고 국제무역과 해외식민지 경쟁에서 우위를 차지했으며, 이는 금융혁명, 산업혁명, 영제국의 형성으로 이어졌음을 보여주고 있다. 이 과정에서 17세기에 등장한 런던 소매업은 결정적인 역할을 담당했다. 런던은 정기시에서 상설시장으로 발전하였고 17세기 런던 대화재와 재건으로 런던 소매업이 발전하였다. 저자는 오늘날 런던이 거대한 국제적 상업도시가 된 것에는 이 소매업이 기초가 되었음을 밝히고 있다. 장인 정신과 전문성을 갖춘 런던의 경험, 이 글에서 시작해 보자.

도시는 꿈을 이룰 수 있는 공간인 동시에 탐욕과 갈등의 공간이기도 하다. 한 도시의 변화는 발전과 개선인 동시에 파괴와 소외를 수반하는 것이기도 하다. 따라서 도시는 창조의 공간인 동시에 파괴의 공간이다. 박진빈 교수는 뉴욕의 역사를 통해 도시의 복합성을 설명하고 있다. 뉴욕의 변화는 발전, 개선, 근대화와 같은 긍정적 변화인 동시에 파괴, 소외, 갈등과 같은 부정적 변화이기도 하다. 사회 · 문화적 개선을 추구하는 역동성도 존재하지만, 자본주의의 현실적 측면 역시 작동하고 있기 때문이다. 오늘날 마천루가 즐비하고, 문명의 첨단을 보여 주는 도시 뉴욕도 한 세기 전에는 빈민들과 이민자들로 슬럼화된 공간이었다. 저자는 19세기 말, 20세기 초 뉴요커의 절반을 차지한 빈민들의 삶에 대해 조명하면서 근대화가 만들어 낸 괴물 뉴욕을 먼저 소개한다. 그 다음 저자는 전후 뉴욕의 변화를 시각화하고 있다. 인간 불도저 로버트 모지스가 만들어 내는 단선적 도시개발에 대항해 제인 제이콥스가 어떠한 비전을 제시했는지, 그리고 그것이 현대 뉴욕에 어떻게 영향을 미쳤는지를 그려내고 있다. 그러나 저자는 뉴욕에서의 재개발은 항상 젠트리피케이션gentrification이었음을 지적한다. 뉴욕의 그리니치에서 밀려난 예술가들과 빈민은 소호로 갔고, 소호가 개발되면서 로어이스트사이드Lower East Side로, 그 후에는 강을 건너 브룩클린 하이츠Brooklyn Heights로 옮겨 갔다. 결국 그 과정은 빈민의 희생을 동반한 것이다. 저자는 2011년 월가의 저항운동이 이와 무관하지 않음에 주목하면서 "밀려나는 이들은 이제 또 어디로 갈 것인가?"라고 질문한다. 여러분은 부와 첨단의 맨해튼에서 '다른 절반'의 모습을 볼 눈이 있는가?

파리의 성장과정은 도시가 어떻게 한 국가의 정치 중심지로서 역할을 하는

지를 보여 준다. 박윤덕 교수는 예술과 문화도시로서의 파리가 아니라 혁명의 수도로서의 파리를 우리에게 소개한다. 오랜 역사를 통해 형성되어 온 파리는 중세 때부터 학문적으로 상업적으로 그리고 정치적으로 유럽에서 가장 중요한 도시로서의 위치를 점해 왔다. 그리고 파리는 항상 압제에 대한 저항의 도시로서 그 역할을 감당해 왔으며, 그 절정은 프랑스 혁명과 그 후 일어난 일련의 혁명들이었다. 파리 시민은 1789년 바스티유 함락을 기화로 절대왕정을 무너뜨리고 공화정을 만들었으며, 1830년에는 7월 혁명을 통해 부르주아지 중심의 입헌군주정을 만들었다. 그러나 그들은 그것이 진정 자신들이 원했던 것이 아니라고 여기자 1848년 2월 혁명을 통해 새로운 공화정을 탄생시켰다. 1871년의 파리코뮌은 절박한 상황에서도, 비싼 비용을 치르고라도 이상을 포기하지 않은 파리 시민들의 결단이었다. 저자는 정치적 이상을 실현하고자 한 흔적이 남아 있는 파리를 묘사하고 있다. 혁명의 여운은 파리의 어느 부분에서 살아 있을까?

김창성 교수는 우리를 로마의 일곱 언덕으로 안내한다. 저자는 오늘날 로마시의 중심부를 이루고 있는 일곱 개의 언덕에 얽힌 전설을 토대로 로마의 기원을 가상의 여행자에게 소개하고 있다. 오늘날 어느 도시가 로마처럼 고대적 흔적을 그대로 간직하고 있을까? 로마를 여행하는 사람들은 누구나 이 도시의 현대성이 아니라 고대의 흔적에 감동한다. 그러나 이를 체계적으로 설명해 주는 안내서는 흔하지 않다. 저자는 로마의 일곱 개 언덕을 중심으로 그 초기 통합의 역사를 제시한다. 공간이라는 1차원의 한계를 벗어날 수 없는 여행자들에게 공간별 이야기의 전개는 최고의 안내서이기도 하다. 저자가 일곱 개의 언덕에 집착하는 이유는 이 언덕들이 로마의 건국설화와 불가분의 관계에 있기 때문이다. 또한 로마의 건국 설화와 일곱 개의 언덕 이야기는 로마제국과도 무관하지 않다. 그리고 도시 로마의 전설은 단순한 전설이 아니라 역사의 일부이다. 로마의 진면목을 보기 위해서 저자를 따라 일곱 개의 언덕에 올라 보자.

로마 못지않은 유적을 간직한 도시가 우리의 천년수도 경주이다. 현재 인구가 고작 26만 명인 이 지방도시의 기원에 대해 우리는 얼마나 알고 있을까? 수도의 위상을 천 년이나 간직한 도시가 몇일까? 신라사 전문가인 이문기 교수는 신라 천년왕도 경주의 흥망을 이야기한다. 고대의 다른 도시들과 마찬가지로 경주는 교통의 요충지였으며, 사로국은 이 경주 지역의 읍락을 통합한 국가였다. 저자는 경주의 한 지역인 국읍을 중심으로 한 사로국이 확대되면서 사로국의 수도 역시 경주 전역으로 확대되었음을 보여주고 있다. 저자는 왕도 경주가 신라의 확대에 따라 어떻게 신라의 정치 · 경제 · 사회 · 문화의 중심지로 발전했는지를 보여 주고, 삼국통일 이후 번영기 경주의 모습을 흥미로운 문헌을 통해 그려내고 있다. 이제 새로운 눈으로 경주를 찾아가 보자. 기와가 즐비한 경주, 밥 짓는 경주가 보이는가?

황보영조 교수가 본 에스파냐의 수도 마드리드는 대중이 일상을 영위하는 곳이며 정치인과 문인들이 뜻을 펼치는 무대, 즉 '역사와 문예의 이중주'가 연주되는 공간이다. 저자는 다음과 같은 질문에 대한 답으로 글을 시작한다. 왜 마드리드의 문장紋章에는 곰과 마드로뇨 나무가 등장할까? 어떻게 이슬람의 도시는 파괴되지 않고 기독교인의 도시로 이어지게 되었을까? 마드리드는 어떻게 에스파냐의 수도가 되었을까? 19세기 말까지도 마드리드는 에스파냐의 수도였지만 가장 번영하거나 큰 도시는 아니었다. 즉 '궁정만 있는 도시'였다. 그럼에도 불구하고 마드리드는 17세기와 18세기에 바로크의 도시로 변모하였고, '황금세기 마드리드'라 불릴 정도로 정치와 문예의 중심이 되었다. 문학과 국민극이 꽃피었고, 벨라스케스는 〈라스 메니나스시녀들〉를 남겼다. 저자는 이 시기에 나타난 재미있는 풍습을 소개한다. 시에스타가 30분을 넘지 않아야 하는 이유, 마드리드인들이 산책을 즐기는 이유, 갓난아이들을 버리는 이유, 5월 15일을 수호성인 산이시드로를 기념하는 공휴일로 지키는 이유 등. 19세기 마드리드는 국민국가의 수도로서의 위상에 걸맞은 외관을 갖추게 되었으나 마드리드가 에스파냐의 진정한 수도로서 변모한 것은 20세기 들어와서였다. '대마드리드' 건설로 인해 마드리드는 이제 정치와 문예뿐 아니라 상업과 금융의 중심지로도 손색이 없게 되었다. 물론 역사와 문예의 이중주는 지금도 지속되고 있다. '역사와 문예의 이중주', 이 연주회에 참여해 보자.

김중락 교수는 스코틀랜드 에든버러의 역사를 소개하고 있다. 오늘날 에든버러는 국제축제의 고장이며, 문화도시로서 이름을 떨치고 있다. 그러나 이 도시의 시작은 하나의 큰 바위에서 비롯되었다. 저자는 빙하작용으로 생긴 거대한 바위와 구릉이 어떻게 스코틀랜드의 수도로 성장하게 되었는지를 보여 준다. 도시는 다양한 기능을 담당하지만 에든버러는 하나의 요새로서 시작되었다. 방어에 용이한 성체바위 때문에 요새가 되고 왕이 머무는 장소가 되었다. 왕이 머물면서 행정과 상업도시가 되었다. 저자는 고성과 구시가지를 다니면서 우리를 중세 에든버러로 인도한다. 근대 에든버러는 문화와 예술의 중심지로 알려져 있는데, 스코틀랜드 종교개혁과 스코틀랜드 계몽운동의 중심지로서 '북방의 아테네'라 불렸다. 20세기에는 국제축제의 고장으로 성장해 왔다. 저자는 에든버러 탄생의 기원이 된 고성이 이후의 발전에도 핵심 역할을 담당해 왔음을 생생하게 보여 준다. 고성을 배경으로 하는 군악대행진, '밀리터리 타투'를 즐기면서 영화 〈브레이브 하트〉의 윌리엄 월라스를 만나 보자.

이 책에서 다루는 대부분의 도시들은 시간이 지남에 따라 지속적인 성장을 경험하였다. 그러나 독일 라인 강의 도시 도르트문트는 다른 이야기를 지니고 있다. 중세 한자동맹의 중심도시로서 번성했지만 30년 전쟁으로 몰락했고, 산업혁명의 중심도시로 재등장하였지만 제2차 세계대전으로 다시 폐허가 되었다. 그러나 도르트문트는 오늘날 독일에서 8번째 큰 도시로 부활하였다. 즉 도르트문트는 '몰락과 부활'의 도시이다. 나인호 교수는 무엇이 도르트문트의 몰락과 부활을 이끌었는지를 보여 준다. 도르트문트가 수도의 역할을 한 것은 신성로마제국시대였다. 저자는 이 시대 원거리 무역과 상업중심도시로서 도르트문트의 역할을 세밀히 다룬 다음, 몰락한 도시가 다시 산업혁명의 중심도시가 되어 가는 과정을 자본가와 노동자 그리고 종교와 정치의 관련 속에서 자세히 다루고 있다. 또한 그는 한 도시가 전국적 또는 국제적 격변 속에서 어떠한 영향을 주고받았는지를 보여주고 있다. 그에게 있어서 도시는 몰락과 부활의 공간이며, 끊임없이 변화하는 유기체이다. 저자는 도르트문트 맥주산업도 빠트리지 않는다. 한 잔의 맥주를 통해 도르트문트와 독일을 맛볼 수 있을까?

이 책에서 다루는 마지막 도시는 일본의 에도도쿄의 옛 지명이다. 17~18세기 에도는 도쿠가와 이에야스 막부의 본거지로서 행정 중심지가 되었고, 각 지역 다이묘들이 볼모로 거주하였기 때문에 인구 100만의 대도시가 되었다. 메이지유신으로 막부정권이 종말을 고하고, 에도의 지명이 도쿄로 바뀌면서 이 도시는 엄청난 변화를 경험하였고 오늘날에는 초거대도시megacity의 대명사가 되었다. 그러나 이 초거대도시 도쿄의 기초는 에도라 불리던 시대에 놓였다. 하세헌 교수는 이 에도시대의 도쿄를 재현해 내었다. 저자는 하늘과 이웃에 대한 부끄러움을 참지 못하는 문화, 멸사봉공滅私奉公의 정신, 높은 윤리 의식, 교육을 중시하는 문화, 일상인 된 화재가 남긴 풍습, 서민정신과 계급도덕 등을 통해 에도의 문화사를 제시하고 있다. 도쿄의 시각적 모습은 메이지유신 이후에 만들어졌을지라도 그 문화와 정신은 에도시대의 것이다. 이제 도쿄가 아닌 에도를 보는 눈을 가져 보자.

강의와 원고로 참여해 준 여러 저자들에게 고마움을 전한다.

2012년 가을 복현골에서

저자들을 대표하여 김중락

| 차례 |

|첫 번째 도시|

근대 런던의 성장과 상업*

이영석_광주대학교 영어영문학과

들어가는 말

오늘날 런던은 영국의 수도이자 유럽의 관문으로, 그리고 국제적인 금융·문화 중심지로 널리 알려져 있다. 이 도시가 영국 경제를 넘어 세계경제에서 차지하는 비중이 유럽의 다른 도시보다 월등하게 높아진 것은 18세기 후반의 일이다. 그 이전까지만 하더라도 런던의 도시 규모나 인구는 대륙의 경쟁 도시를 크게 앞지르지 못했다. 그 당시 런던의 인구증가율은 매우 미미했다. 그러다가 18세기에 접어들면서 산업화와 영제국의 확대, 그리고 국제무역의 번영에 힘입어 급속하게 증가한 것으로 보인다.

원래 런던은 제정 로마시대에 브리튼 섬에 주둔하는 로마군의 주요 병참기지였다. 이는 그 이름의 어원에서 나타나듯이 템스 강 하구에 위치한 지리적 이점 때문이었을 것이다.[1] 라틴어 'civitas'는 도시라는 뜻 외에 도시민 자격과 조건 또는 도시민의 권리라는 추상적인 의미도 지녔다. 오직 런던만이 이런 의미를 충족할 수 있는 도시였다. 현재 구 런던시를 가리키는 '시티the City'라는 이름에서 나타나듯이 영국에서는 런던이야말로 도시 자체인 셈이었다.

그렇다고 해서 런던이 중세 초기부터 정치적 수도였던 것은 아니다. 노르만 왕조와 그 뒤를 이은 플랜태지닛Plantagenet 왕조의 왕들은 전국을 순행하면서 통치하는 관행을 지켰다. 왕과 신하들이 상당 기간 머무는 장소에는 런던뿐 아니라 브리스톨이나 요크 같은 지방 도시들도 포함되었다. 그러나 백년전쟁 이후 왕의 통치는 주로 웨스트민스터궁Palace of Westminster을 중심으로 이루어졌고 의회 또한 같은 장소에서 열리기 시작했다. 15세기에 이르러 런던은 상업지구 시티와 행정중심지 웨스트민스터 시구를 포함하는, 명실상부한 수도가 되었다.

런던의 성장은 근대국가 영국의 발전과 동일한 궤적을 그리며 전개되었다. 17세기 후반 이래 영국은 경쟁국 네덜란드와 프랑스를 제치고 국제무역과 해외식민지 경쟁에서 우위를 차지했다. 이러한 발전과정은 금융혁명, 산업혁명, 영제국의 형성으로 이어졌다. 바로 이 같은 변화가 런던의 도시 풍경에 그대로 각인되었다. 1660년대에 '대역병Great Plague'이나 '대화재Great Fire' 같은 재앙을 겪기도 했지만,[2] 그 후 10여 년간 도심지역에 새로운 석조건물과 주택들이 들어서자 경관 자체가 달라졌다. 도심 재개발과정에서 상설시장뿐만 아니라 새로운 소상점과 수입품상점 등 도로변 점포들이 급증했다. 상설시장과 소상점 증가에는 무엇보다도 인구증가가 중요한 요인으로 작용했을 것이다. 한 통계에 따르면, 대역병의 피해를 입었음에도 1650~1750년간 런던 인구는 대략 27만 5,000명 증가했다. 당시 높은 사망률을 감안하면 이 증가는 대부분 주변 지역으로부터의 인구유입에 따른 결과였을 것이다. 이들의 소비수요 증가가 자연스럽게 도시 상업의 발전으로 이어졌다. 이제 런던은 국내 상업의 중심지이자, 국제무역의 중심도시로서 그 위상을 높였다. 이 글은 바로 이 시기 런던 상업세계, 특히 상설시장과 소매업의 발전을 살피는 데 목적을 둔다.

정기시에서 상설시장으로

정기시定期市는 옛날부터 내려온 장시에서 비롯한다. 장시는 수요와 공급의 지배를 받기보다는 오히려 관습의 지배를 받는 매매장소이다. 이 전근대적 시장은 우리의 오랜 기억에 남아 있다. 주변 마을에서 직접 생산물을 가지고 온 농민들의 좌판과 행상이 주류를 이룬다. 이 장시의 상품들은 대부분 중간상인의 매개를 거치지 않고 생산자에게서 소비자에게로 직접 전달된다. 전근대적 시장은 이 단순성 자체가 강점이다. 주변의 텃밭과 농경지에서 직접 가져온 농산물은 무엇보다도 값이 저렴했다. 중세 후기 도시의 성장과 발전에 따라 장터의 일부가 정기시로 변했다. 시 당국이 지정한 장터에서 매주 정기적으로 영업했기 때문이다.

17세기 후반 런던 상업의 변화를 탐색하기 전에 우선 특정한 시기에 런던이 겪은 엄청난 재해를 살펴야 한다. 1665~1666년은 런던 역사에서 전례 없는 재난의 해였다. 간헐적으로 유행하던 흑사병이 갑자기 창궐해 1665년 한 해에만 7만 명 이상의 주민이 병사했다. 한편, 다음 해 9월에 시내 중심가에서 화재가 발생해 도심지 대부분을 불태웠다. 흔히 '대역병'과 '대화재'라 불리는 이들 재앙으로 런던은 엄청난 피해를 입었지만, 그 후 10여 년간 도심지역에 새로운 석조건물과 주택들이 들어서자 경관 자체가 달라졌다. 당시 이 대규모 재건축 계획을 주도한 이가 바로 옥스퍼드대학의 천문학자 렌Christopher Wren, 1632~1723이었다.[3]

런던 재건축과정에서 기존의 시장구조도 변했을 것이다. 그러나 17세기 후반 정기시의 구조 및 그 변화를 상세하게 알려주는 동시대인의 기록은 흔하지 않다. 다만 다른 도시의 사례에 미루어 볼 때, 이 시기 인구 증가에 따라 런던 도심 여러 지역에 산재한 정기시도 부분적으로 시간 규제를 벗어나 특화된 형태로 변모했으리라 추정할 수 있다. 대화재 이전부터 런던 정기시로는 6대 시장이 있었다. 리든홀Leadenhall 시장은 런던에서 가장 오래된 정기시의 하나로서 주로 철물 · 가죽 · 의류 · 가금 · 고기 · 낙농제품 등 다양한 물품을 팔았다. 14세기에 개장했으며, 주말마다 아침 7시부터 저녁까지 열었다. 처음에는 쇠고기와 닭고기류를 주로 팔았으나, 점차 다른 품목도 거래했다. 빌링스게이트Billingsgate 시장은 시티 남동쪽 강변에 자리 잡았는데 16~17세기 영국 최대의 어류시장이었다. 그럼에도 1698년 의회에서 이 시장에 관한 법률을 제정하기까지는 공식적인 상설시장으로 인정받지 못했다.[4] 이 밖에도 퀸하이드Queenhithe 시장은 곡물, 스미스필드 시장은 가축, 코번트가든Covent Garden 시장은 과일 및 야채, 플릿디치Fleet Ditch 시장은 육류 · 과일 · 꿀 · 낙농제품을 팔았다.(Marshall, 1968: 58)

리든홀 시장[5]을 제외하면 이들 시장은 17세기 후반에도 영업시간에 관한 중세도시의 규제를 완전히 벗어나지는 못한 것 같다. 왜냐하면 대화재 이후에도 국왕은 중세적 규제를 받는 새로운 정기시를 허가해 주었기 때문이다. 예를 들어 헤이마켓Haymarket 시장도 그 가운데 하나였다. 이 시장은 찰스 2세가 친구 세인트 올번스St. Albans 백작에게 이곳에서 두 주마다 한 번꼴로 가축시장을 개설할 권리를 하사한 데서 비롯했다. 공간상의 제약도 있었다. 헤이마켓 시장은 건초와 밀대를 실어 나르는 마차를 일렬로 늘어세워 그 경계를 표시해야 했다.

근대 초기 런던 정기시의 실태를 알려 주는 동시대 기록은 흔하지 않고 이 주제에 관한 연구도 별로 축적되지 않았다. 그래서 17세기 후반 런던의 정기시가 어떻게, 어떤 과정을 거쳐서 중세적 규제를 벗어날 수 있었는지 상세하게 알 수 없다. 어쨌든 18세기 초에 이르면 모든 정기시들이 상설시장으로 진화했음을 알 수 있다. 특히 메이틀랜드William Maitland, 1693~1757는 런던 상설시장의 풍경을 상세하게 알려 준다. 빌링스게이트 어류시장은 여름철에는 매일 새벽 네 시부터, 겨울철에는 6시부터 문을 열었다. 스미스필드 가축시장은 흑소, 양, 말, 건초와 밀대를 파는 가장 널따란 시장이었고 그 경계는 갈수록 넓어졌다. 플릿 디치야말로 상설시장의 면모를 전형적으로 보여 준다. 메이틀랜드는 그 시장의 모습을 다음과 같이 선한다.

> 그만그만한 높이의 점포들이 두 줄로 늘어서 있다. 그 사이로 북쪽에서 남쪽 끝까지 깨끗한 보도步道가 나 있어서 궂은 날씨에도 안전하다. 시장통 가운데에는 등을 밝힌 시계탑이 세워져 있고 길 전체에 조약돌을 깔았다. 과일상들의 노점이 광정 형태로 들어서 있어서, 남은 과일을 저장하는 데 매우 편리하다. … 그 시장에서 다른 데로 나가는 샛길이나 통로에도 푸줏간, 어물전, 가금우리가 몰려 있다. 이 시장은 매우 분주하고 시민들의 아내며 하인들이 물건을 사면서 흥정하고 떠든다. 그러나 더운 날씨에는 파리만 날릴 뿐이다.(Maitland, 1772, Vol. 2: 989)

어쨌든, 정기시가 상설시장으로 바뀌는 이러한 변화는 17세기 후반 어느 시점부터 다음 세기 초 사이에 가속되었으리라 생각된다. 이는 생활용품 수요의 급속한 증가에 힘입어 전개되었을 것이다. 그렇다면 이 시기에 인구는 어느 정도 증가했는가. 17세기 유럽은 인구 정체 또는 감소기에 해당한다. 파리의 경우 17세기 초 40만 명에서 같은 세기 말 50만 명으로 증가했을 뿐이다. 그러나 런던은 이와 달랐다. 같은 세기에 20만 명에서 57만 5,000명으로 증가한다. 당시 사망률은 아직도 높은 수준이었다. 매년 상당수의 인구가 인근 지역에서 런던으로 유입되지 않는 한 이런 증가율을 나타낼 수 없다. 높은 사망률을 감안하면 1650~1750년간 매년 8,000명 이상의 사람들이 런던 도심으로 이주했을 것이라는 연구도 있다.(Wrigley, 1967: 46)

17세기 후반 런던의 인구 증가는 여러 요인에 힘입은 것이다. 이 시기 런던이 네덜란드를 제치고 국제무역을 주도하면서 런던의 국제적인 위상은 더욱더 높아졌다. 런던 도심, 특히 시티의 무역 및 상거래 활동이 더욱 활발해졌다. 무역량의 증가뿐만 아니라 수입품의 종류도 많아지면서 이와 관련된 종사자들의 수도 급속하게 늘었다. 대화재 후 재건과정에서 이전보다 훨씬 더 많은 노동력이 필요했으며 이에 따라 더 많은 일자리와 새로운 직종이 나타났으리라는 것은 쉽게 짐작할 수 있다. 이 번영이 이번에는 인구 유입을 자극했다. 런던 인근 지역 또는 그보다 더 먼 지역에서 사람들이 런던으로 몰려든 것은 무엇보다도 일자리를 구할 수 있었기 때문이다. 특히 소년과 젊은이들은 견습 생활을 하기 위해 런던에 들어왔다. 런던은 여러 직종과 영업에서 도제徒弟 수업을 받을 수 있는 곳, 말하자면 야망을 품고 도시로 몰려든 젊은이들에게는 새로운 기회의 땅이었다.

정기시에서 상설시장으로 변모하는 구체적인 단계나 과정을 밝히는 것은 어렵다고 하더라도, 일단 둘 사이의 차이는 분명하게 확인할 수 있다. 가장 커다란 차이는 상설시장이 정기시의 시간적인 제약을 털어 버렸다는 점이다. 앞에서 언급했듯이 정기시가 매주 1~2회 개장하도록 규제받았던 반면, 상설시장은 거의 매일 영업할 수 있었다. 중세 이래 정기시에 대한 영업시간 규제는 무엇보다도 시장 수요의 제약에서 비롯했다. 정태적인 사회에서 수요 또한 정체되었기 때문에 시장은 이에 맞추어야 했다. 그것이야말로 시장에서 점포와 노점을 가진 사람들이 공생할 수 있는 기초이기도 했다. 다음으로, 도시 당국도 영업시간의 제한을 선호했다. 시장은 정태적인 사회질서를 깨뜨릴 수 있는 위험한 공간이었다. 시간과 공간을 제약함으로써 그 위험을 줄일 수 있었을 것이다. 도시 당국자들은 이런 생각에 익숙해 있었다.

그렇다면, 정기시가 개장하는 시간 외에 시민들은 어떻게 생활용품을 구입했을까. 시장이 열리지 않는 시간에는 도심이나 변두리에서 주로 행상들이 생활용품을 팔았다. 잡화 · 식품 · 과일 등 각 분야별로 전문적인 행상이 있었고 그들은 각기 고유의 호객呼客 소리를 낼 수 있었다. 사람들은 거리며 좁은 골목에서 울려 퍼지는 그들 고유의 소리를 듣고 필요한 물건을 구입했다.(Porter, 1994: 143) 이러한 풍경은 정기시가 점차 상설시장으로 변모함에 따라 달라졌다. 사람들은 어떤 물품이 필요할 때면 도심의 좁은 골목을 지나 상설시장에서 구입할 수 있게 되었다. 일상생활을 시장이 지배하게 된 것이다. 핍스 Samuel Pepys, 1633~1703는 만년에 자주 마차를 몰고 시장에 들러 물건을 샀다. 그때마다 그는 교통 혼잡을 겪었을 뿐만 아니라 시장에 몰리는 인파 때문에 마차와 행인들이 뒤엉기는 경우도 가끔 있었다. 그는 상설시장, 특히 리든홀 시장에서 육류며 닭고기를 구입하곤 했다. 스미스필드에서 쇠고기뿐 아니라 새 마차에 매달기 위해 말 두 마리를 50파운드에 구입하기도 했다.[6]

18세기 초 런던의 상설시장은 런던 시민들만 관련된 것이 아니었다. 디포 Daniel Defoe, 1659?~1731는 잉글랜드 각 지방을 여행하면서, 지방에서 특화된 생산물이 대부분 런던 시장을 겨냥하고 있다는 사실에 놀라움을 드러냈다. "이 왕국 전체가 무언가를 공급하는 일에 몰두하고 있다. 덧붙이지만, 그 모든 것 가운데 가장 좋은 일은 '씨티'에 물자를 공급하는 것이다. 내가 말하는 물자란 곡물 · 육류 · 어류 · 버터 · 치즈 · 소금 · 목재 · 의류 등이다." 그가 받은 인상으로는 마치 온 나라가 시티에 의존하는 것처럼 보였다. 그는 상설시장의 점포들이 소매 영업도 하지만 지방에서 올라온 상인이나 행상을 상대로 도매업을 하는 광경에 깊은 인상을 받았다. 이들은 수첩을 보고 그들의 업무를 처리하거나 또 할 일을 꼼꼼하게 적고, 중매상과 만나 거래품 계산을 한 후에 주로 어음으로 주문 거래를 하였다. 곡물시장의 경우 지방의 부농은 런던 곡물시장의 중개인을 통하거나 곡물시장 도매상에게 직접 곡물을 팔았다. 디포는 이들 도매상이 "탈곡을 하기도 전에 곡물을 창고에 사들이고, 수확 전뿐만 아니라 아예 익기도 전에 밭떼기로 곡물을 구입한다."[7]라고 썼다. 그는 런던의 상설시장과 전국을 잇는 연결망의 실체를 보았던 것이다.

> 잉글랜드의 가장 멀리 떨어진 마을에서는 어렵겠지만, 어쨌든 영국의 많은 상점주들이 런던에서 거래를 한다. … 이 나라의 모든 상인은 런던에서 구매하기 때문에 그들은 런던에 다소간 빚이 있다.[8]

오늘날 일부 역사가들은 18세기 소비생활의 전반적인 향상을 '소비자혁명consumer revolution'이라는 개념으로 이해한다. 사실 경제학에서 소비를 '생산의 재생산'으로 보는 계보가 있다. 여기에서는 "공급 주도의 사회경제체제에 그저 수동적으로 소비하는 군중"의 이미지가 짙게 깔려 있다.(Pennell, 1999: 550~51) 18세기 소비자혁명론은 이런 계보를 잇고 있다고 할 수 있다. 이들 역사가에 따르면, 소비자혁명이란 공급 측면에 대한 충격에 대응하는 수요 측면의 격변이다. 그렇다면 17세기 후반 어느 시점부터 18세기 초에 걸쳐 진행된 상설시장의 대두와 발전은 공급과 수요, 두 측면의 격변과정으로 이해할 수 있을 것이다. 이 과정에서 중요한 것은 정기시가 어떻게 전통과 관습의 굴레를 벗어날 수 있었는가라는 문제다. 전통과 관습은 대체로 변화에 저항하는 경향이 있다. 17세기 후반에도 이런 현상이 나타났을 것이다.

소매업의 성장과 발전

오늘날 소비도시에서 떠오르는 낯익은 이미지는 도로변에 들어선 각종 상점들이다. 특히 도심 지역의 상가는 도시 경관의 핵심이다. 이러한 경관은 언제부터 조성된 것일까. 전통적인 견해에 따르면, 소상점 중심의 소매업이 장시와 시장, 그리고 행상에 근거를 둔 이전의 상업 메커니즘을 대신한 것은 산업혁명 이후의 일이다. 심지어 19세기에도 소상점에 기반을 둔 소매업과 종래의 상업체계는 상당기간 공존했다는 주장도 있다. 여러 면에서 특수한 런던을 예외로 하면, 적어도 18세기까지 영국 도시들은 교회 주위에 집들이 옹기종기 모여 있는, 달리 말해 상업과 소매업의 흔적이 별로 보이지 않는 그런 풍경으로 그려졌을 뿐이다.

산업혁명 이전 도시의 소매업 연구가 별로 이루어지지 않은 것은 19세기 백화점 같은 대규모 유통시설의 발전에만 초점을 맞춘 상업사 연구경향 탓도 있다. 기존 연구자들이 다루는 시기도 산업혁명 이후, 특히 19세기 후반과 20세기 초에 집중되었다. 이 시기에 새로운 유통시설인 백화점이 나타나기 시작했으며, 백화점이야말로 근대성의 상징으로 여겨졌기 때문이다. 이 시기에 백화점은 여성층의 소비를 주도하고 도심의 사교와 쾌락추구 분위기를 전형적으로 보여 주는 공간이었다.

백화점이 도시 중간계급과 상류층의 소비 확대와 관련된 것이라면, 서민과 노동계급의 소비생활은 어떤 상업세계와 맞닿아 있었는가. 역사가들은 봇짐장수hawker, 행상peddler, 장시fair, 토요 야시장Saturday-night market 등 전통적인 제도들이 19세기까지 이어졌으며, 특히 노동계급의 일상생활에 커다란 영향을 미쳤다고 주장한다. 도시 서민의 일상생활에서도 소상점을 중심으로 하는 소매업은 19세기 후반에야 비로소 밀접하게 관련되기 시작했다는 것이다. 따라서 산업혁명 이전 도시에서 소상점corner shop, 잡화점grocer, 의류점, 주류판매점off-licence 등은 오랫동안 역사가들의 관심 밖에 놓여 있었다.

그러나 소매점은 이미 근대 초기 이래 도시 상업세계의 중요한 부분으로 자리 잡았다. 실제로 소매업의 기원을 17세기 또는 그 이전 세기까지 소급하려는 연구도 있다. 당시 이미 오늘날의 쇼핑에 해당하는 구매행위가 런던 주민 사이에 널리 퍼져 있었다는 것이다.(Davis, 1966: 5) 튜더시대에도 새롭게 나타난 산업분야의 제조업자들이 공급 측면에서 그들의 상품을 판매하려는 노력을 기울였으며 이것이 소매업의 출현으로 이어졌다는 견해도 이와 맥락을 같이한다. 특히 18세기에 국제무역의 중심지로 떠오른 런던에서는 일상생활과 관련된 소매점뿐만 아니라 수입상품점이 한데 어울려 도심 경관이 바뀌었다. 이와 같이 소매점이 산업화 이전에 이미 상업세계에서 큰 비중을 차지했음에도 역사가들의 관심에서 벗어나 있었던 것은 무엇보다도 소상인들의 구체적인 활동을 추적하기 어려웠기 때문이다. 그들은 대부분 비공식적 경제활동의 영역에 머물러 있었다. 시 당국의 공식적인 통제나 규제 밖에서 활동했기 때문에 관련된 기록이 별로 남아 있지 않다.

사실, 런던 도심 소매점의 기원을 찾아 올라가면 중세 후기의 수공업길드와 연결된다. 길드는 도시 자치를 지배하는 무역 상인들의 상호부조 조직으로 나타났지만, 그 전형적인 발전은 수공업길드를 통해 이루어졌다. 수공업길드가 출현한 배경에 관해서는 두 가지 견해가 있다. 하나는 교회나 상인이 지배하는 도시 당국이 수공업자들의 활동을 통제하기 위해 조직했다는 것이고, 다른 하나는 수공업자의 독자적이고 자발적인 전통에서 시작되었다는 견해다. 아마 후자가 더 타당할 것이다. 왜냐하면 상인길드와 수공업길드가 중세 후기에 심각한 대립 양상을 보이고, 특히 14세기 유럽 주요 도시의 분쟁은 주로 둘 사이의 갈등에서 비롯되었기 때문이다.

조합원이 서로를 규제하는 중세 길드조직의 특징을 어떻게 설명할 수 있을까? 길드 조합원들은 그들의 경제활동을 한쪽이 이득을 보면 다른 쪽이 손해를 보는 일종의 제로섬 게임으로 생각했을 것이다. 이런 파국을 피하기 위해서는 조합원 각자가 자기 재산을 확대하고 축적하려는 의도를 억제할 필요가 있었다. 결국 길드의 본질은 "살그머니 앞질러 나가는 것"에 제동을 가하는 데 있었다.(랜즈, 2009: 85~86) 당시 도시수공업종은 양복 · 제빵 · 구두 · 피혁 · 철물 · 가구 · 직물 등 다양했으며, 중세 후기로 내려올수록 더 전문적인 직종으로 분화했다. 견습(도제 수업)을 거쳐 직인으로 각지를 편력하며 기예를 연마한 끝에 마스터의 대열에 오른 사람은 길드와 시 당국의 허가를 받아 독자적인 영업장을 열었다. 이 영업장은 고객의 주문을 받아 완제품을 판매하는 점포경영 수공업 형태였다. 17세기 런던 도심에는 이 같은 수공업 전통을 잇는 마스터들의 점포가 다수 영업하고 있었다.[9]

그러나 이미 16세기에 길드적 전통과 관련이 없는 순수한 소매 점포들도 도심지 곳곳에 들어서기 시작했다. 이러한 경향은 특히 대화재 이후 대대적인 개축 붐에 편승해 가속되었다. 런던 길드와 구 런던시 당국corporation은 순수한 소매점 영업도 길드적 전통에 따라 규제해 왔지만, 대화재 이후 이들의 성장을 더 이상 통제할 수 없었다. 도시 재건과정에서 도심지역이 '시티City', 즉 구 런던시를 넘어 웨스트엔드West End까지 급속하게 확대되면서 나타난 인구증가 및 그에 따른 소비 수요의 증가를 종래의 전통적인 제도로 대처할 수 없었기 때문이다. 우선 시 당국은 영업의 자유를 갖지 못한 일반 사람들의 소매점 개업을 단속함과 동시에, 도제 수업을 거친 사람에게만 영업권을 부여하는 권한을 적극적으로 행사하지 못했다. 시 당국은 "무면허 영업자의 증가에 따른 경쟁을 해소하기 위해 교외의 상점과 시장의 성장을 막으려는 입법"이 성공할 수 없다는 것을 깨달았다.(Kellet, 1957~1958: 382) 그 대신에 이 무면허 영업자들을 시티의 빈 공간이나 새로 개발된 장소로 유도해 영업의 자유를 부여하고자 했다. 1672년 시티의 외지출신 주민에 대한 기소를 중지하거나, 같은 해 새로 건설한 주택과 상점에 계속 거주하도록 권유받은 사람들에 대해 시티에서 영업의 자유를 보장하는 등 일련의 조치를 취했다.[10] 이러한 조치는 구 런던시로 소상점주의 집중을 더 심화시켰을 것이다. 1684년 한 익명의 필자는 소매점의 급증에 따른 위험을 다음과 같이 경고한다.

> 거의 모든 직종을 파멸로 이끄는 것은 왕국에 소상점주가 너무 많다는 점이다. 소상점 분야는 손쉬운 생활이어서 많은 사람들이 그쪽으로 진출하려는 유혹을 느낀다. 이 분야는 진출을 막는 법도 거의 없어, 너무나 많은 사람들이 그 분야로 뛰어들고, 지난 여러 해 동안 무수한 농민, 일용노동자, 장인들이 자신이 일하는 직종을 떠나 소상점주로 전업했다.[11]

이와 같이 소매업종에 진출하는 사람들이 급증했다고 하더라도, 17세기까지는 중세 길드의 전통과 관행이 유지되었다. 소매업 분야의 자유로운 영업권을 얻은 사람들은 이전과 마찬가지로 상인조합company 회원으로 가입해 그 규약을 준수하면서 영업해야 했다. 영업권을 얻지 못한 사람이 구 런던시에서 소매점포를 개설하는 것은 여전히 불법이었다. 그리고 이들 소매점은 아직까지는 상품을 진열해 놓고 고객을 끌어들이는 후대의 형태와 매우 달랐다. 진열장을 갖춘 상점은 일부에 지나지 않았다. 대부분은 집 앞의 헛간이나 집주인에게 빌린 자투리땅에 세운 목재창고에 점포를 열었다. 그러다가 대화재 이후 새로 지은 건물의 1층ground floor에 소매점이 들어서는 경우가 늘었다. 이런 상점에는 유리창이 있고 그 너머로 진열품을 볼 수 있었다.

17세기에 순수 소매점이 증가하면서 이전 수공업길드의 전통을 잇는 점포경영 수공업과 갈등이 나타나지 않았을까? 귀금속점이라고 하더라도, 자신의 숙련과 기술을 이용해 상품을 주문 생산하는 수공업자와 외부에서 귀금속제품을 사들여 소매하는 소상점주 사이에는 경쟁과 긴장이 있었을 것이다. 시 당국에 소매점의 규제를 강력하게 요구한 집단은 바로 이들이었을 것이다. 그러나 이와 달리, 종래의 점포경영 수공업자들이 순수한 소매행위에 적극적으로 참여하는 경우도 있었다. 특히 대화재 이후 점포경영 수공업자과 소매업의 엄격한 경계가 허물어지기 시작했다. 동시대인의 기록은 이렇게 전한다.

> 내 상전은 양복공일 뿐 아니라, 새옷이며 헌옷 등 온갖 종류의 의류를 판매하는 중개상점을 운영한다. 그는 구 런던시의 가장 중요한 간선도로 가운데 하나에 자리 잡고서 이웃과 함께 평판이 좋은 편이다. 그 이웃도 비슷한 부류인데, 가난한 계층이 아니라 실속 있는 상점주인tradesman이다. 귀금속점, 포목점, 약방, 대서소, 서점 등을 운영한다. 그리고 나는 옷을 말쑥하게 차려입고 주머니에 돈을 조금 채운 채로, 상급 도세에 적합한, 환영받는 동료로 행세하는 것이다. 나는 바야흐로 도제 단체의 환심을 얻을 수 있었다.(Latroon, 1669, Vol. 2: 163)

17세기 소상점주는 약간 명의 도제를 거느렸다. 수공업자와 달리 편력하는 직인journeyman을 부리는 경우는 거의 없었다. 소매업 분야에는 특별한 숙련이 전해지지 않았고 무역상과 달리 점포 규모가 크지 않았기 때문이다. 그 당시만 하더라도 도제 수업을 끝내고 구 런던시에서 자유로운 영업권을 얻은 사람들은 대부분 상인조합 회원으로 가입하여 독자적으로 사업을 꾸려 나갔다. 영업의 자유가 없는 시민이 구 런던시에서 점포를 개설하는 것은 불법이었다. 소매업에도 도제 수업을 거쳐 영업권을 획득하는 길드적 전통은 대체로 유지되고 있었다. 이 직종에 대한 사회적 평판이 높아짐에 따라 도제 수업을 받으려는 젊은이들이 넘쳐 났다. 처음에는 구 런던시, 다음에는 런던 외곽지역에서, 그리고 나중에는 원거리 이주도 늘었다. 소매업종의 도제 수업료는 수공업 분야와 무역 업종 그 중간 수준이었을 것이다.[12] 도제 수업은 이전의 수공업길드와 마찬가지로 7년 계약이 일반적이었고, 그 내용도 크게 다르지 않았다. 대부분 도제 수업을 받는 소년이나 젊은이의 의무조항을 강제하는 내용이었다.[13]

중세 길드의 전통을 이어받은 도제 수업은 장래에 해당 직종의 영업을 희망하는 소년이 견습료를 내고 그 직종의 일을 배우는 것을 뜻했다. 이러한 관행은 소매상에게도 상당히 유리한 것이었다. 7년씩 영업 기술을 배워야 할 직종은 거의 없었으므로, 견습을 시작한 젊은이들은 머지않아 소상점주에게 긴요한 인력으로 자리 잡기 마련이었다. 18세기 중엽 도제 수업 안내서를 작성한 캠벌 Richard Campbell은 소매업 분야 비전秘傳, mystery이라면 고작해야 한두 달 안에 습득할 수 있다고 생각했다.

> 그들의 숙련은 가격, 재산, 상품시장, 그리고 그들이 거래하는 여러 품목들의 수요 정도에 관한 지식들로 이루어진다. 특정한 가격에 사들이고 또 다른 가격에 팔고 무게를 달며 저울질하는 것, 이것이 일반적으로 소매업 숙련지식의 전부이다. 그들이 더 많은 품목을 팔수록 더 많이 기억해야 하고 또 정확하게 기억할 필요가 생기지만, 대체로 약간의 지식만이 그들에게 소용될 뿐이다.[14]

그럼에도 젊은이들이 이 같은 불리한 조건을 받아들인 것은 이 길이야말로 런던의 해당 직종 영업자들의 길드, 즉 상인조합에 가입하는 일반적인 통로였던 까닭이다. 17세기까지만 하더라도 젊은이들은 이 경로를 통해서만 구 런던 시에서 영업할 수 있는 자유와 권한을 얻었다. 그러나 같은 세기 말에 영업권을 돈으로 살 수 있는 가능성이 높아지면서 도제 수업의 관행은 점차 약화된다. 소매업의 세계에서는 도제 경력이 없어도 이 분야에 진출할 수 있는 가능성이 높아졌다. 경력보다 더 중요한 것은 개업에 동원할 수 있는 자금력이었다.[15] 도시

길드의 유산이 사실상 중요성을 상실한 것이다.

해외무역과 소매점

1983년에 수중탐사 전문가 해처Michael Hatcher는 네덜란드 동인도회사 무역선을 인양해 사람들의 관심을 끌었다. 영어권에서 '난징 화물선Nanking Cargo'으로 알려진 이 배에는 명대 도자기 6만 점 이상이 실려 있었다. 이 화물선은 중국과 바타비아자카르타를 왕래하면서 중국의 도자기와 면직물을 실어 날랐는데, 1640년대 중엽에 침몰된 것으로 밝혀졌다.(Berg, 2004: 85) 같은 세기 중엽 이래 영국은 대서양무역은 물론, 네덜란드와 함께 아시아무역까지 주노해 나갔다. 중국과 인도 등지의 해외 상품들이 두 나라 동인도회사 중개로 암스테르담과 런던을 거쳐 다른 지역으로 퍼져 나갔다. 소매업 발전의 역사와 관련해 런던이 지닌 특수성은 17세기 이래 이 도시가 국제무역의 상품저장소이자 어음교환소로 대두했다는 점에서 찾아야 한다.

사실 16~17세기 유럽인의 대양 진출이 활발해지고 그 결과로 유럽경제권이 확대되었을 때 영국만이 아니라 에스파냐, 포르투갈, 네덜란드 등 여러 나라들이 해외무역을 주도해 나갔다. 그러나 영국이 다른 나라와 다른 점은 신대륙무역과 동방무역을 적절하게 서로 연결할 수 있었다는 데 있다. 에스파냐는 주로 신대륙무역에, 포르투갈과 네덜란드는 인도 및 동아시아를 포함하는 동방무역에 집중했다. 오직 영국만이 두 무역 네트워크를 연결할 수 있었다. 영국인들은 서인도제도와 신대륙에서 플랜테이션 농업 경영을 확대함과 동시에 아프리카 노예무역을 통해 그 노동력을 공급했다. 인도산 면직물의 경우 이들의 의생활 수요에 충당하기 위해 수입한 것이었다. 그 후 인도 면에 대한 수요가 유럽 전역에서 증가하면서 노예무역과 관계없이 면직물 수입이 급증했던 것이다.

두 무역로의 연결을 중시하는 견해는 동시대인의 서술에서도 분명하게 나타난다. 상인으로서 도제 수업을 거친 디포Daniel Defoe는 1680~1692년간 잡화류 · 포도주 · 담배 등 여러 해외상품을 취급하다가 결국 파산한 후에 문필가의 삶을 살았다. 그는 인도산 캘리코 면직물과 리넨류 수입을 우려했다. 이를 금지하지 않으면 귀금속이 계속 유출되어 경제적 지배권을 유지하기 어려울 것이라고 생각했다. "유럽은 따뜻한 욕조 안에서 정맥이 터져서 피를 흘리며 죽어 가는 육체와 같다. 유럽의 귀금속은 그 무역의 생명이자 혈액이다. 귀금속이 인도로 모두 흘러가고 있다."[16] 그러나 인도산 면직물이 유럽인의 의생활에 필수품으로 등장했기 때문에 그 수입을 인위적으로 막기도 곤란했다. 그렇다면 이러한 상황에 어떻게 대응할 것인가. 디포는 당대에 세계사적 시각에서 영국의 번영을 가져올 수 있는 무역 네트워크를 제안한다. 아메리카 식민지 및 카리브해 연안지역을 영국의 시장 판매를 위한 텃밭으로 활용해야 한다는 주장이다.[17] 이러한 네트워크는 이미 그의 시대에 출현했다.

디포에 따르면, 두 무역 네트워크의 연결은 단순히 중개무역과 상품시장의 확대로 끝나지 않고, 영국의 재정과 국부 문제를 직간접으로 해결하는 대안을 제공할 수도 있었다. 그는 다른 논설에서 새로운 '남해회사South-Sea Company'를 설립해 국채national debt를 상환하는 계획을 적극 추천한다. 회사를 설립하고 투자자를 모으기만 하면, 20여 년간 영국 정부를 짓눌러 온 재정지출 문제를 해결할 수 있다는 것이다. 그의 예견대로, 18세기 영국 정부는 일련의 전쟁에 따른 재정 부담을 이와 같은 방식으로 해결할 수 있었다. 전시부채를 회사의 주식으로 전환한 것이다. 이를 위해 다른 나라 식민지를 점령하는 것도 정당화된다. 디포는 이렇게 말한다.

> 남해무역과 관련해서 우리는 아메리카 항구와 어떤 지역 점령을 이해해

> 야 한다. 이미 소유했든지 그렇지 않든지 간에 합당하다는 생각이 들면 앞에서 주목한 조약을 통해 우리 자신의 소유로 만들어, 식민지와 똑같이 정착하고 식민하고 거주해야 한다. 그리하여 에스파냐 또는 다른 나라, 그리고 인접한 국가들과 교역을 활성화하며, 그곳 고유의 생산물을 가능한 한 많이 이용해야 한다.[18]

17세기 후반 이래 런던은 신대륙과 아시아, 두 무역 네트워크의 접점이었다. 그에 따라 국내 생산기반과 관련이 없는 수입상품 판매점이 도심가 이곳 저곳에 들어서기 시작했다. 이 무렵이 되면 해외수입상품 거래에도 무역상인 merchant, 도매상drapper, 소매상retailer으로 이어지는 상인 연결망이 정착된 것으로 보인다. 이들 상인연결망의 맨윗자리를 차지하는 상인층은 종래의 무역상인뿐 아니라 국채, 주식투자, 보험, 해운, 금융 등 새롭게 특화된 분야에 진출한 사람들까지 포함했다. 이들 이른바 '금전적 이해관계moneyed interest'를 가진 사람들은 직접 화폐신용 업무를 취급하기도 하고 운송 중인 화물과 선박의 보험 업무에도 뛰어들었다. 이들 외에도 해운, 보험, 금융 분야의 중간단계와 관련이 있는 다양한 직종들이 분화해 나갔다. 대리인agent, 팩토링업자factor, 주식중개인broker, 채권매입업자negotiator, 보험업자insurer, 할인업자discounter, 주식청부업자subscriber, 주식공모 청부업자contractor, 어음발행인remitter, 주식매매업자 stock-jobber 등의 직종이 동시대 문헌에 나타난다.[19]

런던 시티와 그 밖의 도심에서 활동하는 상인층과 도매상 다음 반열에 광범위한 소상점주 집단이 있었다. 이전 세기에 이들의 주류는 길드 전통과 관련된 점포경영 수공업자이지만, 16세기 후반 이래 순수한 소매상들이 급증하면서 소매업종을 주도하기 시작했다. 소매상 분야의 정점에는 해외수입상품점이, 그리고 그 아래에는 개업비용이 많이 들어가는 순서대로 다양한 업종이 자리 잡았다. 포목점, 서점, 비단상점, 곡물점을 비롯해 잡화점, 치즈상점 등 다양한 업종의 소매점들이 도심 지역에서 영업하게 되었다.

대화재 이후 순수 소매업의 영업권을 규제하는 조치가 완화되면서 런던에서 가장 흔하게 볼 수 있는 소매 점포는 잡화점이었다. 이들은 주로 의류 · 실 · 리본 · 생활용품 등을 진열해 놓고 팔았다. 이 밖에 견직물점, 종이점, 곡물상, 귀금속점 등이 분화해 나타났다. 런던에 이주한 사람들 가운데 도제 생활을 거쳐 점포경영 수공직종에 진출하기보다 순수한 소매업 분야에 진출하려는 젊은이가 증가했다. 소액의 자본으로 영업이 가능할 뿐만 아니라 영업의 자유가 확대된 이후 가장 진입하기 쉬운 분야였기 때문이다. 새로 지은 도로변 건물에 들어선 소매점은 대부분 고객을 위한 진열장을 설치했다. 사람들은 진열장을 거쳐 점포에 들어갈 수 있었다. 시티는 물론 웨스트민스터 지구까지 도로변에 소매점들이 들어섰다. 그 결과 18세기 초에 이르면, 소상점주가 시티 주민 가운데 가장 대규모 집단이 되었다. 소매점의 증가는 시장의 성장, 그리고 제조업과 소매업의 분리, 둘 사이 함수로 이해할 수 있다.

수입상품점은 구 런던시의 스트랜드 가Strand Street, 칩사이드 가Cheapside Street는 물론, 레전트 가Regent Street, 코벤트가든Covent Garden, 런던 브리지 근처에 집중적으로 들어섰다.[20] 수공업자의 점포와 달리 이들 상점가는 런던 도시문화를 주도했다. 상점가는 사람들이 시간을 보내고 여흥을 위해 돈을 쓰도록 계획된 사회문화적 중심지였다. 상품별로 전문화된 해외무역상인은 수입품을 처리하기 위해 최종소비자와 직접 만나는 공간을 별도로 마련하지 않았다. 그들은 해당 분야 도매상에게 상품을 넘겼고, 전문 도매상들이 그 분야의 소매상들에게 소량으로 팔았다. 18세기 초 레전트 가에는 커튼점, 장갑상점, 금은방, 서점, 지도상점, 악보점, 양복점, 여성용 모자점, 향수상점, 보석상점, 식품점, 커피상점, 주류판매점, 중국상품점, 카펫상점, 모피상점, 담배판매점 등 다양하면서도 화려한 상점들이 연이어 자리 잡고 있었다. 같은 세기 중엽 밀크 가Milk Street에서 비단포목점을 운영했던 플로이드Joseph Floyd는 점포 안에 고객용 가죽의자, 거울, 붙박이 옷장과 양복걸이 등을 갖췄다. 이는 모두 고객의 기호에 따른 것이었다. 그리고 고객을 맞는 계산대에 값비싼 금고와 선반을 설치했다.(Earle, 1989: 45) 상점의 실내장식은 소매상의 평판을 좌우하는 중요한 문제였기 때문이다.

시티와 웨스트민스터 시구에 새롭게 등장한 상점들은 대부분 순수하게 '기성품을 진열한 소매점', 특히 해외수입상품점이었다. 이 소매점들은 도시민이나 도시를 찾은 외국인에게는 신기하면서도 매력적인 공간이었다. 제인 오스틴Jane Austen은 남동생 헨리와 함께 런던에 머무는 동안에 쇼핑을 즐겨했다. 헨리는 코벤트가든 근처 은행건물 사무실 위층에 살고 있었다. 그녀는 가끔 상점가를 거닐다가 포목점에 들러 비단, 공단, 무늬 놓은 직물, 인도산 면포, 모피의류 등을 고르곤 했다. 문필가 사우디Robert Southey는 런던의 삶을 자랑스럽게 생각했다. "런던에서 내 여생을 보내야 한다면, 나는 상점들로 계속 즐거움을 만끽할 것이라고 생각한다. 상점들에서 경이롭거나 아름다운 그 무엇인가를 언제나 볼 수 있기 때문이다."(Porter, 1994: 146) 1789년 런던을 방문한 독일 여성 소피Maria Sophie는 구 런던시 쇼핑가를 거닐던 경험을 다음과 같이 회상한다.

> 모든 진열품이 파리나 다른 도시보다도 더 사람들의 눈에 매력적으로 보인다. 유리진열장 뒤에 우리가 생각할 수 있는 거의 모든 것들이 정결하고 매력적으로 진열되어 있는데, 우리 욕심에 걸맞게 선택의 폭이 너무나 넓은 것이다. … 우리는 특히 여성용 상품을 보여 주는 세련된 진열장을 주목했다. 비단이나 또는 인도면(진츠와 머슬린)이 화려하고 높은 유리 배후에 접힌 채로 걸려 있어서, 마치 원래 여성 의상진열대에서 그렇게 했듯이 원단을 꼼꼼히 살필 수 있다.(Williams, 1933: 87)

끝으로, 근대 초 런던 소매업 세계의 변화에서 새롭게 주목해야 할 것은 건물 내 매장shopping gallery의 출현이다. 우리는 근대 도시 발전에 관한 한, 도로변에 상점들이 연이어 들어선 경관에만 익숙해 있다. 그러나 이러한 경관이 나타나던 시기 또는 그 이전에 건물 내 매장을 구축하려는 시도가 있었고, 이 또한 런던의 상업세계에 적지 않은 영향을 미쳤다. 큰 건축물 안에 조성된 매장은 일반 소매점들에 비해 월등하게 인기가 높았다. 갤러리가 들어선 건축물의 외관과 상가 전체의 디자인에 많은 사람들이 매료당했기 때문이다. 실제로 갤러리 운영자들의 영업방식이 독특한 경우도 있었다. 건물 내 상가는 근대 초기 소비자들의 사교와 활동의 중심지이기도 했다.

17세기에 구 런던시와 웨스트민스터 시구에는 왕립거래소Royal Exchange, 웨스트민스터 홀, 신증권거래소New Exchange, 엑시터거래소Exeter Exchange, 중부거래소Middle Exchange 등의 건물 내에 화려한 매장이 자리 잡고 있었다. 최초의 매장은 왕립거래소 건물 안에 들어섰다. 이 거래소는 1568년 재무장관 그레셤Thomas Gresham의 주도로 세워졌으며, 이미 튜더시대에 건물 내 매장을 열었다고 전해진다. 대화재 후 재건축되면서 1671년 1, 2층 중앙홀에 대규모 갤러리를 조성해 점포를 분양했다. 웨스트민스터 홀에는 주요 법정이 자리 잡고 있었다. 이 건축물 중앙홀에도 상점가가 있었지만, 다섯 곳 갤러리 가운데 가장 규모가 작았다. 1609년 건축된 신증권거래소, 1676년 개장한 엑시터거래소, 1676년 건립된 중부거래소의 매장들은 18세기에 이르러 문을 닫았다.[21] 따라서 대표적인 갤러리는 왕립거래소와 웨스트민스터 홀이라고 할 수 있다. 구 런던시 중심가에 있는 왕립거래소를 비롯해 나머지 거래소 건물들은 모두 시티와 웨스트민스터 시구를 연결하는 간선도로 스트랜드 가에 밀집해 있었다. 스트랜드 가街가 오랫동안 런던 상점가의 중심지로 여겨졌던 것도 아마 이 때문일 것이다.

그림 1_위쪽에서 바라본 왕립거래소

그레셤은 왕립거래소를 세운 직후에 매장을 구상해 실천에 옮겼다. 이 상점가는 1630년대에 '런던의 눈Eye of London'으로 불릴 만큼 인기가 있었다. 당시 매장 안내책자에 따르면, 이곳은 거래소 객장이나 무역회사를 방문한 사업가들의 휴식처이자 부유한 상류층 여성들의 쇼핑공간이었다. 대화재 후 재건축된 거래소 매장의 점포들은 거리의 상점에 비해 규모가 작았다. 이는 건물의 좁은 공간을 효율적으로 이용하기 위해서였을 것이다. 점포 규모가 작았음에도 인기를 끌었던 것은 건물과 매장의 실내 장식과 디자인이 세련되고, 해외 수입품을 비롯해 다양한 고급상품을 취급했기 때문이다. 일단 건물 입구를 들어서면 양쪽의 석조계단이 윗층 매장으로 연결되어 있었다. 위층에는 모두 네 곳의 갤러리가 있었으며, 입주한 소매점 숫자는 190여 곳에 이르렀다(Walsh, 2003: 57~58). 그레셤이 처음 상가를 조성했을 때는 그 임대료 수입으로 거래소를 운영하려는 계획이 있었다. 그러나 갤러리는 거래소의 성장과 발전을 위한 촉매제이기도 했다. 17~18세기에 왕립거래소 갤러리는 일종의 문화적 아이콘이었다. 18세기 문필가 애디슨Joseph Addison은 왕립거래소를 둘러보고 이렇게 썼다.

> 런던 왕립거래소는 내게 비밀스러운 만족을 안겨 준다. 어느 면으로는 나의 허영심을 채워 주기도 한다. 내가 영국인이어서, 지방이나 외국에서 온 많은 사람들이 여러 종류의 개인 사업에 관해 상담하고, 이 수도를 지구 전체의 중앙시장으로 만드는 것을 보니까 말이다.(Linsay, 1978: 179)

요컨대, 런던에서 소매업이 중요한 유통활동의 일부로 자리 잡은 시기는 17세기였던 것처럼 보인다. 이 시기에 소매점들은 소비자들이 자신의 돈 가운데 일부를 지출하는 소비공간이 되었기 때문이다.

18세기에 이르면 소매점들은 영국 유통경제의 중요한 부분으로 대두한다. 도로변 점포의 수가 급속하게 증가하면서 소매점 자체가 도시 경관의 친숙한 이미지로 떠올랐다. 역사가들은 18세기의 이러한 변화를 흔히 '소비자혁명'이라 부른다. 이제껏 부유층만이 독점했던 상품, 이를테면 안락의자, 식탁보, 유리제품, 중국산 도기, 차, 안경, 시계, 서재, 판화, 골동품이 일반 가정에도 등장했으며, 성서만이 아니라 잡지와 소설, 팸플릿 같은 인쇄물이 널리 퍼졌다. 이런 것들은 세계에 대한 사람들의 물질적 기대와 상상력을 증폭시켰다. 국내 및 해외 상품의 소비 증가는 물론, 부를 축적한 소비자들이 시간을 보내고 즐길 수 있는 공간과 새로운 여가형식이 나타났고 이에 따라 여흥산업 또한 발전했다는 것이다.

그러나 18세기에도 소매점을 중심으로 하는 쇼핑은 오늘날과 차이가 있었다. 도심지역에 소매점포가 늘고 취급하는 상품도 다양해졌지만, 소비자들이 소매점에서 물건을 구입하는 일은 단순하지 않았다. 우선 소비자들은 국내 상품은 물론 해외수입품에 대한 정보를 잘 알 수 없었다. 물건을 잘 사려면 신뢰할 만한 상점주를 골라 그와 돈독한 관계를 맺는 것이 중요했다. 소비자는 상점주의 지식과 숙련 그리고 정직성에 의존할 수밖에 없었기 때문이다. 지금과 달리 그 시대에는 질을 나타내는 상표, 표준화된 제품, 보증 등의 상거래 관행이 정착되지 않았으므로 상점주의 조언이 절대적으로 중요했다. 고객과 상점주의 긴밀한 관계는 소매업의 세계에서 여전히 중요한 요소로 남아 있었다.

나오는 말

소매업은 일반인의 소비생활에서 중요한 비중을 차지한다. 오늘날 도시 경관의 주된 특징을 이루는 도로변 소상점들은 산업화 이후에 급증한 것으로 여겨 왔다. 백화점, 슈퍼마켓, 할인점 등 대규모 소매업들은 분명 산업화 이후 발전한 것이다. 그러나 영국, 특히 런던에서 소상점을 중심으로 하는 소매업은 이미 16세기부터 나타나기 시작했다. 양도이윤을 추구하는 순수한 소매업은 기존 도시길드의 전통을 잇는 점포경영 수공업과 기원을 달리한다.

17세기야말로 런던에서 소상점 위주의 소매업이 성장하는 중요한 계기처럼 보인다. 소매업의 발전은 물론 런던의 인구증가와 밀접하게 관련된다. 그러나 소매업이 종래의 점포경영 수공업을 제치고 급속하게 성장할 수 있었던 것은 런던의 특수성이 작용한 결과였다. 우선, 영국에서 소매업 성장의 중요한 계기는 역설적으로 대화재 이후 대대적인 도시재건이었다. 재건과정에서 소매업 분야의 신규 진출자들이 영업의 자유를 얻을 기회가 높아졌다.

다음으로, 해외무역의 발전이 수공업생산과 관련이 없는 소매업의 발전을 자극했다. 구 런던시와 웨스트민스터 시구의 간선도로변에 해외수입상품을 취급하는 전문적인 소매점들이 들어섰다. 17세기 말 이래 스트랜드 가, 레전트 가, 칩사이드 가 등에는 특히 화려한 소매점들이 도시경관을 지배하기에 이르렀다. 이들 거리에는 서점 · 포목점 · 향수상점 · 향료점 · 귀금속점 · 해외식품점 · 커피점 · 주류판매점 · 중국상품점 · 담배상점 · 도자기점 등 다양하면서도 화려한 소매점들이 기존 수공업자의 점포와 뒤섞여 영업하고 있었다.

이와 같이, 17~18세기에 런던의 소비문화가 급속하게 변모했지만, 소비에 관한 인식은 여전히 전통의 틀을 벗어나지 못했다. 오히려 소비 분위기가 높아질수록 그 위험을 경고하는 지식인들의 담론이 분출했다. 이와 달리 달라진 시대분위기를 반영해 필요에 따른 소비와 사치 사이의 경계를 재해석하려는 새로운 움직임도 나타났다. 서로 상반된 소비 담론은 적어도 1세기 이상 서로 긴장관계를 유지했던 것처럼 보인다. 맨더빌에서 스미스로 이어지는 소비에 관한 새로운 인식은 이 긴장관계의 산물이었다.

미주

* 이 글은 근대 런던의 상업을 다룬 필자의 다음 논문을 발췌했다. 특별한 경우를 제외하고는 인용전거를 생략한다. 이영석, 「17세기 템스강 결빙과 상업세계의 변화」, 『이화사학연구』, 43호(2011), 39~70; 「18세기 런던 소매업의 재검토」, 『도시연구』, 7호(2011), 105~33.

1. 런던의 이름은 '너무 넓어 건너기 어려운'이라는 뜻을 가진 켈트어 린딘(Lyn Din)에서 비롯한다.
2. 대역병은 1664~1666년 사이에 런던에서 창궐한 페스트를 가리킨다. 이 역병으로 대략 7만 내지 10만여 명이 목숨을 잃었는데, 이 수치는 당시 런던 인구의 5분의 1에 이른다. 대화재는 1666년 9월 2일부터 5일간 지속된 화재를 말한다. 제빵작업장에서 발생한 불길이 때마침 불어닥친 강풍을 타고 사방으로 번져 시티와 웨스트민스터 등 템스 강 북부지역 주택의 80%가 소실되었다. 화재 피해가 컸던 것은 시내 주택 대부분이 목조 가옥이었기 때문이다.
3. 렌은 원래 옥스퍼드대학 천문학 교수로, 대화재 후에 런던 재건계획을 제안한 바 있다. 그 후 건설담당관으로 임명되어 런던 재건축과정을 이끌었다. 세인트 폴 교회 및 그 산하 교구교회, 그리니치병원, 햄튼코트 신관 등 현존하는 여러 바로크식 건축물을 감독했다. 재건과정에서 세워진 주택들 또한 벽돌건물이었고 새로 건설된 거리는 이전보다 넓은 직선도로였다.
4. William III, 1698. "An Act for making Billingsgate a Free Market for Sale of Fish."
5. 리든홀 시장은 분명히 대화재 이전부터 평일에 개장했던 것으로 보인다. 정기시에서 상설시장으로 바뀐 셈인데, 여기에는 특별한 이유가 있다. 리든홀은 시티의 도심 한가운데 위치해 있었다. 이전부터 소매상과 도시수공업자의 점포들이 영업하는 곳이었다. 그러다가 행상이 모여들어 정기시로 확대되었다. 이 시장이 여러 물품을 거래하는 시장이 된 것도 이런 이유 때문이다. 소매점과 도시수공업 점포 주위에 형성된 시장이었기 때문에 자연스럽게 일찍 상설시장으로 변모했을 것이다.
6. Samuel Pepys, *Diary of Samuel Pepys: A New and Complete Transcription*, ed. Pobert Latham and William Matthews (Berkeley: University of California Press, 1970~1983), Vol. 7,

367, 369, 384.

7. Daniel Defoe, *A Tour through the Whole Island of Great Britain* (1724~1726; London: Cass, repr. 1968), Vol. 1, 41, 80~81; vol. 2, Part 2, 36.

8. Defoe, *Tour*, Vol. 2, Part 2, 142.

9. 영어에서 소상점주를 tradesman이라 불렀던 것은 이런 이유 때문이다. 여기에서 trade는 직종의 의미다. 이에 비해, 해외무역에 종사하거나 그 무역업을 지원하는 금융활동 종사자는 merchant라 불렸다.

10. 외지인에 대한 기소 중지는 House of Commons, *The Journal*, 47, fol. 155, 영업 자유 보장 조치는 *The Journal*, 47, fol. 254b 참조.

11. N. H.[pseudonym], *The Compleat Tradesman*, London, 1684, p. 2.

12. 17세기 말 레반트 무역업은 860파운드, 기타 해외무역업 200~500파운드, 일반 포목점 200~300파운드 수준이었다. 반면에 수공업종의 견습료는 낮았다. 통메장이 10~35파운드, 금 세공업 20~50파운드, 칼 제조업 10~35파운드로 나타난다.

13. 17세기 말 작성된 한 포목점 도제 계약서는 다음과 같은 의무조항을 담고 있다. "앞에서 말한 도제는 그의 상전에게 충실하게 봉사해야 하고, 그의 비밀을 지키며 어디서나 상전의 정당한 명령을 따라야 한다. 그는 상전의 자산을 낭비하지 말고 불법적으로 남에게 빌려 주지도 말아야 한다. 도제 수업기간에 그는 사통을 저지르거나, 혼인해서는 안 된다. 그는 상전이 손실을 입을 수도 있는 카드놀이, 주사위 던지기, 도박(table)이나 다른 불법적인 놀이를 벌이지 않아야 한다. 그는 상전의 허락이 없이 그 자신의 재물이나 타인의 재물을 사거나 팔아서는 안된다. 그는 선술집이나 극장을 드나들어서는 안 되며 그의 상전에게 봉사하는 낮이건 밤이건 불법적으로 빠져서는 안 된다. 그는 이 모든 점에서 상전에게 충실한 도제로서 행동해야 한다." Corporation of London Record Office, Small Ms. Bos 40, no. 1.

14. R. Campbell, *The London Tradesman*, 1747; Newton Abbot: David & Charles, 1969, 283.

15. 캠벌은 런던의 대표 직종의 개업비용을 다음과 같이 추산한다. 비단포목점 1,000~10,000파운드, 리넨포목점 또는 모직물점 1,000~5,000파운드, 서점 500~5,000파운드, 곡물점 500~2,000파운드, 치즈 상점 100~500파운드, 약방 50~200파운드. 수공업종 개업비용은 이보다 낮았다. 양복점 100~500파운드, 무두공 상점 100~1,000파운드, 장갑제조점 50~500파운드 등이었다. Campbell, London Tradesman, 337~38.

16. Daniel Defoe, "The trade to India Critically and Calmly Considered(1720)", in John McVeah, ed., *Political and Economic Writing of Daniel Defoe, Vol. 7: Trade*, London: Pickering and Chatto, 2000, 101.

17. Daniel Defoe, "A Plan of the English Commerce(1728)", in *Political and Economic Writing of Daniel Defoe, Vol. 7: Trade*, 67~69.

18. Daniel Defoe, "An Essay on the South-Sea Trade(1712)", in *Political and Economic Writing of Daniel Defoe, Vol. 7: Trade*, 50.

19. factor는 상인의 위임장을 가지고 해외 점포에서 거주하면서 상품의 매매, 우송, 교환 업무를 맡는 상인 대리인이다.

20. 예를 들어, 런던 브리지는 템스 강 남쪽에서 시티로 들어가는 유일한 다리였다. 1633년 당시 다리 근처에 41개 소매점이 영업하고 있었다. 직종별 분포를 보면, 장신구점 13, 양말 또는 장갑 8, 포목점(비단, 리넨, 모직) 7, 식품점 2, 이 밖에 모자점, 띠 제조점, 소금 판매점, 바늘상점, 공증소 등 잡다한 소매점포가 자리 잡았다.

21. 이들 거래소 매장이 문을 닫은 것은 소매업 쇠퇴 때문이 아니라, 신설 거래소들이 폐쇄되었기 때문이다.

참고문헌

Alexander, David, *Retailing in England during the Industrial Revolution*, London: Athlone, 1970.

Benson, John and Gareth Show, eds., *The Evolution of Retail System*, Leicester: Leicester University Press, 1992.

Benson, John and Laura Ugolini, eds., *A Nation of Shopkeepers: Five Centuries of British Retailing*, London: I.B. Tauris, 2003.

Berg, Maxine, "In Pursuit of Luxury: Gloval History and British Consumer Goods in the Eighteenth Century," *Past and Present*, No. 182, 2004, 85-142.

Campbell, R., *The London Tradesman* (1747; New Abbot, David & Charles, repr. 1969).

Cox, Nancy, *The Complete Tradesman: A Study of Retailing, 1550-1820*, Aldershot: Ashgate, 2000.

Davis, Dorothy, *Fairs, Shops and Supermarkets: A History of English Shopping*, Toronto: University of Toronto Press, 1966.

Davis, K. G., "Joint-stock Investment in the Later Seventeenth Century", *Economic History Review*, 2nd ser., Vol. 4, No. 3, 1952, 283-301.

Deane, P., *The First Industrial Revolution*, Cambridge: Cambridge University Press, 1979.

Defoe, Daniel, *A Tour through the Whole Island of Great Britain*, 1724-26; London: Cass, repr. 1968.

Defoe, Daniel, *Political and Economic Writing of Daniel Defoe, Vol. 7: Trade*, ed. John McVeah, London: Pickering and Chatto, 2000.

Defoe, Daniel, *The Complete English Tradesman*, 2 vols., London: Charles Livington, 1726-7.

Earle, Peter, *The Making of the English Middle Class: Business, Society and Family Life in London 1660-1730*, London: Methuen, 1989.

Grassby, Richard, "English Merchant Capitalism in the Late Seventeenth Century", *Past and Present*, No. 46, 1970, 87-107.

Horwitz, Henry, "The Mess of the Middle Class Revisited: The Case of the Big Bourgeoisie of Augustan London", *Continuity and Change*, Vol. 2, No. 2, 1987, 263-96.

Jefferys, J. B., *Retailing in Britain 1850-1980*, Cambridge: University Press, 1954.

Kellett, J. R., "The Breakdown of Guild and Corporation Control over the Handicraft and Retail Trades of London", *Economic History Review*, 2nd ser., Vol. 10, No. 3, 1957-8, 381-394.

Latroon, Meriton, *The English Rogue*, London, 1669, Vol. 2.

Linsay, Jack, *The Monster City: Defoe's Lonodon 1688-1730*, New York: At Martin Press, 1978.

Maitland, William, *History of London* (London, 1772), 2 vols.

Mandeville, Bernard, *The Fable of the Bees, or Private Vices, Public Benefits*, 1714; Harmondsworth: Penguin Books, 1970.

Marshall, Dorothy, *Dr. Johnson's London* (New York and London: John Wiley & Sons, 1968.

Mun, Thomas, *England's Treasure*, London, 1664.

N. H.[pseudonym], *The Compleat Tradesman*, London, 1684.

Pennell, Sara, "Consumption and Consumerism in Early Modern England", *Historical Journal*, Vol. 42, No. 2, 1999, 549-64.

Porter, Roy, *Enlightenment: Britain and the Creation of the Modern World*, London: Penguin Books, 2000.

Porter, Roy, *London: A Social History*, Cambridge, Mess.: Harvard University Press, 1994.

Simonton, Deborah, "Apprenticeship: Training and Gender in Eighteenth-Century England", in M. Berg, ed., *Markets and Manufacture in Early Industrial Europe*, London: Routledge, 1991, 227-58.

Stone, Laurence, "Indigo Jones and the New Exchange", *Archaeological Journal*, No. 114, 1957, 106-21.

Thirst, Joan, *Policy and Projects: the Development of a Consumer Society in Early Modern England*, Oxford: Oxford University Press, 1978.

Thompson, Richard, *Chronicles of Old London Bridge*, London, 1839.

Walsh, Claire, "Social Meaning and Social Space in the Shopping Galleries of Early Modern London", in John Benson and Laura Ugolini, eds., *A Nation of Shopkeepers: Five Centuries of British Retailing*, London: I.B. Tauris, 2003, pp. 52-79.

Wheatley, H. B. and Peter Cunningham, *London Past and Present: Its History, Associations and Traditions*, London: John Murray, 1891, Vol. 3.

Williams, Clare, ed., *Sophie in London, 1786, Being the Diary of Sophie von la Roche*, London: Jonathan Cape, 1933.

Wrigley, E. A. "A Simple Model of London's Importance in Changing English Society and Economy, 1650-1750", *Past and Present*, No. 37, 1967, 44-70.

Zahedieh, Nuala, "Making Mercantilism Work: London Merchants and Atlantic Trade in the Seventeenth Century", *Transactions of the Royal Historical Society*, 6th series, Vol. 9, 1999, 143-58.

김민제, 「영국 헨리 8세 시대의 의복에 관한 사회적 인식」, 『영국연구』, 17호, 2007, 109-39면.

랜즈, 데이비드, 『국가의 부와 빈곤』, 안진환, 최소영 옮김, 한국경제신문사, 2009.

이영석, 「18세기 초 런던 상인의 생활세계」, 『사회와 역사』, 60호, 2001, 206-238.

이영석, 「17세기 템스 강 결빙과 상업세계의 변화」, 『이화사학연구』, 43호, 2011, 39-70.

이영석, 「18세기 런던 소매업의 재검토」, 『도시연구』, 7호(2011), 105-33.

| 두 번째 도시 |

혁신과 개발의 중심도시, 뉴욕

박진빈_경희대학교 사학과

들어가는 말: 뉴욕은 어떤 도시인가?

현존하는 최고의 힙합 래퍼이자 제작자이며 사업가인 제이 지Jay Z가 만들어, 폭발적 가창력을 자랑하는 R&B 가수 알리시아 키스Alicia Keys와 함께 부른 2009년의 노래 〈엠파이어 스테이트 오브 마인드Empire State of Mind〉는 뉴욕에 대한 예찬이다. 노래의 앞부분 랩에서 제이 지는 뉴욕 시에서 자란 유년시절을 회상한다. 실제 브루클린에서 나고 자란 아프리카계 미국인 제이 지는 푸에르토리칸들과 어울려 마약 거래나 하던 문제 청소년이었다. 하지만 그는 지금 맨해튼의 고급 동네인 트라이베카에서 세계적 스타 로버트 드니로 옆집에 산다. 그는 읊조린다. 이것이 바로 뉴욕에서 가능한 일이라고. 그야말로 밑바닥에서 꼭대기로 이동할 수 있는 곳, 그곳이 바로 뉴욕이라고 전한다.

In New York,
뉴욕에선,
Concrete jungle where dreams are made of,

꿈들로 이루어진 콘크리트 정글
Theres nothing you can't do,
이곳에서 불가능한 것은 없어요.
Now you're in New York,
지금 당신은 뉴욕에 있어요.
these streets will make you feel brand new,
뉴욕의 거리들은 당신을 새롭게 만들어 줄 거예요.
the lights will inspire you,
그 불빛은 당신에게 영감을 줄 거예요.
lets here it for New York, New York, New York
이곳이 바로 뉴욕, 뉴욕, 뉴욕.

제이 지의 랩에 이어 위와 같이 반복되는 노래를 부르는 키스는 이탈리아, 스코틀랜드, 아일랜드, 그리고 아프리카계 흑인의 혼혈 인종으로 역시 뉴욕 시의 대표적 빈민가인 헬스키친 출신이다. '불가능한 것은 없다', 이것이 이 노래가 증언하는 뉴욕의 힘이다. 많은 이들이 공감하는 뉴욕의 이미지는 이 노래의 내용에 가깝다. 세계 최고의 도시, 화려한 문화의 중심지, 미국 재정과 무역의 핵심, 모든 인종과 국적의 사람들이 모여 사는 도가니, 그리고 그들이 역경을 딛고 마침내 꿈을 이루는 도시가 바로 뉴욕이라고 이들은 찬양한다.

하지만, 최근 한국에 번역된 책 『뉴욕열전』(갈무리, 2010)의 저자 이와사부로 코소는 전혀 다른 뉴욕을 이야기한다. 코소에 따르면, 뉴욕이라는 도시는 끊임없는 갈등과 투쟁의 역사를 가지고 있다. 다양한 무리의 사람들이 와서 도시에서의 권리를 획득하기 위해 치열하게 싸웠으며, 이는 현재진행형인 문제이기도 하다. 이민 집단, 노동운동 세력과 사회주의 운동가들, 그리고 동성애 운동가 등이 뉴욕에서 그 존재를 위협당했고, 밀려날 고비를 맞았으며, 이를 극복하기 위해 처절한 투쟁을 벌여 왔기 때문이다. 코소의 책을 읽으며 내가 알던 뉴욕과 달라서, 그리고 물질적으로 풍요로운 도시의 표면에는 나타나지 않는 이런 역동적인 역사가 숨어 있었다는 사실 때문에 놀라운가? 하지만 바로 지난해 세계의 주목을 끌었던 월가에서의 점령운동Occupy Wall Street을 상기한다면 코소의 책은 그 점령운동이 어디에 기원을 두고 있는지 잘 말해 준다.

제이 지의 뉴욕과 코소의 뉴욕 사이에는 어떤 간극이 존재하는 것일까? 그 간극을 넘어 뉴욕을 이해할 수는 없는가? 이 글은 개발과 재개발을 반복하면서 만들어져 온 뉴욕의 역사를 공간과 구성원의 변화라는 측면에서 살펴보려 한다. 역사학자 맥스 페이지는 20세기 전반 뉴욕 개발의 역사를 다룬 저서에서 죠셉 슘페터의 "창조적 파괴creative destruction" 개념을 도입한다. 도시의 외형적 변화와 사회 · 문화적 역량 사이의 긴장을 표현하기 위한 개념이다. 그에 따르면 뉴욕의 변화는 발전, 개선, 근대화와 같은 긍정적 변화로만 설명할 수도 없고, 반대로 파괴, 소외, 갈등과 같은 부정적 측면으로만 설명할 수도 없다. 사회 · 문화적 개선을 추구하는 역동성도 존재하지만, 자본주의의 현실적 측면 역시 작동하고 있기 때문이다. 따라서 도시의 변화는 창조적인 동시에 파괴를 수반하는 것이라는 이야기이다.

세 개의 절로 나누어 주요한 변화들을 살펴본다. 제2절에서는 19세기 말부터 20세기 초에 이르는 전환기에 급격한 도시화의 문제를 해결하려 시도했던 개혁 운동을 다룬다. 인구밀집과 산업화 등으로 인해 위기에 처한 도시 환경을 어떻게 개선하려 했는지, 그 노력은 어떤 또 다른 문제점을 내포하고 있었는지 알아보려는 것이다. 이어 제3절에서는 20세기 중반, 도시 재개발 운동의 명암을 분석한다. 개발과 재개발의 순환 논리에 의해 도시의 외양과 그 구성원이 어떻게 변하는지 알아본다. 그리고 제4절과 제5절에서는 1970년대 이후 뉴욕 변화

그림 1_제이콥 리스의 사진

의 핵심에 자리잡고 있는 젠트리화에 대해 살펴볼 것이다. 이 역시 자본의 논리에 의해 도시가 정비될 때 벌어지는 여러 가지 문제점을 알아보려는 의도이다.

슬럼, 이민, 구획화(19세기 말~20세기 초)

최초의 르포(사회고발) 사진작가로 꼽히는 제이콥 리스Jacob Riis의 사진은 세기 전환기 뉴욕 빈민가의 상황을 가장 생생하게 보여 주는 자료이다. 〈쪽방촌의 방Room in a tenement〉이라는 1910년 사진에는 전형적인 뉴욕 공동주택의 단칸방 살림이 사진기를 향해 펼쳐져 있다. 이탈리아에서 이민 온 지 얼마 되지 않은 7인 가정이 살고 있는 네 평 남짓한 방. 아버지, 어머니, 아들 둘 딸 셋. 1인용 침대 하나, 아기 침대 하나, 붙박이 벽장과 찬장, 이것이 그들의 가구 전부이고, 여기 보이는 물건들이 그들이 소유한 재산 전부이다. 정면에는 복도로 통하는 현관문이 있는데, 아마도 이 방에 속한 유일한 문일 것이다. 이 공간은 가족의 거실이자 침실이고 주방이며, 작업실이자 양육실이고 세탁실이면서 휴식 공간인, 한마디로 이들에게 주어진 유일한 공간이다. 공동주택 건물 안에 화장실이 딸린 방도 있었겠지만, 그런 호사를 누릴 수 없는 가족도 많았다. 그런 경

그림 2_뉴욕의 빈민가 뒷골목의 열악한 풍경

우엔 건물당 하나 혹은 층별로 하나씩 있는 공동 화장실을 이용해야 했다.

19세기 말의 대도시는 우리가 지금 생각하는 그런 도시가 아니다. 도시 하면 반듯하고 너른 길, 세련되고 멋진 건물들, 지적이고 교양 있는 도시민들의 이미지를 떠올리게 된 것은 오래지 않은 일이다. 대도시가 처음 출현하던 당시에는 근대도시가 보여 주는 새로운 양상에 대해 두려움과 공포를 가지고 관찰하는 시각이 지배적이었다. 더 이상 예측 가능하지 않은 거대하고 차가운 공간, 갑자기 너무 많은 인간이 몰려들어 불편하고 비위생적인 환경, 알 수도 없고 믿을 수도 없는 이질적인 사람들의 무리, 눈 깜짝하는 사이 코 베어 가도 모를 곳, 인간을 타락시키고 범죄를 키우는 무시무시하고 사악한 곳, 도시는 근대화가 만든 괴물이었다.

19세기가 저물어 가던 무렵 미국은 급속도로 변하고 있었다. 급속도로 진전되는 산업화의 열기를 따라 수많은 사람들이 도시로 몰려들었다. 1880년대 10년 동안 미국에는 그 규모가 두 배로 늘어난 도시가 101곳이나 있었다. 이주자들은 농촌에서도 왔지만, 외국에서도 도착했다. 1880년대부터 1910년대 사이, 미국 총인구의 약 15%에 달하는 외국인이 미국으로 이주했다. 특히 3대 대도시인 뉴욕, 시카고, 필라델피아에는 엄청난 비율의 외국 국적자들이 밀집하였는데, 뉴욕의 경우는 1890년에는 42.2%가, 1910년에는 40.8%가 외국에서 출생한 사람들이었다.[1]

19세기 말 끓어오르던 미국의 용광로, 뉴욕의 한복판에서 미국인들은 갑자기 "다른 절반"을 발견했다. 제이콥 리스의 사진책 『다른 절반은 어떻게 사는가』[2]는 뉴욕 슬럼을 가득 채우고 있는 빈민의 삶을 조명한 르포였다. 이 책의 서문에서 리스는 "세계의 절반은 다른 절반이 어떻게 사는지 모르고 있다"는 말을 인용하면서, 유복한 시민의 무관심과 지주들의 탐욕이 결합한 결과 "세계 대도시 가운데 가장 젊은" 뉴욕에도 빈민의 문제가 대두했다고 했다. "당신은 이 문제에 대해 어떻게 할 것인가?" 노블레스 오블리주를 상기시키는 이 질문을 던지면서 리스는 일단 문제의 심각성에 대한 파악이 필요하다고 제언한다. 그것이 바로 이 르포 지를 만든 이유인 것이다.

덴마크에서 태어난 제이콥 리스는 1870년 21세의 나이에 뉴욕으로 이민 왔다. 때마침 불경기에 휩싸인 뉴욕에서 그다지 순조롭지 않은 출발을 하게 된 리스는 임시직을 닥치는 대로 전전하면서 3년 이상의 세월을 거의 길바닥에서 지낸 끝에 마침내 언론계에 자리를 잡았다. 1877년부터 뉴욕 트리뷴에서 일하게 된 리스는 그가 잘 알고 있고 익히 경험한 바 있는 뉴욕의 뒷골목 풍경을 집중적으로 기사화하기 시작했다. 벌이가 끊기고 밤을 보낼 곳이 없던 그가 자주 신세 졌던 경찰서 숙박소와 막다른 골목의 판자더미 밑. 거기엔 대도시의 으리으리하고 화려한 성장의 어두운 그림자가 드리워져 있다는 것을 미국인들에게 알리고 싶었다. 사람이 살기에 적합하다고 볼 수 없는 어두침침하고 통기도 안 되는 뉴욕 슬럼의 공동주택 단칸방들. 영양 상태가 좋지 못한 이민 가족들에게 단칸방 환경은 그야말로 전염병을 키우는 온상이 될 수밖에 없다.

리스가 특히 주목한 것은 어린이들에게 범죄의 온상이 되고 있는 슬럼의 문제였다. 뒷골목 아이들은 열악한 환경에 노출되어 있었을 뿐 아니라, 적절한 어른의 보호나 지도를 받지 못했다. 심지어 부모 없이 버려져 자기들끼리 노숙을 하며 잠재적 범죄자 집단을 형성한 거리의 아이들, "부랑아street arabs"들은 수천 명에 달했다. 이렇게 바로 눈앞에서 끔찍한 일들이 벌어지고 있는데 아무런 대책도 마련되지 않고 있다니 믿을 수 없는 일이었다. 사람들은 이런 대도시의 문제에 무지하고, 또 굳이 알려 하지도 않으며, 알게 된 경우엔 애써 모른척하려고 했다. 이처럼 시민의 무관심과 교육의 부재가 대도시 문제를 일으키는 주범이니, 이렇게 문제들을 파헤쳐 알리고 해결책들을 모색한다면 사태의 개선이 불가능하지 않다는 것이 리스의 주장이었다.

리스의 『다른 절반은 어떻게 사는가』는 실로 엄청난 반향을 불러일으켰다. 이 책을 읽은 교양 있는 미국인이라면 누구나 뉴욕 뒷골목 공동주택이나 난개발된 골목의 열악함에 경악을 금치 못했다. 사진 저널리즘의 효시라고까지 불리는 그의 사진들은 강렬한 인상을 주는 것들이었다. 리스의 슬럼 개선 의지에 큰 영향을 받은 사람들 가운데에는 시어도어 루스벨트Theodore Roosevelt가 포함되어 있었다. 후에 혁신주의 개혁의 대표 인물이자 미연방의 제26대 대통령이 된 루스벨트가 가장 먼저 관심을 보였던 분야가 바로 시정 개혁과 슬럼 개선 문제였다는 사실은 제이콥 리스와 그가 맺은 친분과 무관하지 않다.

1895년 뉴욕 시 경찰청장에 당선된 루스벨트는 리스와 함께 뉴욕 시의 구석구석으로 야간 순찰을 돌았다. 리스는 루스벨트에게 뉴욕 슬럼의 심장부를 보여주었다. 리스와 함께 경찰서 숙박소와 임대주택 시설, 고한제 노동 작업장들을 돌아본 루스벨트는 리스의 문제의식을 깊이 공유하게 되었고 그만큼 열정적으로 이 문제를 해결하겠다고 결심했다. 루스벨트는 우선 가장 열악한 환경의 고한제 시가 공장 100군데를 폐쇄했고, 시 공공보건소의 직원들을 파견하여 임대주택의 위생 실태를 살펴보게 했다. 이들은 특히 상황이 나쁜 몇몇 임대주택을 철거했고, 건물주에게 최소한의 의무를 부여하는 법을 만들어야 한다는

그림 3_철거된 블록이 보이는 뉴욕의 슬럼

점에 공감하게 되었다. 그 결과물이 바로 공동주택의 위생과 안전 규정을 최초로 성문화한 1901년 뉴욕 공동주택법Tenement House Act of 1901이었다.

도시 환경을 개선하기 위해서 건물이 허물어지거나, 아예 동네가 통째로 철거되는 경우도 있었다. 19세기 말부터 20세기 초까지 뉴욕에서는 수많은 건물들이 파괴되었다. 메디슨 스퀘어 가든, 템플 에마누엘, 5번가 호텔, 월도프 아스토리아 등의 대표적 건물들이 철거되었고, 셀 수 없을 정도의 브라운스톤 건물들이 사라졌다. 그 공간에는 고층의 새 건물이 다시 지어져 지금의 모습과 유사한 도시 외형이 완성되었다. 1918년부터 1935년 사이에 맨해튼에서만 연간 300~400채의 건물이 철거되었고, 시 정부는 도합 8만 3천여 채의 건물을 철거한다는 계획을 세웠을 정도였다.[3]

문제는 환경만 개선하면 된다는 단순한 생각이 빈민의 생활 구조에 대해서는 무지했다는 점이다. 슬럼이 철거되면 슬럼에 살던 세입자들은 어디로 갈까? 거주지가 없어져 당장 살 곳을 구하는 것도 문제이지만, 더 큰 문제는 이들이 가진 재물로는 아마도 영원히 더 나은 환경을 보장받을 수 없다는 사실이었다. 철거된 슬럼 자리에 새로 세워진 건물의 임대료는 상승할 것이기 때문에 쫓겨난 이들은 다시 돌아올 수 없다. 이처럼 도심지 공간 개선이 원 거주자의 생활권 박탈로 이어지는 현상은 20세기 내내 반복된 도시 재개발의 부작용 가운데 하나였다.

도시 재개발의 시대(1950~1970년대)

1930년대의 대공황과 1940년대 전쟁 기간 동안 도시의 문제는 잠시 유보되었다. 전후에 들어서며 경제 활성화로 인해 중산층이 대폭 증가하고 각종 소비재의 시대가 도래하면서 비로소 도시 공간에 대한 관심이 재개되었다. 도시 재개발의 시대가 온 것이다. 이 절에서는 뉴욕 도시 재개발의 최전선에 서 있었던 두 인물을 중심으로 재개발의 문제를 살펴보고, 공간의 고급화, 즉 젠트리화의 진행에 대해 서술할 것이다.

첫 번째로 살펴볼 뉴욕 도시공간 변화의 주역은 로버트 모지스Robert Moses, 1888~1981이다. 뉴욕 파크웨이시스템의 아버지이자 도시개발의 대부였던 모지스의 별명은 "인간 불도저"였다. 모지스는 효율을 가장 중시했는데, 도시에 길이 막히면 효율적이지 못하다고 생각했다. 그래서 고속도로, 대교, 터널 등을 끊임없이 건설했다. 대공황기에 일자리 창출을 위한 공공 사업이 시작되었고 그 연방의 자금이 마침 뉴욕으로 흘러 들어왔을 때 그 기금을 맡아 건설 사업을 시작한 것이 바로 모지스의 시작이었다. 이후로도 공직에 선출된 적은 한 번도 없지만 40여 년간 중요 건설 사업의 감독관commissioner으로 위촉되는 형식으로 전권을 발휘했다. 멈출 줄 모르는 불도저처럼 열정적으로 일한 모지스는 뉴욕에 무려 13개의 다리를 건설했고, 416마일의 파크웨이를 놓았다.[4]

그런 모지스가 추진했던 사업 중에 처음으로 실패를 맛본 것이 바로 로어맨해튼 고속고가도로Lower Manhattan Expressway: LME 건설 계획이었다. 이 도로는 원래 맨해튼 남쪽 지역을 쑥 관통하여 지나가도록 되어 있었고, 현재의 소호에 해당하는 14개 블록이 그 안에 포함되어 있었다. 만약 도로가 건설되었다면 수많은 사람들이 관광을 가는 소호는 없었을 것이다. 누군가에게는 다양한 문화를 즐기고 역사를 누리는 공간이었지만 모지스에게는 그저 지저분한 옛날 동네였던 것이다. 고가도로가 위로 지나갔다면 거리의 가게들은 그늘 밑으로 들어갔을 것이고, 고가도로 때문에 소호가 두 도막 혹은 네 도막이 나 버렸을 것이다.

불굴의 모지스가 추진하고, 이미 시 의회를 통과한 사업이 어떻게 좌절되었는가? 이 엄청난 역사의 현장에 제인 제이콥스Jane Jacobs라는 중년 여성이 있었다. 제이콥스는 도시계획 혹은 재개발이라는 이름으로 옛 건물을 허물고, 구역별로 용도를 구분하고, 거주지의 계층을 나누고, 고속화 도로를 시내로 끌어들이고, 점점 더 자동차에 의존하는 도시를 만들면 더 이상 예전과 같은 '공동체' 개념의 동네는 자리를 잃게 된다고 믿었다. 1961년에 처음 출판된 『미국 대도시의 죽음과 삶』에서 그런 도시를 제이콥스는 활력을 잃은, 즉 생명력을 상실한 장소로 보았다. 아무도 길을 걷고 싶어하지 않는, 공터와 공원은 지나가기도 무서운 빈 공간이 되는, 열쇠를 맡길 이웃이 없는 그런 곳은 죽은 도시라는 것이다.[5]

20세기 대도시의 문제를 어떻게 해결해야 하는가? 낙후하고 중산층이 떠나고 마약과 범죄에 이용되기 시작한 도시를 어떻게 바꾸어야 하는가? 제이콥스가 살던 뉴욕을 비롯한 많은 도시들이 일종의 '청소'를 통해 도시문제를 해결하려고 했다. 낙후한 건물은 허물고 새 건물로 대체한다. 새 건물은 비싸진다. 그렇기 때문에 경제력이 되지 않는 사람들은 떠날 수밖에 없다. 그런 건물들이 모인 구역은 특정 계층만 모이기 때문에 안전해질 것이다. 일하는 곳과 거주하는 곳을 분리시키고, 따로 관리한다. 사무실과 상업지구는 밤에는 닫는다. 아무도 들어오지 못하게 하면 안전해진다. 그것이 미국 도시들이 선택했던 재개발renewal의 방향이었다.

그러나 제이콥스는 반대했다. 비우면 더 위험해진다는 것이 그녀의 생각이었다. 계층이건 직업이건 용도건 억지로 분리하면 자연스럽지 않은, 즉 도시의 유기체적 성질을 해치는 효과가 나타나게 된다고 보았다. 깨끗하게 청소하는 것 자체에 문제는 없지만, 단지 그것만을 목표로 했을 때 비싸지는 지가와 임대료는 원래 거주하던 세입자들의 삶을 파괴하는 효과를 가진다. 제이콥스의 책은 바로 자신과 같은 부유하지 않은 도시 거주자의 입장에서 어떤 도시가 살기 좋은지를 역설하고 있다. 그것은 대체로 도시 계획자나 행정가, 특히 부동산 이해세력의 생각과는 다른 것이다. 도시 거주민은 도시 공간을 투자나 재산의 개념으로 보기보다는 자신의 정체성의 일부로 파악하기 때문이다.

그러니 제이콥스에게 모지스는 싸워야 할 대상이었다. LME 사건으로 모지스와의 승부에서 승리하여 유명해진 제이콥스는 반개발주의 운동의 대모가 되었다. 주민의 의견과 달리 재개발이 시작되는 모든 곳에 그녀가 등장했고, 거의 모든 도시 전문가의 서가에 그녀의 책이 꽂혔다. 그녀는 아주 단순한 질문을 던졌는데, "도시의 건설은 사람을 위해서 하는가, 차를 위해서 하는가?"라는 것이었다. 제이콥스는 무엇보다도 "neighborhood"의 중요성을 강조하였다. 그녀가 이상적이라 생각하는 동네는 상가와 주택이 섞여 있고 지식 노동자, 상인, 제조업자, 학생 등 다양한 부류의 직업군이 살고 일하는, 그런 곳이다. 말하자면 모든 것이 섞여 있는 다양성의 공간이다.

LME 사건에는 제이콥스가 승리를 거두었지만, 전체적으로 살펴보았을 때 사실 뉴욕은 그녀가 원치 않는 방식으로 꾸준히 바뀌어 갔다. 소호는 남았지만, 더 이상 제이콥스의 소호는 아니었다. 철저히 상업화되었고, 임대료는 너무 비싸졌으며, 주민보다는 관광객이 더 많은 곳이 되었다. 역사를 가지고 자연스럽게 형성된 동네 분위기가 독특했기에 매력적이었던 소호가 아니라, 그저 하나의 관광지인 소호. 이것이 이른바 젠트리화gentrification의 결과이다.

젠트리화는 풀어 말하자면 도시 공간의 고급화 현상이다. 역사적인 동네가 낙후된 건물을 철거하거나 개조를 통해 재개발이 된다. 그런데 문제는 이렇게 변하면서 부동산 가치가 높아져, 원래 그곳에 살던 주민들이 재개발 후 다시 살

수 없게 되는 경우가 많아진다는 것이다. 그 대신 경제력을 가진 새로운 인구가 그 동네에 살게 된다. 밀려난 인구는 주변의 낙후 지역으로 들어간다. 하지만 그곳도 또한 젠트리화의 대상이 될 것이고, 결국 도시의 여러 부분이 이와 같은 과정을 거치면서 저임금 생활자들을 밀어내게 된다. 이것이 오늘날 뉴욕을 비롯한 세계 대도시들에서 벌어지고 있는 공통적인 현상이다.

1970년대 뉴욕 시는 다른 미국 대도시들과 마찬가지로 최악의 경제위기를 겪었다. 70년대 초 석유파동으로 국가적 경제위기를 맞았고, 1975년 뉴욕 시의 재정이 바닥을 치면서 부도 가능성이 공식적으로 제기될 정도였다. 하지만 이러한 위기 속에서 미국은 브래튼우즈 체제의 종식과 더불어 신자유주의 세계화를 본격화함으로써 돌파구를 마련했다. 1970년대 내내 해외직접투자 Foreign Direct Investment: FDI가 꾸준히 증가하면서 다국적 기업의 융성에 밑거름을 제공했다. 기업은 해외진출, 해외공장 설립 등으로 위기를 탈출하려 노력했는데, 이는 미국의 전반적 방향이었지만 국제적 기업이 많은 뉴욕 시는 이러한 변화의 영향을 더 집중적으로 받았다. 특히 국제적 파이낸스, 법, 보험 부문의 약진은 뉴욕 시의 재정을 안정시키고 경제를 활성화시키는 데 큰 공헌을 했다.[6]

이러한 분위기 속에 중산층의 교외 이주 및 도심지 공동화 현상으로 인해 슬럼화되었던 대도시 내부 공간에 대한 개선 계획도 시작되었다.[7] 뉴욕 시에서 가장 두드러진 공간 개선 프로그램, 즉 첫 번째 대규모 젠트리피케이션이 이루어진 곳은 로어이스트사이드Lower East Side: LES였다. LES는 이스트빌리지, 리틀이태리, 차이나타운을 포함하는 곳으로, 맨해튼의 남동쪽 구역이다. 이 구역은 오랜 역사에 걸쳐 이민 집단들의 거주지로 유명했다. 앞서 살펴본 제이콥 리스의 르포 『다른 절반은 어떻게 사는가?』가 집중조명했던 바로 그 구역, 이민자들이 고한제 노동에 시달렸던 작업장과 협소한 임대아파트가 뒤섞인 동네였다. 1950년대 이후로 급증한 푸에르토리코 이민들도 우선 LES에 자리를 잡았다.

지가와 임대료가 쌌기 때문에 전통적으로 극빈자와 저임금 노동자들이 거주하고 있었다. 여기에 뉴욕대와 쿠퍼유니언대학, 뉴스쿨 등이 인근에 자리 잡은 까닭에 가난한 대학생들이 하숙을 구하는 동네이기도 했다.[8]

1970년대까지 급격히 악화되었던 경제상황 속에 LES의 상태가 지속적으로 퇴락해 갔음은 짐작하기 어렵지 않다. LES의 낙후 건물들의 재산세 체납률이 급증했고, 건물 유지보수는 거의 이루어지지 않았다. 여기에 제조업이 시외와 국외로 빠져나감으로써 비정규 노동자로 전락한 극빈층과 이민노동자들이 더욱 몰려들어 주거환경은 시간이 갈수록 황폐해지는 상황이었다.[9] 은행들이 대출을 꺼리니 낙후된 구역에 재투자가 이루어질 리 없었고, 때문에 동네 상황은 보다시 악화되는, 빈곤의 악순환이 계속되었다. 이 와중에 LES를 차지하기 시작한 것은 가난한 예술가들, 즉 비싸진 그리니치빌리지와 소호에서 밀려난 예술가들이었다. 전위적이고 조야한 예술, 로큰롤음악, 마약, 알록달록하고 펑퍼짐한 스타일의 의류. 이제 이스트빌리지 혹은 로이사이다Loisaida. 로어이스트사이드를 뉴욕식 발음대로 부르는 애칭라는 단어가 의미하는 것은 히피의 반문화였다. 그레이트풀데쓰, 산타나, 더후, 벨벳언더그라운드가 고정출연하는 술집들과 앤디워홀의 작업실이 여기 있었다. 그저 지리적 구역이라기보다는 일종의 정신상태 혹은 문화적 현상을 지칭하는 단어가 되던 시기였다.[10]

LES에 변화가 시작된 데에는 1977년 시 정부의 재정 확보를 위해 주택 차압 유예기간을 3년에서 1년으로 단축시킨 결정이 어느 정도 작용했던 것으로 평가된다. 이 세칙의 통과 이후 장기 채무자 위주로 차압이 시작되었다. 차압된 건물은 경매에 부쳐짐으로써, 경직된 시장을 활성화시킬 물꼬를 트는 역할을 했다. 이때 LES에 투자한 사람들을 아마도 이 지역의 1세대 젠트리파이어라고 볼 수 있을 것이다. 이들은 일정 정도의 자본을 소유한 개인사업자 혹은 중소규모의 부동산 개발업자였는데, 단순히 되팔아 이윤을 남길 목적으로 건물을 구매했다.[11] 이때만 해도 뉴욕의 다른 지역의 부동산 가격이 오르고 있었기 때문에 이 지역도 언젠가는 오를 것이라는 낙관적 기대 이외에는 개인 투자자의 모험심이 투자의 필수 조건이었다.

하지만, 1980년대 초반에서 중반으로 접어들 무렵 LES 지역에 대한 대규모 투자가 본격화되었다. 이런 변화에는 또다시 정부의 정책이 상당히 작용한 것으로 분석된다. 당시는 친기업적 에드워드 코치Edward Koch 시장의 재임기로, 시 정부의 부동산 정책은 직접 개발을 주도하는 것이 아니라 대리기구 설치와 정책적 지원을 통해 기업으로 하여금 개발 및 재개발 사업에 가담하도록 도와주는 방식을 취했다. 우선 시 재정부와 별도로 시후원기구Municipal Assistance Corporation를 설립해서 재개발 정책을 지원하게 했다. 위원회를 구성한 인사들은 기업인, 부동산회사 임원, 은행 고위간부 등이었다. 그리고는 LES에 버려지거나 차압된 건물을 300여 채 정도 소유하고 있던 시 정부는 이를 경매에 내놓았고, 고급 주택 건설이나 재건축에 투자하는 기업에 세금을 감면해 주는 법안인 J-51을 통과시켰다.[12]

시 정부는 기업의 재개발 사업에 대한 세금을 감면해 주었을 뿐 아니라, LES에 대대적으로 경찰력을 투입하여 마약사범 소탕작전Operation Pressure Point을 벌였다. 스카이델이 가격을 협상 중이던 1983년 2월, 크리스토도라Christodora에서 내다보이는 톰킨스스퀘어공원Tompkins Square Park에서 150명의 경찰이 2교대로 24시간 감시를 시작했다. 이후 3개월 안에 이 구역에서 마약거래상 4천 명이 체포되었다. 경찰은 노숙금지, 배회금지 등의 조치를 통해 공원에서 어슬렁거리는 행동 자체를 금지하기도 했다.[13] 경찰과 시 정부의 의지는 이제 LES가 투자하기에 안전한 동네라는 인식을 심어 주기에 충분했다.

1984년에 전면 보수된 크리스토도라 아파트의 경우는 LES에 불어닥친 부동산 열풍을 가장 잘 보여 주는 예였다. 로이사이다 중심에 자리 잡은 16층짜리

아파트 크리스토도라는 1970년대에는 폐허와 같은 건물이었다. 1975년에 경매에 부쳐졌을 때 유일한 참가자가 써낸 62,500달러에 낙찰되었다. 건물 자체의 낙후함도 문제였지만, 거지와 홈리스와 불량배 마약거래상 등으로 들끓는 주변 환경이 더 큰 골칫거리였기에 구매자도 쉽게 보수를 시작하지 못한 채 8년의 세월이 흘렀다. 그러다 1983년에 해리 스카이델Harry Skydell이 주도하는 투자자 연합이 이 건물을 120만 달러에 샀다가, 이듬해 부동산 개발업자인 새무엘 글래서Samuel Glasser에게 무려 300만 달러에 팔았다. 아무런 개선도 변화도 없이 건물의 가격이 9년 사이에 50배 뛰었던 것이다! 하지만 이러한 가격 상승은 글래서에서 로버트 와이스Robert Weiss로 건물주가 다시 바뀐 뒤 건물을 고급 콘도로 개조하여 팔았을 때 벌어진 일에 비하면 놀랄 일도 아니었다. 와이스는 다양한 크기의 콘도로 개조해서 총 86세대를 팔았는데, 한 세대의 가격이 1백2십만 달러에 달했기 때문이다.[14] 도대체 어떻게 이런 일이 벌어진 것일까?

동네가 변하고 있었다. 이미 LES 군데군데 보수된 건물이 전보다 높은 가격에 임대되고 있었다. 높은 임대료는 원거주민을 밀어내고 새로운 직업군을 이 동네로 끌어들이고 있었다. 다운타운에 직장이 있는 젊고 재정적 능력이 있는 전문가들은 시내의 흥미로운 동네에서 살고 싶었다. 그러나 너무 낙후되거나 불편한 집은 싫었다. 이전이라면 LES는 가끔 놀러갈 수는 있되 거주하기에는 위험하거나 후지다고 생각되었겠지만, 새로 개조된 건물이 들어선 골목이라면 살아 볼 만했던 것이다. 여기에 LES에서 가장 높은 건물인 크리스토도라의 재개발은 이 동네의 변화를 상징적으로 홍보해 주는 효과를 나타냈다. 크리스토도라 아파트는 2단계 젠트리피케이션의 시작으로 여겨지는 지점이다. 이 사업이 대성공을 거두면서, LES의 변화는 가속화되었다.

이후 젠트리피케이션의 전형이 된 크리스토도라는 여러 측면에서 흥미로운 요소들을 갖추고 있었다. 첫 번째는 젊은 투자자들의 등장이었다. 당시 스카이델은 26세의 변호사로, 부동산 투자에 뛰어든 지 불과 4개월밖에 안 된 신참이었다. 와이스는 29세로, 염색회사의 중역이었다. 이들에게 투자를 한 사람들과 콘도를 사들인 '젠트리파이어'들, LES에 새로이 거주자로 등장한 '젠트리'들은 펀드 매니저, 변호사, 디자이너, 레스토랑 주인, 언론인, 주식거래상 등으로 대부분 20대 후반 30대 초반이었다.[15] 이들의 경제적 약진은 1987년 주가폭락 직전까지 활황세를 유지했던 주식시장으로 대표되는 세계화시대 미국 경제와 밀접한 관련이 있다. 여기에 재계, 법조계, 보험업계의 대표 기업이 몰려 있는 뉴욕의 특수한 조건도 작용을 했다. 여섯 자리 숫자 연봉을 자랑하는 이들에게 부동산은 매력적인 투자처가 되었다.

젠트리피케이션의 최전선

젠트리화에는 적당한 동네들이 필요하다. 소호의 독특한 문화가 매력적이었기에 젠트리들은 이것을 사들였던 것이다. 아무 동네나 그런 관심을 받지는 못한다. 젠트리화된 소호에서 밀려난 가난한 예술가와 작은 가게의 주인들은 그 옆의 슬럼인 LES로 옮겨 갔다. 이곳이 다시 히피들의 중심지로, 인디 예술가들의 활동지로 명성을 얻게 되자, 그 다음 젠트리화의 대상이 되었다. 이곳마저 빼앗긴 사람들은 물 건너 브룩클린의 일부 지역들로 옮겼다. 옮겨서 거기에 자신들의 자유롭고 개성 있는 문화를 퍼뜨렸다. 그러자 이것의 가치를 알아본 젠트리들이 또 따라왔다. 그렇게 브룩클린 하이츠와 덤보, 윌리암스버그 등의 동네가 다음 젠트리화를 겪었고, 한때 버려지다시피 했던 할렘과 미트팩킹 지역이 최근까지 젠트리화의 물결을 이어가고 있다. 새 주인들은 주택만 사는 것이 아니라 각 동네의 독특한 문화까지 소유하게 되는 것이다.

예컨대 LES의 재개발에는 로이사이다 문화의 특수성이 개입했다. 이민 문화가 녹아 있는 특이한 음식점과 소품가게들, 동시대에 가장 '엣지한' 갤러리와 바, 클럽, 극장 등은 소호를 대체할 '예술의 거리'라는 명성과 함께 특별한 문화적 소비를 가능하게 해 주었다. 게다가 임대료가 올라가면서 코스모폴리탄한 젠트리들이 선호하는 체인점들(스타벅스 커피, 라이트에이드 약국, 스테이플즈 문방구 등등)도 등장하여 생활의 편의를 더해 주었다. 말하자면, LES의 젠트리피케이션은 이전에는 비주류의 첨단, 기이하고 때로는 역겹기까지 했던 히피 문화를 조금 순화시켜 즐기는 일이 '쿨'한 유행이 되어 가는 과정이었다.[16] 비주류에서 가장 급진적이고 위험한 요소는 제거한 상태로 주류문화로 수용해 버리는, 일종의 문화적 정체성 사들이기 현상은 사실 다른 지역의 젠트리피케이션에서도 자주 등장하는 요소이다.

LES의 젠트리피케이션이 전례를 만든 가장 심각한 문제는 아마도 그 결과로 터줏대감들이 밀려나야만 했다는 사실일 것이다. 다른 지역보다 싼 임대료 덕에 거주하고 장사할 수 있었던 저소득층과 소규모 상인들은 이제 올라가는 임대료를 감당할 수 없어 원치 않는 이주를 감행해야만 했다. 일례로, LES에서 27년간 장사를 했던 우크라이나 음식점 오치디아Orchidia는 1984년 4월, 임대료가 950달러에서 5천 달러로 한 번에 무려 5배 이상 뛰는 바람에 바로 가게를 닫았다. 전위 예술을 전시하던 소규모 화랑들이 버티지 못하고 나간 자리에는 소호나 첼시에서 규모를 키운 자본력으로 주류 미술계에 연결되어 있는 대규모 화랑들이 들어오기 시작했다.[17] 상인들은 뒤늦게 상가건물에 대한 임대규제법을 제정해 달라고 요구했지만, 이미 불어닥친 부동산 열기 앞에선 역부족이었다.

주거지는 임대규제법으로 보호받고 있었기 때문에 그보다는 사정이 나았지만, 이들도 안전하지 못했다. 뉴욕 시에는 1947년 이전에 지어진 건물의 경우 1971년 7월 이전에 입주한 기거주자의 임대료를 올리지 못하게 하는 법이 있는데, LES 대부분의 건물은 1920년대 이전의 것이므로 임대규제하에 있었다. 새로 입주자가 들어올 경우는 2년마다 조정되는 시세에 따라 7.5%씩 올려 받을 수 있기 때문에, 건물주의 입장에서는 오래된 세입자를 내보내고 새 입주자를 받는 것이 훨씬 유리했다. 심한 경우 한 건물에 있는 같은 넓이 아파트의 월세가 173달러에서 835달러까지 천차만별이었다. 같은 길에 있는 비슷한 상태의 아파트에 살면서 최저 75달러를 내는 가족도 있었고, 페인트만 새로 칠한 아파트에 2천 달러를 내고 사는 사람도 있었다. 사정이 이러하니 건물주들은 구실을 만들어 거주자를 이사시키고 새 세입자를 받기 위해 전력을 다할 수밖에 없었다.[18]

1994년 브로드웨이에 올려져 토니상까지 수상한 뮤지컬 〈렌트Rent〉의 무대가 바로 LES이다. 밀린 월세를 내라는, 전에는 친구였던 집주인의 전화로 극이 시작된다. 자금난에 시달리는 가난한 영화제작자와 작곡가가 함께 세 들어 살고 있는 작은 아파트를 중심으로, 젠트리피케이션이 이곳의 전형적인 거주자들에게 어떤 영향을 미치게 되었는지 생생하게 보여 준다. 주인공 주변 인물들은 대부분 젊은 동성애 예술가들과 댄서들로 마약중독자, 후천성면역결핍증 환자들이다. 이들은 결국 월세를 내지 못해 뉴욕을 떠나기도 하고 병들어 죽어가기도 한다. 그런 식으로 이 유명한 뮤지컬은 젠트리화되는 로이사이다에서 원주민에게 닥친 비극을 적나라하게 보여 준다.

시 정부, 건설업, 금융계, 경찰까지 하나가 되어 급속히 진행된 젠트리피케이션으로 인해 피해를 본 사람들은 반젠트리 운동을 시작했다. 그 역사적 위상과 특징 때문에 온 도시의 관심을 집중시켰던 크리스토도라는 제2기 젠트리피케이션의 시작을 알리는 동시에, 반젠트리피케이션 운동의 출발점이기도 했다. 1980년대 중반 LES의 골목에서는 새로운 임대를 알리는 간판과 나란히 "투기꾼 퇴출" 혹은 "음모를 중단하라" 등의 현수막이 걸렸다. 반젠트리 운동과 개발세력 사이의 갈등은 1988년 톰킨스스퀘어공원 사건으로 폭발하게 되었다.

LES의 중심에 위치한 톰킨스스퀘어공원은 원거주민들에게 오랜 기간 휴식과 여가의 공간이었다. 밤이면 마약거래상 및 노숙자들의 근거지라는 위험스런 악명도 있었지만, 낮이면 동유럽 이민 1세대 할머니가 이민 3세대 손녀를 데리고 산책을 나와 모국어로 유아어를 가르치는 풍경이 익숙했던 쉼터였다. 그곳이 이제 임대료 상승으로 인해 쫓겨나 오갈 데 없는 사람들이 공원에 모여들어 점거 노숙을 하면서 자연스럽게 반젠트리화 시위의 중심지가 되어 버렸다. 동네가 서서히 고급화되면서, LES의 원거주민인 소외계층의 유일한 해방구는 공원이었기 때문이다.

1988년 어느 여름밤, 반센트리화 시위객들과 대치하던 경찰은 마침내 공원에 남아 있던 사람들을 때려잡는 작전에 돌입했다. 새벽 1시경, 도합 450명에 달하는 경찰들이, 일부는 말을 탄 채 곤봉을 휘두르면서 공원과 거리에 있던 시위대와 시민들을 폭력적으로 해산시키기 시작했다. 사이렌이 LES의 밤하늘에 울리고, 총성 비슷한 폭음도 진동했다. 헬리콥터가 공원 상공을 돌며 도망치는 시민들의 등을 비추고 있었다. 요행히 피한 일부 시위대가 좁은 골목길을 점유하고 바리케이드 뒤에서 "우리는 공원을 원한다", "경찰은 집에 가라" 등의 구호를 외치고 있다가, 새벽 4시 경찰이 철수하자 환호성을 지르며 공원으로 다시 진입했다. 그러나 이후 재개된 경찰의 진압작전으로 톰킨스스퀘어공원을 비롯한 LES의 '빈 공간'에 머물던 점거 농성대와 시위대는 모두 철거당했다. 이들의 재진입을 막기 위해 경찰은 아예 공원을 폐쇄해 버렸는데, 이 조치는 1991년까지 3년간 계속되었다.[19]

폭력까지 동원한 무조건 진압, 공원 폐쇄라는 극단적 조치. 왜 이렇게까지 해야 했을까? 이 같은 철저한 불관용주의는 신자유 도시에 반드시 나타나는 현상이다. 이는 신자유주의적 자본주의라는 대세를 역행하는 그 어떤 문제제기도 용납할 수 없다는 태도로, 이전 미국 도시정책의 근간을 이루었던 리버럴리즘의 종언을 의미했다.[20] 톰킨스 사건 이후 뉴욕 시의 이러한 태도는 강화되었다. 1993년 취임한 줄리아니 시장은 "삶의 질"을 내세워 공공장소에서의 일탈행위에 대한 철저한 불관용zero-tolerance 정책을 펼쳤다. 이때 도입된 것이 바로 유명한 "깨진 유리창" 이론으로, 어떤 동네에 단 한 집이라도 유리창이 깨진 채로 놔두면 이것이 범죄자들의 범죄의지를 자극하여 전체 마을을 슬럼화하는 불씨가 된다는 것이다. 이 이론에 따라 1994년 경찰은 이른바 "경찰전략 제5번"을 통해 적극적인 경찰력 사용의 의지를 밝혔다. 깨진 유리창은 모두 제거되어야 했으며, 내버려진 건물은 용납되지 않았다. 시내의 모든 공원이 '청소'되고 홈리스들은 사라져 줘야 했다.[21]

1980년대 뉴욕 젠트리피케이션의 대표가 로이사이다였다면, 1990년대는 할렘이었다. 대도시 흑인 게토의 대명사, 뉴욕의 거대한 치부, 흑인이 아니라면 가서는 안 될 위험한 구역, 빈곤과 범죄의 상징이었던 할렘은 1990년대에 이른바 "제2차 할렘 르네상스"를 통해 엄청난 탈바꿈을 했다. 청소된 거리와 익숙한 상점의 간판들, 모던한 새 건물들과 보수를 거친 고풍스런 브라운스톤 주택들, 여기에 할렘만의 독특한 문화라는 매력이 더해져 이제 뉴욕 시의 주요 관광지 중 하나가 되었다. 변화의 시작은 1985년, 시 정부에서 소유하고 있던 할렘의 주택들을 판매하면서부터였다. 당시 할렘 전체 주택의 무려 65%가 시 소유물이었는데, 1990년대 초반까지 그 가운데 68%가 팔려 나갔다는 점을 고려한다면, 이러한 정책이 얼마나 큰 변화를 일으켰을지 짐작 가능하다.[22]

뉴욕 시는 할렘의 오랜 악명 때문에 참여를 꺼리는 잠재적 구매자들을 상대로 적극적인 홍보에 나섰고, 할렘의 인프라 개선을 약속했다. 다운타운의 부동산업계를 중심으로 서서히 구매자들이 나섰고, 다른 동네의 젠트리피케이션을 이끌었던 JP모건, 뱅크오브아메리카, 씨티은행 등이 역시 대출을 통해 투자에 가담했다. 말하자면, 시 정부의 보증을 담보로 사적 자본의 부동산 투자가 진행된 것이다. 또, 마침 뉴욕의 증시는 1990~1998년 사이 다우존스가 4배 성장하는 등, 수많은 신흥 부자들을 만들어 내고 있었다. 그런 자금이 할렘을 비롯한 뉴욕 여러 지역의 젠트리피케이션으로 흘러들었다.[23] 1992년 바디샵Body Shop과 벤앤제리Ben and Jerry's 아이스크림의 할렘 진출은, 흔히 백인 전용으로 생각되던 전국적 상표 상품의 유입이라는 역사적 사건이었다.

사실, 할렘은 19세기 말 뉴욕 중상류층의 교외주택으로 조성된 동네였다. 대저택 형태의 넓직한 평면 구성에 이제는 구할 수도 없는 좋은 돌로 지어진 양질의 브라운스톤 건물들이 즐비한 거리를 다수 보유하고 있었다. 20세기 초에 '할렘 르네상스'가 이곳을 공간적 무대로 삼았던 것 역시 흑인 신흥 중산층의 등장과 그들의 동네에 대한 자부심이 작용했었다. 허름해 보이던 할렘의 거리들이 '투자'의 눈으로 보니 다르게 보이기 시작했다. 관리만 제대로 된다면, 그리고 환경의 개선이 뒤따른다면, 오랫동안 감춰져 있던 할렘의 매력이 제대로 발휘될 가능성이 있었다. 오히려 그동안 대체로 버려져 있었다는 점은 이득이 되었다. 다른 동네가 원래의 주택들을 부수고 재개발 혹은 재건축을 수없이 되풀이하는 동안 할렘은 옛 정취와 품질을 그대로 가지고 있었기 때문이다.

할렘의 젠트리피케이션은 1994년, 연방정부가 엄청난 자금지원을 통해 대도시 내부의 낙후된 지역에 대한 경제활성화 정책인 '역량강화지구Empowerment Zone' 계획을 내놓으면서부터 본격화되었다. 뉴욕 시는 어퍼맨해튼 역량강화지구Upper Manhattan Empowerment Zone를 구성하여 1996년부터 총 3억 달러의 지원금을 받았다. 그 핵심 사업의 대상은 바로 할렘이었다. 역량강화지구 사업은 전국적 브랜드의 할렘 유치를 위해 대상 기업에 대한 저금리 대출에 가장 많은 자금을 퍼부었고, 일부 돈은 관광산업에 투자되었다. 시 정부는 총 2억 5천만 달러에 달하는 감세 혜택을 기업에 주었다. 역량강화 자금으로 116번로에서 119번로에 걸쳐 새로 건설된 거대한 상가인 할렘 유에스에이Harlem USA 건물에는 올드네이비와 갭(의류점), 홈디포(가재도구 및 공구점), 스테이플즈(문방구), 코스트코(대형할인점), 베스트바이(전자제품점), 마샬스(재고할인점), 그리고 할렘 최초의 개봉극장을 유치했다.[24] 이들이 만들어 내는 풍경은 미국 어디서나 볼 수 있는, 전형적인 미국형 쇼핑몰이었다.

2001년에는 전임 대통령인 빌 클린턴의 사무실이 할렘으로 이사를 오는 상징적인 사건도 있었다.[25] 클린턴은 백악관 시절 역량강화지구 사업을 만들어 낸 당사자였다. 비록 할렘의 남쪽 경계에 해당하는 125번로이긴 했지만, 그가 전국적 언론매체의 관심을 한 몸에 받으며 할렘으로 진입했다는 사실은, 짧은 시간 동안 이 동네에 벌어진 변화의 정도를 가늠케 한다. 이제 할렘은 명실상부하게 뉴욕의 좋은 동네 가운데 하나이다. 2005년 할렘의 아파트(침실 1개, 화장실 1개, 주방 및 거실)의 평균 월세가 1천7백 달러라는 통계는 이제 이곳이 맨해튼의 다른 지역과 큰 차이가 없음을 말해 준다.

지가와 임대료 상승은 할렘처럼 대부분의 주민이 세입자인 동네에서 특히 치명적이다. 2000년 인구조사에 따르면, 서할렘West Harlem, 제9구역, 중할렘Central Harlem, 제10구역, 동할렘East Harlem, 제11구역의 세입자 비율은 각각 90.3%, 93.4%, 93.6%로 매우 높은 수치이다. 그런데 뉴욕 시는 임대규제에 묶여 있는 건물주의 불만을 완화하기 위해 1993년 임대규제 개혁법Rent Regulation Reform Act과 1994년 뉴욕 시 지역법 4번New York City Local Law 4을 통해 월세 2,000달러 이상의 고급 아파트에 대한 규제를 우선 풀고, 연 수입 2십5만 달러 이상의 고소득층에 대한 월세규제를 없앴다. 이 규정은 1997년에 1백7십5만 달러로 하향 조정되었다.[26] 시 정부의 이러한 조치는 세입자에게는 더 큰 부담을, 그리고 건물주에게는 더 큰 자유를 부여하는 것이었다.

할렘의 젠트리피케이션이 가져온 경관의 변화는 인간의 이동을 초래했다.

그림 4_한창 재개발되고 있는 뉴욕의 거리

그림 5_할렘 젠트리화의 상징인 할렘USA

할렘을 할렘으로 만들던 요소들이 이제 더 이상 거기에 없다. 할렘의 정체성을 부여했던 자들은 소리 없이 이 동네를 떠나고 있다. 일부의 경우 집주인의 퇴거 명령에 성공적으로 저항해서 남아 있는 사례도 있지만, 대부분은 전반적인 월세 상승으로 인해 동네에 머물 수가 없는 실정이다.[27] 할렘 거주자 가운데 극빈자 비율이 줄어들었고, 주택담보 대출은 1996년에서 2002년 사이 약 5배 증가했다. 총액수로 보자면 2천만 달러 미만에서 1억 달러 수준으로의 비약적 발전이었다. 주민 가운데 대졸자의 비율은 1996년 6%에서 1999년 24%로 급증했다.[28] 할렘의 인구 구성은 확실히 근본적으로 변화하고 있다.

이에 대한 원거주자들의 반응은 두 가지로 나뉘어 있다. 젠트리피케이션을 비판적으로 보는 견해는 원거주자들이 오른 임대료를 내지 못해 밀려나는 데 대한 슬픔, 어디나 있는 전국적 브랜드로 대체되어 특이한 문화적 정체성을 상실하는 데 대한 반감, 경매로 헐값에 매물을 샀던 다운타운 백인들의 음모라는 극단적 생각들이 있었다. 하지만 그에 못지않게 할렘의 변화를 긍정적으로 바라보는 입장도 있다. 무엇보다 확실한 장점은 공간의 물리적 개선이었다. 그리고 이제 미국 주류사회에 편입했다는 자부심과, 수입상승이나 기업의 지역사회에 대한 기여의 기대심리 등도 일부 주민들에게 변화에 대한 따뜻한 반응을 가능케 했다.[29]

자본이 투자되기 때문에 개선이 이루어지고 관광지로 개발되면서 적어도 일부 주민에게는 분명 수입의 상승을 가져다 줄 것임은 분명하다. 하지만 잊지 말아야 할 것은 젠트리피케이션의 결과 만들어지는 공간에서는 저소득층의 선택 폭이 좁아진다는 또 다른 분명한 사실이다. 2003년에 조사된 바에 따르면, 뉴욕 시 세입자 가운데 빈민층에 속하는 225,000명이 물가 상승으로 인해 원래 거주하던 동네를 떠났고, 그 가운데 96,000명은 집주인 혹은 정부의 조치로 강제 퇴거당했다. 그 가운데 일부는 임대규제법으로 보호받는 대상자였음에도 불구하고 이를 막을 수 없었다고 증언했다.[30]

나오는 말

되돌아보면, 도시는 항상 건설과 파괴를 반복하면서 자본의 순환을 매개해 왔다. 젠트리피케이션이 일어나기 전 단계인 도심지 공동화, 슬럼화 현상의 이유도 역시 부르주아를 위한 교외화였다. 그때는 시내를 빠져나가는 것이 투자였다면, 이들이 다시 돌아온 것도 경제적 이익이 되기 때문이었다. 마찬가지로, 이념적으로는 '자유'를 주장한 신자유주의 경제는 실제로는 일부만의 자유를 추구했고, 그 결과 사회 전체적으로는 불평등과 사회불안을 야기하며 실천되어 왔다. 역사적으로 살펴볼 때 도시경관 변화의 결과가 이런 식으로 되풀이되어 왔다는 사실은, 이것이 우연한 부작용이 아니라 가장 근본적인 특성임을 증명하는 것이다. 결국 젠트리피케이션은 도시 공간에 자본의 터와 자본주의적

경관을 만드는 과정의 일부인 것이다.[31]

젠트리피케이션의 요건은 세 가지라고 한다. 첫째, 지역을 자본화하고자 열망하는 젠트리피케이션 산업(부동산 개발업, 담보대출업, 건설업)의 존재, 둘째, 낙후했지만 개선 가능성이 있는 위치가 좋은 동네의 존재, 셋째, 정치적·경제적 능력이 없는 저소득층 주민의 존재.[32] 이 세 가지 요소가 결합하면 젠트리피케이션을 위한 조건이 충족되었음을 의미하는데, 바로 이러한 조건이 맞아떨어지는 뉴욕의 또 다른 새로운 동네에서 젠트리피케이션은 쉬지 않고 그 경계를 밀고 나가고 있다. 그리니치에서 밀려난 예술가와 빈민은 소호로 갔고, 소호가 비싸지면서 LES로 갔는데, 그마저 젠트리화되자 맨해튼 만을 건너 브룩클린의 브룩클린 하이츠Brooklyn Heights로 옮겨갔다.

덤보DUMBO: Down Under Manhattan Bridge Overpass의 약칭가 작고 예쁜 화랑과 가게들로 예술가와 여피들의 새로운 둥지로 관심을 끈 데 이어 더 북쪽의 윌리암스버그Williamsburg: 애칭 '윌리버그'로 경계가 옮겨 갔다. 지금은 윌리버그와 그 주변의 그린포인트Green Point가 젠트리피케이션의 최전선이다. 빈민 슬럼가의 공장지역이었던 윌리버그의 비어 있던 폐공장은 높은 천장과 널찍한 공간 덕분에 예술가의 작업실이 되기에 적당했다. 폴란드 등 동유럽 이민 거주지였던 독특한 문화유산이 그대로 남아 있는 동네 분위기에, 새로 건너온 예술가들의 기지와 참신함이 곁든 새로운 소호가 되었던 것이다.

하지만 그리스 정교 예배당 바로 옆으로 국제적 표준형에 맞춘 새 아파트 건물들이 한창 건설 중이고, 재건축되는 건물 혹은 거리가 곳곳에 보인다. 비싸지 않은 동네였던 이곳들에 재개발과 부동산임대업 열풍이 불어닥친 것이다. 예술가들의 뒤를 이어 고급 부티크들이 이사를 오고 있다. 뉴욕에 거주하는 예술가라는 알렉산드라 에스포지토가 이런 말을 했다고 한다. "뉴욕의 예술가들은 무슨 미생물 같아요. 가장 더럽고 후진 지역에 들어가서 더러운 거 다 먹어치우고 깨끗하게 해 놓으면 땅값은 올라 버리고, 그러고 나면 또 다른 더러운 곳을 찾아 떠나야 하죠."[33] 밀려나는 이들은 이제 또 어디로 갈 것인가? 이것이 뉴욕의 젠트리화가 대답해야 할 문제라는 것을 2011년 월가에서의 저항운동이 다시 한 번 일깨워 주고 있다.

미주

1. www.census.gov/population/www/documentation/twps0029/twps002 9.html
2. Jacob Riis, *How the Other Half Lives*, (New York: Charles Scribner's Sons, 1901).
3. New York Tenement House Department Report의 통계를 인용한 Page, p. 96.
4. Robert Caro, *The Power Broker: Robert Moses and the Fall of New York* (New York: Knopf, 1974).
5. Jane Jacobs, *The Death and Life of Great American Cities* (New York: Random House, 1961).
6. Neil Smith, "Giuliani Space: Revanchist City," in Ines Miyares, Marianna Pavlovskaya, Gregory Pope eds., From the Hudson to the Hampton: Snapshots of the New York Metropolitan Area, (Washington DC: Association of American Geographers, 2001), 71-73.
7. 제2차 세계대전 이후 미국 도시사에서 가장 큰 화두는 교외화와 도심지 공동화 등 탈산업의 결과들이었다. 이에 대해서 논하는 것은 미국 도시의 특성을 이해하는 데에 도움이 될 것이지만 이 글의 주제에 초점을 맞추기 위해 여기서는 다루지 않기로 한다. 박진빈, 「미국 도시사 연구의 특성과 논점」, 『사총』 64(2007): 178-183 참고.
8. Janet Abu-Lughod, "Welcome to the Neighborhood," in Abu-Lughod ed., From Urban Village to East Village, 17-40.
9. Janet Abu-Lughod, ed., From Urban Village to East Village: The Battle for New York's Lower East Side (Cambridge: Blackwell, 1994), 1-5.
10. Neil Smith, Betsy Duncan, and Laura Reid, "From Disinvestment to Reinvestment: Mapping the Urban 'Frontier' in the Lower East Side," in Abu-Lughod ed., From Urban Village to East Village, 149-167. Christopher Mele, Selling the Lower East Side: Culture, Real Estate, and Resistance in New York City, (Minneapolis: University of Minnesota Press, 2000), 162-166.
11. Mele, Selling the Lower East Side, 224-225.
12. William Sites, "Public Action: New York City Policy and the Gentrification of the Lower East Side," in Abu-Lughod ed., From Urban Village to East Village, 189-199. MAC는 파산 직전이었던 뉴욕 시의 재정을 흑자로 돌려놓아 "뉴욕을 구했다"는 평가를 받으며 2008년 영예롭게 해체되었다. "Municipal Assistance Corp., New York's 1975 Savior Says 'See Ya'," New York Daily

(September 28, 2008).

13. Unger, "The Lower East Side," 40. Mele, Selling the Lower East Side, 239.

14. Neil Smith, The New Urban Frontier: Gentrification and the Revanchist City, (New York: Routledge, 1996), 22.

15. Graig Unger, "The Lower East Side: There Goes the Neoghborhood," New York Magazine (May 28, 1984), 32-41.

16. Mele, Selling the Lower East Side, 224-256, 287-297.

17. Unger, "The Lower East Side," 40.

18. Christopher Mele, "The Process of Gentrification in Alphabet City," in Abu-Lughod ed., From Urban Village to East Village, 180-182.

19. C. Carr, "Night Clubbing: Reports from the Tompkins Square Police Riot," Village Voice, (August 16, 1988), 10, 17. Smith, The New Urban Frontier, 4-12.

20. Jason Hackworth, The Neolibaral City: Governance, Ideology, and Development in American Urbanism, (Ithaca: Cornell University Press, 2007), 123-133. 미국사에서 리버럴리즘은 (고전적) 자유주의와는 차별적이기 때문에 번역하지 않고 그대로 쓰는 것이 바람직하다. 미국의 리버럴리즘은 정부의 사회적 약자에 대한 복지정책 강화 및 시장 중재와 개입을 중시하는 사상으로, 1890년대 혁신주의, 1930년대 뉴딜, 그리고 1960년대 사회보장정책 등으로 이어져 왔다. 주로 민주당의 국내정책의 기본이 되며, 오바마 행정부의 조세 및 의료보험 정책도 그 연장선상에 있다.

21. Smith, "Giuliani Space," 70-77. Nicholas Fyfe, "Zero Tolerance, Maximum Surveillance? Deviance, Difference and Crime Control in the Late Modern City," in Loretta Lees ed., The Emancipatory City? Paradoxes and Possibilities, (London: Sage Publications, 2004), 40-48.

22. Derek Hyra, The New Urban Renewal: The Economic Transformation of Harlem and Bronzeville, (Chicago: University of Chicago Press, 2008), 38, 48-49.

23. Lance Freeman, There Goes the 'Hood: Views of Gentrification from the Ground Up, (Philadelphia: Temple University Press, 2006), 28-34.

24. David Maurrasse, Listening to Harlem: Gentrification, Community, and Business, (New York: Routledge, 2006), 13-40.

25. Amy Waldman, "In Harlem, A Hero's Welcome for New Neighbor Clinton," New York Times, (July 31, 2001).

26. Maurrasse, Listening to Harlem, 100-101.

27. 개개인의 사례들은 Rebecca Weber, "The New Gentrification," Gotham Gazette (December 11, 2000), www.gothamgazette.com/printable.php (2009. 1. 12. 검색), John Leland, "A New Harlem Gentry in SEarch of Its Latte," New York Times (Ausuat 7, 2003).

28. Freeman, There Goes the 'Hood, 27-32. Kathe Newman and Elvin Wyly, "Gentrification and Resistance in New York City," Shelterforce Online #142 (July/August 2005), www.nhi.org/online/issues/142/gentrification.html (2009. 1. 12. 검색)

29. Maurrasse, Listening to Harlem, 103, 115, 109, 80, 135.

30. U. S. Department of Housing and Urban Development and U. S. Department of Commerce,

"American Housing Survey for the New York Metropolitan Area: 2003," pp. 23-26 at http://www.census.gov/hhes/www/housing/ahs/metropolitandata.html (2009. 8. 28. 검색)

31. Neil Brenner and Nik Theodore eds., Spaces of Neoliberalism: Urban Restructuring in North America and Western Europe (London: Blackwell, 2002).

32. Kari Lydersen, "Shame of the Cities: Gentrification in the New Urban America," LiP Magazine (March 15, 1999), www.lipmagazine.org/articles/featlydersen_7_p.htm (2009. 1. 12. 검색)

33. 박상미, 『뉴요커: 한 젊은 예술가의 뉴욕 이야기』(마음산책, 2004), p. 94.

|세 번째 도시|

혁명의 수도 파리와 '거리의 정치'

박윤덕_충남대학교 사학과

들어가는 말

'파리Paris' 하면 무엇이 제일 먼저 떠오를까? 아마도 도심을 가로지르는 센 강과 사람들로 북적이는 관광 명소들, 화려하고 고풍스러운 석조 건물, 명품들이 진열되어 있는 사치품 매장, 문인과 예술가들이 드나들던 담배연기 자욱한 카페 등이 우리의 뇌리를 스쳐 지나갈 것이다. 역사와 전통을 자랑하는 국제도시로서, 매년 이곳을 방문하는 3천만 명 가까운 관광객 가운데 한국인도 수십만 명이 포함되어 있을 정도로, 프랑스의 수도 파리는 우리에게도 익히 잘 알려져 있는 도시이다.

파리는 한때 식민제국을 거느렸던 패권국가의 수도로서 유럽 및 세계 정치의 중심 가운데 하나이고, '세계의 공장' 영국의 유일한 라이벌이었던 경제대국의 수도로서 상공업 및 금융의 중심이며, 프랑스뿐만 아니라 유럽과 세계를 연결하는 철도 · 도로 · 항공 교통의 중심이다. 또한 이러한 위상에 걸맞게 화려하고 웅장한 기념물들이 즐비한 패션과 예술의 도시이기도 하다. 하지만, 파리가 프랑스인들뿐만 아니라 전 세계의 많은 사람들로부터 '파남Paname' 또는

'팡트뤼슈Pantruche'라는 애칭petits noms으로 불리며 사랑받는 것은 그 화려한 외관이나 국제적 명성 때문이라기보다는, 인간다운 삶을 추구하며 그 도시를 찾은 모든 사람들에게 가파른 계단 위의 다락방이나마 보금자리를 제공하는 매우 특별한 도시이기 때문일 것이다.

이러한 포용력은 혁명의 수도로서 "망명자들의 엘도라도"가 된 파리가 자신의 역사와 전통 속에서 배양해 낸 것이다. '혁명의 어머니'라 불리는 1789년의 프랑스 혁명으로부터 1830년, 1848년, 1870년, 그리고 1968년에 이르기까지 파리는 혁명의 무대였다. 그 무대에서 역사의 주인공이 된 '국민nation', '시민citoyen', '민중peuple'이 새로운 이념과 제도를 시도하면서 프랑스의 역사, 나아가 세계의 역사를 새로 써 내려갔다. 본 장에서는 오늘날의 파리를 만든 역사를 살펴보고, 그 거리 곳곳에 배어 있는 혁명의 기억들을 되새겨 보면서, 혁명의 수도 파리가 우리에게 던지는 의미를 음미해 보고자 한다.

숫자로 본 현재의 파리

프랑스의 수도 파리는 우리의 서울로부터 서쪽으로 약 9천 km 떨어진 북위 48° 51′, 동경 2° 21′에 위치하고 있다. 와즈Oise 강과 마른Marne 강이 센Seine 강과 만나는 평야지대에 자리 잡은 파리는 바다로부터 300km 이상 떨어진 내륙도시이지만, 센 강의 수로를 이용해서 배를 타고 직접 바다로 나아갈 수 있는 항구를 보유하고 있다. 부르봉 왕가의 백합 문양과 범선이 그려진 파리상인조합의 상징을 결합하여 만든 파리 시의 문장紋章에 이러한 특징이 잘 반영되어 있다. 파리와 그 주변 지역은 센 강에 실려 온 충적토로 만들어진 평야로서, 해발고도 131m인 몽마르트Montmartre가 인근에서 가장 높은 곳일 정도로 매우 평탄한 지형이다. 비옥한 평야 밑의 지하에는 건축용 자재로 쓰일 수 있는 양질의

그림 1_파리 시의 문장

석회암층이 발달되어 있다.

파리는 서울보다 1,200km 정도 북극에 더 가까이 있지만, 대서양에서 불어오는 편서풍의 영향을 받는 전형적인 서안해양성 기후 지대로 날씨가 온화한 편이다. 여름에는 평균 기온이 섭씨 18도로 그리 덥지 않고 비가 거의 오지 않아 쾌적하다. 겨울에도 기온이 영하로 내려가는 경우가 많지 않아 눈은 거의 볼 수 없다. 북유럽의 날씨가 거의 다 그렇듯이, 겨울에는 맑은 날이 거의 없을 정도로 비가 자주 와서 습하고 꽤나 춥다. 서울의 추위가 '살을 에는 추위'라면, 파리의 추위는 '뼛속에 스미는 추위'로, 습기 때문에 체감온도가 생각보다 많이 낮다. 연평균 강수량은 650mm 정도밖에 되지 않고 집중호우는 거의 없기 때문에, 해빙기에 나타나는 저지대 침수를 제외하면 기상 현상으로 인한 자연재해는 거의 찾아볼 수 없다. 그러나 최근에는 도시화의 진전 때문인지 아니면 지구 온난화의 영향 때문인지, 파리도 극단적인 기상이변으로 적잖은 피해를 보고 있다. '세기의 폭풍'이라 명명된 1999년 12월 말의 폭풍우는 수많은 가옥을 파손하고 삼림을 훼손하는 등 큰 피해를 주었으며, 2003년 여름에는 섭씨 40도를 넘나드는 폭염으로 말미암아 프랑스 전역에서 1만 4천 명 이상의 주민이 사망하였다.

총연장 35km의 순환고속도로Boulevard périphérique로 둘러싸인 행정 구역상의 파리 시Ville de Paris는 그 면적이 105.40km²로 서울의 1/6 정도에 불과하다. 근대 초까지 파리는 중세 상업도시의 전형적인 원형 구조를 유지하면서 매우 느리게 확대되었는데, 13세기에 축조된 존엄왕 필립 2세Philippe II Auguste의 성벽으로부터 18세기의 징세청부업자들의 내국관세 장벽에 이르기까지 파리를 둘러싼 여러 개의 성벽 때문에 파리 시 자체의 확장은 사실상 억제되었던 반면, 성문으로부터 각 지방을 향해 뻗어 나가는 도로를 따라 성벽 밖에 촌락들faubourgs이 형성·발전되었다. 19세기 들어서 파리 성벽 밖의 촌락들이 빠르게 성장해서, 1860년에 결국 파리 시의 경계가 티에르Thiers의 성벽으로까지 확대되었다.[1] 이때 파리 시를 20개의 구arrondissement로 분할·구획하였다. 19세기 후반 철도의 건설과 함께 변두리 지역banlieue, 특히 남쪽과 서쪽 지역이 급속도로 개발되어 파리 도심으로부터 40~50km까지 도시화가 이루어졌다. 이어서 20세기 중반 자동차의 증가와 도로 건설 덕분에 철도망 사이의 빈 공간들이 개발되어 급격히 증가하는 인구를 수용하게 되었다. 이와 같이 1800년에 40km²에 불과하던 파리의 도시공간은 1900년에는 파리 주변의 도시화와 함께 그 10배가 넘는 450km²가 되었고, 1954년에 1,300km², 1999년에 2,723km²에 이르게 되었다.

파리 시의 인구는 1930년대 300만 명으로 정점에 달했다가, 1968년 260만 명, 1975년 230만 명으로 점차 줄어들었는데, 2008년 1월 1일 기준 약 220만 명으로 여전히 인구밀도가 매우 높은(20,980명/km²) 편이다. 우리의 수도권에 해당하는 파리 지역région parisienne은 도시화가 꾸준히 진행되면서 280개 코뮌commune에 걸쳐 1,040만 명의 인구를 자랑하는 유럽 제일의 도시가 되었다. 파리 지역 전체를 놓고 보면, 파리는 인구 면에서 세계 22위의 대도시이다.

파리는 상업시설이 집중되어 있는 도심의 극히 일부 지역을 제외하면 도심 공동화 현상이 없는 도시인데, 이는 인구통계에 잘 나타나 있다. 파리 시의 중심인 시테Cité 섬과 생루이Saint-Louis 섬에 여전히 많은 주민들이 거주하고 있고, 인구밀도는 도심에서 변두리 지역으로 갈수록 낮아진다. 순환고속도로 밖에 위치한 불로뉴Boulogne 숲과 벵센Vincennes 숲을 제외하면 파리 시의 인구밀도는 25,000명/km^2으로, 런던 도심의 인구밀도보다 두 배나 높은 수치이다. 특히 몽마르트와 같은 몇몇 지역은 1헥타르당 500명, 즉 50,000명/km^2에 육박하는 수준이다. 변두리 지역은 도시화 정도에 따라 인구밀도가 다르지만, 파리와 경계를 접한 코뮌들은 10,000~20,000명/km^2, 그 밖의 코뮌들은 1,000명/km^2 수준을 유지하고 있다. 물론 인구밀도는 도심으로부터의 거리뿐만 아니라 지역의 주거형태와 주민의 소득수준에 따라서도 크게 차이가 난다. 아파트보다 단독주택이 많은 파리 서쪽의 부유한 코뮌들은 인구밀도가 상대적으로 낮다.

최근에 파리의 인구동향은 도시 과밀화에 따른 폐해와 수도권 인구 억제정책의 효과로 말미암아 유입보다 유출이 많은 편이다. 1980~1990년대에 사회적 이동으로 매년 25,000명 정도씩 인구가 줄어들었지만, 출산 장려 정책의 결과로 자연적 인구증가가 연평균 75,000명 수준이어서 전체적으로 조금씩 인구가 증가하는 추세이다. 그러나 1970년대까지도 인구변동의 가장 중요한 요인은 이주였다. 경제성장기에 노동력 공급을 위해서 외국인 노동자들을 많이 받아들였기 때문에, 경제와 산업의 중심지였던 파리의 주민 구성은 국제도시라는 이름에 걸맞게 매우 다양해졌다.

20세기 전반에는 포르투갈, 에스파냐, 이탈리아 등 남유럽 출신의 이민 노동자들이 많았다면, 제2차 세계대전 이후에는 알제리, 베트남, 캄보디아 등 프랑스의 식민지 출신들이 다수를 차지했다. 이들 가운데 프랑스 국적을 취득한 50만 명 정도가 파리 지역에 거주하고 있는데, 대개 출신 국가별로 공동체를 이루고 어느 정도 고유의 문화를 유지하면서 살아가고 있다. 세계적인 경제위기에도 불구하고 파리는 여전히 외국인들을 끌어들이는 매력적인 도시인데, 파리 지역 전체에 약 130만 명의 외국인이 거주하고 있는 것으로 추정된다. 외국기업 및 국제기구 종사자, 유학생, 사업가, 노동자, 정치적 난민에 이르기까지 다양한 동기를 가진 외국인들이 매년 10만 명 이상 파리의 관문을 통과하고 있다. 이와 같이 파리 지역에 외국인 또는 귀화한 외국인 주민들이 많기 때문에 인종차별 및 동화의 문제가 끊임없이 제기되고 있다. 그럼에도 불구하고, 이주민들은 대개 일자리를 찾아서 파리 지역에 들어온 젊은 층[2]이고, 파리를 떠나는 사람 중에는 은퇴자가 다수 포함되어 있기 때문에, 이주는 파리의 사회경제적 활력을 유지하는 매우 중요한 요인이라고 할 수 있다.

수도의 흡인력에 이끌려 지방 사람들이 파리로 '올라오는' 전통적인 이주 형태도 여전하다. 파리 시민 4명 가운데 한 명만이 파리에서 태어났고, 부모도 파리 태생인 경우는 20명 중 한 명에 불과하다. 파리 시 주민의 1/3이 지방 출신이고, 파리 지역 전체에서는 주민의 약 절반이 지방 출신이다. 출신 지방별 인구분포를 보면, 19세기보다는 훨씬 더 다변화되었지만, 여전히 파리에서 가까운 노르망디Normandie와 피카르디Picardie 출신이 많고, 서부의 브르타뉴Bretagne와 남서부의 리무쟁Limousin, 오베르뉴Auvergne 출신도 적지 않다. 특정 지방 출신의 이주자가 많은 이유는 거리상의 문제뿐만 아니라, 직업상의 이유로 특정 지방 출신이 몇몇 직능 분야에 많이 진출했기 때문이다. 예를 들면, 카페 주인들은 아베이롱Aveyron 도道 출신이 많고, 우편배달부는 남서부 출신이 많다. 택시 운전사 가운데는 포르투갈 이민자들이 특히 많다.

프랑스인 6명 중 1명이 파리 지역에 거주하고 있어, 우리의 수도권에 비하면 그 정도가 덜하지만 수도권의 인구집중 문제는 심각한 편이다. 파리 지역의 인구는 프랑스 15대 지방도시의 인구를 모두 합한 것과 맞먹는다. 게다가 인구구

성을 면밀하게 검토해보면 문제는 더욱 복잡하고 심각해진다. 우선 출산율이 매우 낮고[3] 1인 가구의 비중이 매우 높기 때문에, 가구당 가족 구성원 수가 파리 시의 경우 평균 1.9명, 파리 지역 전체는 평균 2.4명에 불과하다. 따라서 소규모 임대주택 수요가 매우 높을 수밖에 없다. 또한 프랑스의 수도로서 파리에는 정치 · 경제 · 사회적으로 중요한 기능이 집중되어 있기 때문에, 주민의 '부르주아지화embourgeoisement'를 운위할 만큼 사회적 상층을 구성하는 엘리트들이 많이 모여 있는 반면, 실업자들도 지방도시에 비해 상대적으로 많기 때문에 사회적 양극화 양상이 두드러지게 나타나고 있다. 따라서 주택, 교통, 의료, 치안 등 각종 공공 서비스의 수요가 많고, 그만큼 해결해야 할 사회 문제도 많을 수밖에 없다.

좁은 지역에 많은 사람이 모여 사는 만큼 파리의 주택 문제는 심각하다. 파리의 주택은 대부분 아파트appartement이고, 단독주택maison은 20구에만 일부 있을 뿐이다. 1999년에 조사된 자료에 따르면, 파리의 아파트 가운데 단 4%만이 1990년 이후에 건설된 새 집이고, 약 55%는 1949년 이전에 지어진 노후 주택이다. 약 58%가 원룸 내지 침실이 하나뿐인 소형 주택이다. 총 132만 채의 주택 가운데 10%는 거주가 불가능할 정도로 노후하거나, 임대료를 낼 수 있는 적절한 임차인을 구할 수 없어 빈 집으로 남아 있다. 정부는 저소득층의 주택 문제를 해결하기 위해서 꾸준히 공공임대주택을 건설해 왔기 때문에, 그 비율이 전체의 17%를 상회한다. 그러나 문제는 공공임대주택이 지역적으로 편중되어 있는 데다가, 경쟁률이 5:1에 이를 정도로 신청자가 많아서 수요를 모두 충족할 수 없다는 점이다. 파리는 전 세계에서 아홉 번째로 부동산 가격이 비싸고 주택 임대료도 매우 비싸기 때문에, 주민들이 웬만하면 이사를 하지 않아서 새로 집을 구하기가 어려울 수밖에 없다.

파리 시에는 총 17만 3천 명의 학생이 다니는 769개의 초등학교와 15

만 8천 명의 학생이 다니는 350개의 중 · 고등학교가 있다. '팡테옹소르본Panthéon-Sorbonne'이라 불리는 제1대학부터 '파리노르Paris-Nord'라 불리는 제13대학까지 13개의 캠퍼스로 구성된 파리 대학Université de Paris에서는 1만 7천여 명의 교수들이 총 33만여 명의 학부 및 석 · 박사과정 학생들을 지도하고 있다. 파리 대학 외에도 그랑제콜Grandes écoles이라 불리는 고등교육기관들에서 프랑스를 이끌어 갈 각 방면의 엘리트들이 배출되고 있다. 여기에 그랑제콜 준비반préparatoire 학생 3만여 명을 포함하면 파리에서 수학하는 학생들을 총망라했다고 할 것이다. 파리의 학교들은 초 · 중등과정의 일부 사립학교를 제외하면 모두 국 · 공립으로 공교육 체제가 확고하다.

파리 지역 주민들은 '파리 공공부조 및 종합병원Assistance publique-hôpitaux de Paris'이 관할하는 총 37개의 종합병원에서 2만 2천여 개의 병상을 이용할 수 있다. 2만여 명의 의사와 1만 6천여 명의 간호사로 구성된 의료진이 매년 4,600만 건 이상의 진료를 시행하고 있으며, 응급의료서비스SAMU: Service d'aide médicale urgente는 매년 100만 번 이상 출동한다. 이러한 공공의료체제를 유지하기 위해서 파리 공공부조 및 종합병원은 연간 65억 유로 이상의 예산을 사용하는데, 시민들이 지불하는 건강보험Sécurité sociale 재정만으로는 이를 충당할 수 없기 때문에 상당액의 국고보조가 필수적이다.

파리의 도심과 간선도로는 언제나 매우 혼잡하다. 따라서 원활한 소통을 위해서 도심과 교외의 각 지점을 연결하는 다양한 대중 교통망이 필수적이다. 우선 16개 노선의 지하철métro이 총연장 212km의 선로와 381개의 역을 통해서 파리 시 곳곳을 촘촘하게 연결하고, 다양한 노선의 버스들이 그 사이사이를 오간다. 또한 오래전에 사라졌던 전차가 최근에 복원되어 대중교통의 일익을 담당하고 있다. 5개 노선의 광역 전철망RER: Réseau Express Régional과 파리의 6개 철도역[4]에서 출발하는 15개 노선의 수도권 철도Transilien가 파리와 수도권의 여러 지역을 연결하고 있으며, 우리나라에도 도입된 고속철도TGV: Très Grande Vitesse가 수도와 지방 주요 도시를 연결하고 있다. 또한 세계와 파리를 이어 주는 2개 공항, 즉 4천8백만 명의 여객이 드나드는 국제선 중심의 샤를 드골Charles de Gaulle 공항과 국내선 중심의 오를리Orly 공항이 있다.

이와 같이 오늘날의 파리에는 거대도시를 유지하는 데 필수적인 각종 인프라와 공공서비스 체제가 잘 갖추어져 있다. 특기할 만한 점은 이러한 성장과 발전이 매우 오래전에, 적어도 500년 전에 시작되었다는 것인데, 이는 유럽의 다른 대도시들이 대부분 18세기 이후 산업화와 함께 급성장했다는 사실에 비춰 볼 때 매우 예외적인 것이다. 성장의 리듬과 속도는 시대에 따라 적잖이 달랐지만 발전은 지속적이었다. 이제 그 발전과정을 살펴보기로 하자.

역사 속의 파리

파리는 홍적세 이래 센 강에 실려 온 충적토가 쌓여 형성된 평야에 센 강의 물길이 변하면서 만들어진 작은 섬 시테la Cité에서 출발했다. 센 강의 물줄기와 남과 북, 그리고 서쪽의 야트막한 언덕에 의해서 보호되는 이 천혜의 요새는 인근에 비옥한 농경지와 풍부한 자원을 보유하고 있을 뿐만 아니라, 센 강과 그 지류를 이용해서 주변 지역과 교통할 수 있는 좋은 위치를 차지하고 있었다. 이와 같이 탁월한 입지 조건 때문에 구석기 말기부터 이곳에 주거지가 형성되었던 것으로 보인다. 철기시대 제2기에 라인 강 너머에서 켈트Celtes 족이 침입해 왔는데, 그 가운데 파리시Parisii 족이 기원전 3세기 중반에 루테스Lutèce라 불리던 이곳에 정착하였다. '파리'라는 이름은 그들로부터 유래했다.

갈리아 정복에 나선 로마의 카이사르는 기원전 53년 루테스에 골Gaule 족의 회의를 소집했다. 파리시 족은 베르생제토릭스Vercingétorix의 반란에 가담했지만 로마군에 패퇴하였다. 정복자 로마인들은 그들의 관습에 따라 센 강 남쪽의 언덕에 도시를 건설했다. 아마도 센 강 북쪽의 땅은 강물이 불면 침수될 우려가 있다는 점이 고려되었을 것이다. 현재 팡테옹Panthéon이 서 있는 언덕에 자리 잡은 로마인들의 파리에는 원형경기장, 극장, 목욕탕, 공동묘지 등이 설치되었다. 시테 섬은 여전히 군사와 행정의 중심이었고, 신전이 있었던 것으로 보인다. 센 강의 수로를 이용하는 배들이 정박할 수 있는 항구는 강의 우안[5]에 있었지만, 중세와는 달리 주거지가 형성되지는 않았다. 파리는 3세기 후반 게르만 족의 침략으로 몇 차례 파괴되었지만 재건되었고, 4세기 중반에 게르만 정복에 나선 몇몇 황제들의 겨울 숙영지로 이용되기도 했다.

탁월한 입지조건 때문에 파리는 '센 강의 딸'이라 불리지만, 입지조건만으로 도시가 형성되는 것은 아니다. 골 족의 촌락을 왕국의 수도로 만든 것은 군왕들의 선택이었다는 점에서, 파리는 '군왕의 딸'이기도 하다. 갈리아 북부를 정복한 프랑크 왕국의 클로비스Clovis는 갈리아 남부 정복을 위해서 파리를 왕국의 수도로 삼았다. 496년 생트주느비에브Sainte-Geneviève의 권유로 기독교로 개종한 클로비스가 생자포트르Saints-Apôtres 성당을 세운 이래, 메로빙 왕조의 여러 왕들은 골육상쟁의 비극 속에서도 파리에 교회를 세웠고, 파리 주변에는 왕족이나 귀족들의 저택이 들어섰다. 그러나 카롤링 왕조의 등극 이후 프랑크 왕국의 영토가 동쪽으로 크게 확대되면서 파리의 전략적 중요성이 줄어들자, 파리는 수도의 지위를 잃게 되었다. 더구나 9세기 중반부터 시작된 바이킹의 노략질에 시달리면서 파리는 그 힘을 상실하게 되었다. 게르만 족과 훈족의 침략을 막아 냈던 파리지만, 바이킹의 끊임없는 노략질을 당해 내지는 못했던 것이다. 파리 주변의 촌락들은 파괴되었고, 파리는 다시 그 출발점인 시테 섬으로 쪼그라들었다.

987년 프랑스의 왕으로 선출된 위그 카페Hugues Capet가 자신의 세력 기반인 파리를 왕국의 수도로 삼으면서 파리는 활기를 되찾았다. 바이킹의 침략으로 황폐해진 센 강 좌안은 여전히 폐허로 남아 있었지만, 배가 정박할 수 있는 센 강 우안에 시가지가 형성되어, 11세기에 이르면 성벽을 축조해야 할 정도로 제법 많은 주민들이 모여 살게 되었다. 강이 범람해도 침수되지 않는 생제르베Saint-Gervais, 생메리Saint-Méry, 생자크Saint-Jacques 언덕에 건물들이 들어섰고, 현재의 시청 앞 광장 자리에 해당하는 그레브Grève 만의 항구 옆에는 시장이 들어섰다. 시테 섬에는 왕궁과 주교관이 자리 잡았다. 시테 섬으로부터 지방을 향해 뻗어 나가는 도로들 주변에 촌락이 형성되면서 시가지가 확대되었다. 1137년 루이 6세는 '레샹포les Champeaux'에 장차 파리의 중앙시장Les Halles이 될 새로운 시장을 조성하였고, 루이 7세는 1163년에 노트르담 성당의 주춧돌을 놓았다. 필립 존엄왕은 첫 번째 성벽 밖에 조성된 시가지를 영국 왕의 공격으로부터 보호하기 위해서 새로운 성벽을 축조하고, 센 강변에 강력한 요새 루브르le Louvre를 건설했다. 국왕이 파리에 체류하는 시간이 많아지면서 간선도로가 포장되었다.

성왕 루이 9세 치하의 파리는 번창하는 도시였다. 성벽 안에는 빈 공간이 없을 정도로 건물이 들어섰고, 건물들은 주거공간을 조금이라도 더 확보하기 위해서 1층보다 2층이, 2층보다 3층이 도로 쪽으로 더 튀어나온 돌출 형태encorbellement로 지어졌다. 돌로 지어진 1층rez-de-chaussée에는 대개 상점이 들어섰고, 2층에는 가게 주인인 장인의 가족이 살았다. 3층과 다락방에는 직인과 도제들이 기거하는 작은 방들이 있었을 것이다. 영주, 주교, 수도원장들도 파리에 저택을 짓고 도시생활의 편리함을 즐겼다. 루이 9세도 시테 섬의 서쪽 끝에 자리한 선왕들의 왕궁 옆에 생트샤펠Sainte-Chapelle을 지었다.

12세기 후반 센 강 좌안에 자리 잡은, 교사와 학생들로 구성된 파리 대학은 1209년 교황으로부터 공식적으로 인가를 받았고, 1252년에는 독립과 자치의

그림 2_돌출 시공된 중세의 가옥

상징으로 관인을 하사받았다. 파리 대학 신학부는 저명한 신학자인 창립자 로베르 드 소르봉Robert de Sorbon의 이름을 따 소르본Sorbonne이라 불리며 중세의 학문 중심지로 부상했다. 이후 많은 학생들이 이곳에 모여들면서 라탱 거리quariter latin가 형성되었다. 파리는 1348년 흑사병의 창궐로 인구가 급감하기 전까지 인구 20만 명을 자랑하는 유럽 최대 도시였다.

13세기의 파리는 봉건제의 전성기를 구가하고 있었다. 북부 프랑스에서는 삼포제의 확산과 농업기술의 발전으로 농업생산량이 크게 증가했고 이를 토대로 상업도 활기를 띠었다. 농업생산의 증가는 파리 분지Bassin parisien의 비옥하고 광대한 평야지대에서 특히 두드러졌는데, 이 시기에 수십 개의 교회가 고딕 양식으로 웅장하게 건축되었다는 사실이 이를 입증한다. 그러나 1000년경부터 시작된 장기적인 상승국면은 1300년경 끝이 나고, 이어서 급격한 하강국면이 시작되었다. 이와 함께 카페 왕조의 왕통이 끊어지고 발루아 왕가가 들어서면서, 영국과의 백년전쟁이 발발했고, 전쟁의 와중에 흑사병이라는 대재앙이 닥쳤다.

이와 같이 암울한 시대 상황에서 파리는 1358년 에티엔 마르셀Etienne Marcel의 반란으로 크나큰 시련을 겪게 되었다. 푸아티에Poitiers 전투에서 영국군에 포로로 잡힌 국왕 장 2세Jean II의 몸값과 전비를 마련하기 위해서 삼부회Etats généraux가 소집되었을 때, 파리 상인조합장으로서 시장 역할을 했던 에티엔 마르셀이 삼부회의 과세동의권과 정부에 대한 통제권을 주장하며 반란을 일으켰다. 이것이 파리 역사상 최초의 정치적 반란이었다. 파리의 반란은 농촌에서 일어난 자크리Jacquerie의 난과 함께 무자비하게 진압되었다. 반란으로 국왕과 파리의 관계가 파열되었다고 생각한 샤를 5세는 시테 섬의 왕궁을 버리고 파리 동쪽의 생폴Saint-Paul로 거처를 옮겼다. 뒤이어 영국군의 점령과 그에 따른 경제위기는 파리를 파멸로 몰고 갔다. 발루아 왕가의 국왕들은 파리를 버리고 루아르 강변의 성으로 떠났다.

발루아 왕가로부터 오랫동안 버림받았음에도 불구하고, 파리의 정치적 입지는 별로 약화되지 않았다. 카페 왕조 아래서 왕권이 강화되면서 수도로서 파리의 역할이 확고해졌기 때문이다. 존엄왕 필립 2세, 성왕 루이 9세, 미려왕 필립 4세는 고등법원Parlement, 심계원Chambre des comptes, 국고Trésor와 조폐국Monnaie, 문서고Archives와 같은 중앙 권력기구를 파리에 설치했다. 게다가 파리는 자치를 보장하는 특허장Charte을 획득하지는 못했지만, 파리 상인들은 국왕의 보호 아래 '국왕의 부르주아'로서 특권을 누릴 수 있었다. 파리 상인조합은 1263년 발랑시엔Evrard de Valenciennes을 시장으로 하는 최초의 시자치체municipalité를 선출함으로써, 국왕 대리인prévôt royal과 시자치체가 함께 파리 시의 행정을 관장하는 체제를 수립했던 것이다.

파리가 백년전쟁의 상처를 회복하는 데에는 오랜 시간이 걸렸다. 그러나 백년전쟁의 결과로 상비군이 조직되고 조세제도와 관료제도가 확립되는 등 중앙집권화가 강화되면서 왕국의 수도로서 파리의 입지가 더욱 확고해질 수 있었다. 루아르의 성들을 전전하던 프랑수아 1세는 1528년 파리를 국왕의 거처로 정하고 루브르를 왕궁으로 개축했다. 또한 수도에 걸맞은 시청을 건립하고, 루브르와 샤틀레Châtelet가 사이의 센 강변 제방을 돌로 쌓아 보강했다. 그는 또한 르네상스의 인문주의를 확산시키기 위해서 1530년 왕립대학으로 콜레주 드 프랑스Collège de France를 설립하였다. 그의 치세에 파리는 인구 28만 명에 이르는 유럽 최대의 도시가 되었다.

앙리 2세는 전쟁의 위협에 대비하기 위해서 파리 성벽을 재건하였는데, 얼마 뒤 그 성벽 안에는 피비린내 나는 종교전쟁의 광풍이 몰아칠 것이었다. 종교개혁에 대한 파리의 여론은 적대적이었다. 파리 대학 신학부의 영향력을 고려할 때 어느 정도는 당연한 것이었다. 카트린 드 메디치Catherine de Médicis는 1572년 위그노를 뿌리 뽑기 위해서 생바르텔레미Saint-Barthélemy의 학살을 사주했다. 종교 평화의 상징이 될 프랑스 왕족이자 나바르Navarre의 왕인 위그노 앙리Henri와 가톨릭 국왕 샤를 9세Charles IX의 여동생인 마게리트Maguerite의 결혼을 축하하기 위해서 파리에 모인 3천여 명의 위그노들이 그날 파리 성벽 안에서 목숨을 잃었다. 1588년에는 가톨릭 동맹Ligue Catholique이 앙리 3세Henri III에 맞서 파리에 바리케이드를 세웠다. 국왕이 매제인 위그노 나바르의 앙리를 왕위계승자로 세울 것이라고 의심했기 때문에 일어난 일이었다. 1594년 마침내 프랑스의 왕위에 올라 부르봉 왕조를 연 앙리 4세Henri IV는 가톨릭으로 개종하고 자신에게 항거한 파리를 용서하였다.

종교전쟁으로 파괴된 프랑스를 재건하고 파리를 정비하기 위해서 앙리 4세는 대대적인 공공사업을 추진했다. 이를 통해서 그는 빈민을 구제하고 왕권을 강화할 수 있었다. "그가 파리의 주인이 되자마자, 사람들은 작업 중인 석공들만 보게 되었다."고 말할 정도로 앙리 4세는 파리의 면모를 일신하게 될 대규모 사업을 벌였다. 최초로 센 강의 좌안과 우안을 직접 연결하는 폭 20m, 길이 238m의 퐁네프Pont-Neuf를 건설하였다. 그는 도로를 확장하고 광장을 정비했을 뿐만 아니라, 루브르와 튈르리Tuileries 궁을 보수 · 증축하였다. 도시 미화를 위한 대규모 공공사업은 부르봉 왕가의 치세 동안 계속되었는데, 루이 13세Louis XIII의 시대에는 '부동산 개발업자의 시대'가 시작되었다고 할 수 있을 정도로 국왕뿐만 아니라 재정가들도 건설 사업에 뛰어들었다. 많은 자본이 투입된 결과, 벽돌이 사라지고 석조 건축이 대세가 되었다. 이 시기에 센 강 좌안에 있는 왕비의 영지에 생제르맹Saint-Germain 지구를 완성하는 새로운 시가지가 형성되었고, 빌네브Villeneuve, 몽마르트르, 생토노레Saint-Honoré 지구에 대저택들이 들어섰다. 교외 지역에는 부유층의 별장이 들어서면서 파리 시가 모든 방향으로 팽창했다. 가톨릭 종교개혁과 함께 종교적 열정이 되살아나면서, 60여 개의 성당과 수도원이 건립 또는 증축되었고, 빈민층을 위한 병원과 학교도 많이 건설되었다.

루이 14세Louis XIV 치세 초기에 발생한 프롱드Fronde의 난으로 파리와 국왕의 관계가 다시 한 번 파열되었다. 1648년 파리 고등법원은 재상 마자랭Mazarin이 부과한 세금에 반대해서 반란을 일으켰다. 어린 나이에 모후의 손에 이끌려 파리를 탈출했던 루이 14세는 결코 파리를 신뢰하지 않았고, 1677년 자신이 건축한 베르사유Versailles 궁으로 거처를 옮겼다. 1670년부터 파리의 성벽이 헐리고 그 자리에 국왕의 승리를 기념하는 개선문으로 장식된 산책로가 들어섰다. 파리에는 상이군인 병원인 앵발리드Invalides와 같이 태양왕의 위대함을 보여 주는 화려한 건물들이 계속 건립되었다. 루이 15세Louis XV와 루이 16세Louis XVI의 치세에도 사관학교Ecole militaire, 조폐국Monnaie 청사, 오데옹Odéon 극장, 생트

주느비에브Sainte-Geneviève 교회(현재의 팡테옹) 등 절대왕권의 위엄과 프랑스의 국부를 과시하는 화려하고 웅장한 공공건축이 계속되었다. 여기에서 한 가지 주목할 점은 루이 14세가 1667년의 왕령을 통해서 화재 확산 방지를 위해서 돌출시공을 금지하고 건축 고도를 16m로 제한하는 등 최초로 도시계획의 원칙을 제정했다는 점이다. 이 원칙들은 이후 몇 차례 개정되었지만, 그 덕분에 산업화 과정에서 나타나는 난개발을 방지할 수 있었다.

절대왕권은 웅장하고 위압적인 공공건축을 통해서 국왕의 위엄을 과시하는 한편, 파리의 복종을 강요하면서 도시 엘리트들을 왕권의 지지자로 포섭하고자 했다. 대규모 공공사업은 그들에게 투자와 수익의 기회를 제공했기 때문에 매우 효과적인 정책인 것처럼 보였다. 하지만 그 기회를 잡을 수 있었던 것은 극소수의 상층 부르주아지뿐이었고, 대다수의 중소 부르주아지와 민중은 단지 구경꾼에 불과했다. 오히려 그들은 스스로를 국왕이 대규모 공공사업을 추진하고 상층 부르주아지가 기회를 잡을 수 있도록 더 많은 세금을 납부해야 하는 희생자라고 생각했던 것처럼 보인다. 화려한 외관에 가려져 있던 소시민과 민중의 불만이 임계점에 다다랐을 때, 계몽사상으로 무장한 파리는 또다시 반란의 전통을 되살릴 것이었다.

혁명의 수도 파리

1789년 4월 26일 파리의 레베이옹Réveillon 벽지공장 노동자들이 곡가앙등에 항의하며 폭동을 일으켰다. 이는 7월 14일 바스티유Bastille 함락의 전조였다. 루이 16세 정부가 개혁에의 기대를 저버리고 국민의회를 해산하려고 했을 때 파리 시민들은 무기를 들었다. 바스티유 함락 다음 날, 파리의 선거인들은 코뮌을 구성하고 직접 시장을 선출했다. 7월 17일 루이 16세가 파리를 방문하여 민선

시장 바이이Jean Sylvain Bailly를 인정하자 프랑스 전체가 혁명의 물결에 휩쓸렸다. 이는 혁명의 수도 파리가 그 파괴력을 입증하는 순간이었다. 일단 위기를 모면하고 보자던 루이 16세의 기대와 달리 파리의 민중은 위기 때마다 직접행동에 나섰다. 식량위기가 계속되자, 파리의 부녀자들은 10월 5일 베르사유로 행진해서 국왕으로부터 식량을 받아 냈을 뿐만 아니라 왕가를 파리로 이끌고 와서 민중의 포로로 만들어 버렸다. 1790년 혁명 1주년 기념일에는 프랑스 전역에서 온 수십만 명의 시민들이 파리의 샹드마르스Champ-de-Mars 광장에 모여, "헌법을 수호하고, 국법, 국민, 국왕에 충성할 것"을 조국의 제단에 맹세했다. 1792년 패전의 위기에서 혁명과 프랑스를 구한 것도 8월 10일 튈르리 궁을 공격한 파리 시민들이었다. 1792년 9월 프랑스가 공화국임을 선포한 것은 새로 구성된 국민공회였지만, 공화국의 주역은 바로 8월 10일의 상퀼로트들Sans-culottes이었다. 공포정치와 자코뱅 독재에 지친 파리는 테르미도르Thermidor의 반동과 나폴레옹의 독재를 받아들였지만, 프랑스 혁명의 유산을 포기한 것은 아니었다.

1830년 복고왕정의 샤를 10세Charles X가 언론의 자유와 참정권을 요구하는 파리 시민들을 무시하고 반동적 통치를 강화했을 때 파리 시민은 또 다시 봉기했다. 7월 27일부터 29일까지 바리케이드에서 "공공의 자유를 위해서 무장 투쟁한" 파리 시민들은 대혁명의 전통을 계승한 투사들이었다. 이를 입증하기라도 하듯, 그 '영광스러운 날들Trois Glorieuses'을 기념하기 위해서 바스티유 요새가 있던 바로 그 자리에 52m높이의 혁명기념탑이 세워졌다. 7월 혁명의 결과로 복고왕정이 무너지고 오를레앙 왕가의 루이 필립Louis-Philippe이 '프랑스인들의 왕'으로 통치하는 입헌군주정 7월 왕정이 들어서게 되었다. 공포정치와 혁명독재로 끝난 대혁명의 기억이 온건 부르주아지의 입지를 강화시켰기 때문에 나타난 결과였다. 7월 왕정은 부르주아 엘리트의 정치적 권리를 강화시켰을 뿐, 프랑스와 파리가 직면했던 문제들을 해결하지 못했다.

대혁명 전에 이미 인구 60만 명의 대도시로 성장한 파리는 나폴레옹 1세의 치세에 시작된 산업화가 1830~40년대의 철도 건설로 가속화되면서 사회적 양극화의 문제에 직면하게 되었다. 1848년에 파리 시민 가운데 2/3는 세금을 한 푼도 내지 않을 만큼 가난한 빈민이었다. 사망자의 4/5가 공동무덤에 묻힐 정도로 파리에는 빈민이 많았다. 빈민이 밀집한 노동자 지구에는 알코올 중독, 매춘과 사생아, 전염병의 확산[6] 등 사회질서와 도시위생을 위협하는 심각한 문제들이 산적해 있었다. 반면에 파리 서쪽에는 부자들을 위한 주거지가 조성되었고, 파리의 밤을 밝히는 가스등 아래 파티가 벌어지는 카페들의 황금시대가 펼쳐졌다.

루이 18세Louis XVIII와 샤를 10세의 파리는 형인 루이 16세의 파리와 크게 다르지 않았지만, 루이 필립은 파리의 미화와 도시 정비에 관심을 기울였나. 에투알 광장Place de l'Etoile의 개선문을 완성하고 콩코드Concorde 광장을 정비했으며, 1844년에는 새로이 성벽을 축조하였는데, 바로 현재 파리 시의 경계가 될 티에르의 성벽이다. 총연장 33km에 달하는 이 성벽은 94개의 보루와 성문을 지키는 17개의 요새를 갖추고 있었지만, 1870년 독일군의 진군을 막아내지는 못했다.

1848년 2월 '부자들의 주식회사'에 불과한 7월 왕정에 대한 불만이 폭발하면서 세 번째 혁명이 도래했다. 정부가 보통선거제의 도입을 요구하는 정치연회를 금지하자, 재산제한선거제 때문에 정치적 참여의 기회를 박탈당한 노동자들을 비롯한 파리 시민들이 또다시 바리케이드 앞에 섰다. 2월 혁명은 보통선거와 언론 · 출판 · 집회의 자유뿐만 아니라, 노동권의 보장을 요구한 사회혁명이었다. 7월 혁명이 1789년 국민의회의 혁명을 모델로 했다면, 2월 혁명은 1792년 국민공회의 혁명을 본받으려 했다. 파리의 노동자들은 실업 대책으로 만들어진 국민작업장이 폐쇄되자 6월 봉기로 맞섰으나, 보수파의 지지를 받는 군대에 의해 진압되었다. 혁명의 열기가 급속도로 식으면서, 12월의 선거에서 나폴레옹의 조카 루이 나폴레옹Louis-Napoléon이 대통령으로 선출되었다. 그는 자신의 삼촌처럼 쿠데타를 통해 황제로 등극하였다. '혁명의 수도' 파리는 그의 치세에 가장 큰 변화를 겪으면서 근대적 도시로 탈바꿈하게 되었다.

1848년의 혁명으로 레알의 중앙시장을 정비하려던 랑뷔토Rambuteau 계획이 중단되었다. 그러나 노동자 지구에서 발생하는 빈번한 소요와 전염병의 위험 때문에 도시정비 사업을 더 이상 미룰 수 없는 상황이었다. 더구나 심각한 실업 사태를 해결하기 위해서 대규모 일자리 창출이 필요했기 때문에 나폴레옹 3세는 이전보다 훨씬 더 큰 규모로 사업을 추진하게 되었다. 황제는 도심 재개발과 건축은 오스망Eugène Haussmann에게, 상하수도와 수로 정비는 벨그랑Eugène Belgrand에게, 그리고 녹지 공간 조성은 알팡Jean-Charles Alphant에게 맡겼는데, 파리 부르주아의 자본과 프랑스의 공업생산 및 수송능력 덕분에 이 거대한 사업이 빠른 속도로 진행되었다.

가장 우선적인 사업은 도시 교통망의 확충이었다. 유서 깊은 기념물들을 훼손하지 않으면서도 유사시에 신속하게 군대가 진입할 수 있도록 간선도로망을 정비하였다. 파리의 동서를 연결하는 축으로 리볼리Rivoli 거리를 확장하여 생탕트완Saint-Antoine까지 연장하고, 세바스토폴Sébastopol 거리를 확장하고 연장해서 중앙시장과 시테 섬을 관통, 센 강 좌안의 생미쉘Saint-Michel 거리와 연결함으로써 남북의 축을 완성했다. 센 강에는 다리가 증축되었고, 개선문이 서 있는 에투알은 12개의 대로가 만나는 거대한 광장이 되었다. 도로 정비와 함께 급속하게 확대된 철도망과 기차역도 정비되었다. 두 번째로 중요한 사업은 상하수도의 정비였다. 파리는 뒤Dhuis와 반Vanne으로부터 물을 끌어오는 수백 km에 달하는 수로 덕분에 만성적인 용수 부족을 해소할 수 있었다. 상수도는 750km에서 1,550km로, 150km에 불과하던 하수도는 500km 이상으로 확대되었다.

그림 3_오스망 남작에게 파리 시 확대에 관한 법령을 전달하는 나폴레옹 3세(1859년 2월 16일)

셋째, 알팡 덕분에 파리는 1,800ha의 녹지를 확보할 수 있었다. 티에르의 성벽 밖에 위치한 불로뉴와 벵센 숲을 파리 시로 편입하고 도심 곳곳에 정원과 공원을 조성하였다. 그와 동시에 여러 공동묘지들도 정비되었다. 도시 기반시설 정비와 확충의 토대 위에 공공기관 청사, 각급 학교 건물, 고급 호텔과 극장 등이 건립되어 파리는 그 면모를 일신할 수 있었다.

파리의 부르주아지는 오스망 계획에 투자함으로써, 그리고 건설 붐으로 인한 부동산 가격 상승으로 막대한 이득을 얻었다. 파리 시의 확대와 노동자의 유입으로 늘어난 인구,[7] 그리고 부동산 가격 상승에 따른 소득 증가로 공산품에 대한 수요가 폭증했기 때문에, 은행들뿐만 아니라 기업들도 호황을 누렸고 제2제정은 전성기를 구가했다. 하지만 오스망 계획도 파리의 사회문제를 근본적으로 해결하지는 못했다. 1860년 가난한 노동자들이 몰려 있는 공업지구가 파리 시에 편입되었기 때문이다. 40만 명이 넘는 시민들이 '노동자'로 분류되었는데, 이들은 오스망이 방기했던 변두리에 모여 살았고 도심에 들어갈 수도 없었다. 파리 코뮌은 그들이 정치적으로 얼마나 위협적인 요소였는지를 입증할 것이다.

파리의 근대화를 주도했던 오스망 남작은 예산 남용 혐의를 받아 1870년 1월 공직에서 사임했다. 나폴레옹 3세도 1870년 9월 그의 뒤를 따랐다. 패전과 함께 황제가 독일군의 포로가 되었다는 소식이 전해지자 파리에서 혁명이 일어났다. 1830년과 1848년에 그랬던 것처럼, 파리 시청에서 공화정이 선포되었다. 공화국 프랑스는 이내 패전의 굴욕을 감수했지만, 파리 민중은 포위 속에서도 봉기해 코뮌을 구성했다. 파리 코뮌은 1871년 3월 18일부터 5월 21일까지 파리를 장악했다. 행정수반 티에르가 베르사유에 집결한 군대를 동원해서 무자비하게 반란을 진압했다. 코뮌의 패배는 심각한 피해를 초래했다. 1주일 동안 진행된 진압 과정에서 티에르 군의 포격과 그로 인한 화재 때문에 튈르리 궁, 파리 시청, 국가참사회, 재무부, 심계원 청사 등 주요 건물들이 파괴되었다. 더 심각한 것은 파리가 최고의 투사들을 잃었고, 혁명에의 열정이 깨졌다는 것이다. 1934년 2월 6일의 봉기도, 1944년 레지스탕스의 봉기와 해방Libération도, 1968년 5월의 학생 봉기도 1789년은 말할 것도 없고 1830년, 1848년, 1870년의 혁명사를 다시 쓰지는 못했다. 사실 코뮌의 패배는 파리에 대한 지방의 복수였다고 할 수 있다. 베르사유에 집결한 군대는 지방에서 온 농민병사들로 구성된 부대였다. 이러한 도농 간의 적대감은 선거 때마다 표출되면서 제3공화정의 정치사를 규정하게 될 것이었다. 이 점에서 1870년 코뮌의 패배는 혁명 파리의 조종을 울린 것이라 할 수 있다.

나오는 말: '거리의 정치'와 민주주의

혁명에서 '권력의 탈취'는 사회개혁이라는 목표를 수행하기 위한 수단적 성격을 갖는다고 할 수 있기 때문에 가장 중요한 요소는 아니다. 그러나 권력의 탈취 없는 혁명은 없다. 상당 기간 동안 '이중권력' 상태를 유지하더라도 결국에는 권력의 이동이 이루어지기 마련이다. 이러한 관점에서 1968년 5월도 진정한 혁명이라고 규정하기는 어려울 것이다. 그러나 그 사건이 혁명으로 발전하지 못했다고 해서 파리가 혁명의 수도라는 명성을 잃는 것은 아니다.

1789년의 혁명이 제도로서의 민주주의를 시도한 것은 아니다. 1830년 혁명과 1848년 혁명의 원인이 바로 참정권 문제였다는 점만 보아도 이 점은 분명하다. 제헌국민의회는 1791년의 헌법을 통해 재산제한 선거제에 의한 입헌군주제를 시도했다. 국민공회는 공화정을 선포하고 보통선거를 규정한 1793년의 헌법을 제정했지만 혁명전쟁을 핑계로 그 시행을 미뤘다. 테르미도르 반동 이후에는 오히려 혁명의 진전이 저지되었다. 그러나 제1공화정의 파리에서는 인민주권을 실현할 수 있는 또 다른 방법, 즉 민중들의 직접민주주의가 구현되고 있었다. 구민총회에 모인 상퀼로트들은 자신의 정치적 의사를 표현할 수 있는 기회를 가졌고 의사결정에 참여하였다. 제헌국민의회의 온건 부르주아지는 대의제를 내세우면서 파리 민중의 민주주의에 맞섰다. 어떤 의미에서 프랑스의 혁명 부르주아지는 민주주의를 회피하면서 인민주권을 실현하려는 모순을 안고 있었다.

우리의 민주주의는 어떤 민주주의인가? 오늘날의 민주주의는 파리 민중의 직접민주주의가 아니라 온건 부르주아지의 대의제 민주주의에 가깝다. 물론 모든 시민들에게 평등하게 참정권을 부여했지만 말이다. '민주주의의 꽃'이라는 선거를 보면 현대 민주주의의 성격을 보다 분명하게 파악할 수 있다. 우리는 정해진 기간마다 투표를 통해서 대표를 뽑는다. 유권자들은 직접 · 비밀 · 보통 · 평등 선거의 원칙에 따라 투표를 한다. 다시 말해서 모든 유권자가 평등하게 한 표씩, 아무도 보지 않는 상태에서 직접 투표한다. 완전한 선택의 자유가 보장되도록 비밀이 유지되므로, 유권자들은 그 선택이 옳든 그르든 자신의 이

익을 위해 투표할 수 있다. 따라서 현대 민주주의는 가장 정의로운 정치제도이지만, 정의가 아니라 각자의 이익을 위해서 존재하는 것이다. 또한 선출된 대표들은 임기 동안 자신을 선택해 준 유권자들을 대표해야 함에도 불구하고, 유권자의 의견이 아니라 자신의 의사에 따라 표결할 수 있고, 문제가 생기면 면책의 특권 뒤로 숨어 버린다. 따라서 대의제하에서는 인민주권의 원칙이 왜곡될 수밖에 없는 원천적 한계가 있다.

바로 이러한 한계를 극복하기 위해서 프랑스인들은 언론 · 출판 · 집회 · 결사의 자유를 최대한 활용하면서 직접행동에 나선다. 고대 아테네에서처럼 매년 선거가 있다면 대의제라도 인민의 의지가 왜곡될 가능성이 적겠지만, 막대한 선거비용과 빈번한 정부교체를 생각하면 결코 효율적인 방식이라고는 할 수 없을 것이다. 선거가 '일반의지volonté générale'를 확인하고 '사회계약contrat social'을 갱신하는 절차라면, 임기 중에도 일반의지의 변화를 확인 · 점검하고 사회계약의 준수를 감시 · 감독할 방법이 있어야 할 것이다. 바로 이 대목에서 '거리의 정치'가 제 역할을 하게 되는데, 혁명의 전통을 간직한 파리가 그 무대를 제공해 왔다. 얼마 전에도 파리의 거리는 사르코지Nicolas Sarkozy 정부의 연금개혁에 반대하는 프랑스 시민들을 맞아들였다. 프랑스 민주주의의 이러한 작동방식이야말로 이데올로기로서의 사회주의가 아니라, 공공성이 살아 있는 '인간의 얼굴을 한' 사회주의를 가능하게 하는 원동력일 것이다. 프랑스의 대통령이 된 또 한 명의 사회주의자에게 기대를 걸어 본다.

미주

1. 티에르(Adolphe Thiers)의 제안에 따라, 파리 시의 방위를 위해서 1841~1844년에 건설되었다. 이 성벽은 1919년부터 해체되기 시작해서 현재 그 자리에 순환고속도로가 건설되었다.

2. 한 통계자료에 따르면, 그들의 평균 연령은 24세이다. 그 덕분에 파리 지역 주민의 평균연령은 34세로 다른 유럽 국가의 수도보다 상대적으로 낮은 편이다.
3. 그나마 파리 지역 여성의 평균 출산아동 수는 1.85명으로 프랑스 전체 평균 1.79명보다 높은 편이다.
4. 파리에는 수도와 각 방면의 지방을 연결해 주는 철도의 종착역이 6개 있다. 리옹과 남부에서 오는 열차의 종착역인 리옹역(Gare de Lyon), 프랑스 북부로 가는 관문인 북역(Gare du Nord), 동부행 열차의 출발역인 동역(Gare de l'Est), 서부행 기차가 출발하는 몽파르나스역(Gare de Montparnasse), 중부행 열차가 출발하는 오스테를리츠역(Gare d'Austerliz), 그리고 생나자르역(Gare de Saint-Nazare)이 있다.
5. 프랑스에서는 강의 하구를 바라보면서 강의 오른쪽을 우안, 왼쪽을 좌안이라고 지칭한다.
6. 1832년에는 콜레라가 창궐해서 파리에서만 1만 8천여 명이 사망했다.
7. 나폴레옹 3세가 통치했던 1851년과 1871년 사이에 파리의 인구는 거의 두 배로 늘었다. 1851년 약 100만 명이었던 파리 인구는 1876년에 200만 명을 돌파했다.

|네 번째 도시|

도시 로마의 전설과 역사

일곱 언덕을 중심으로

김창성_공주대학교 역사교육과

들어가는 말

로마를 방문하기 위해서 이번에는 준비를 많이 해야겠다고 다짐하였다. 대개 그러하듯이 패키지여행은 가이드의 횡포로 말미암아 관광객의 취향이 무시당하기 일쑤다. 단체여행이라 어쩔 수 없다는 변명에 가슴은 피멍이 든다. 이를 면하고자 혼자 배낭여행을 계획하면 로마의 피우미치노Fiumicino 공항(별명 레오나르도 다빈치 공항)에서 내려 로마로 들어가는 순간, 유적과 유물과 시간이 엉켜서 어안이 벙벙해지는 것도 사실이다. 대문호 괴테도 2년간(1786~1788) 로마에 체재한 후에야 로마를 알 것 같다 하였다고 하니, 시장통보다 더 복잡한 로마 시내에서 인종의 전시장을 보면 애초에 무엇을 어떻게 보아야 할지 목적을 잊어버리기 십상이다. 그래서 지난 2007년 6월 말부터 5박 6일의 여정으로 로마에 들른 필자는 이런 결점을 상쇄하도록 하려면 일정한 질서를 부여하고 관광해야겠다고 생각했다. 그것은 로마의 일곱 언덕을 하나하나 밟아 보는 것이었다.

도시 로마의 지형은 어떤 의미를 지닐까? '테베레 강이 범람하여 습지로 변하는 저지대와 그 위에 우뚝 선 언덕'으로 특징지어진다. 이런 상황은 오래 지속되었고, 저지대인 로마 포룸과 코미티움에서 사람들이 항구적으로 활동하기 위해서는 배수장치가 필요하였다. 이 장치는 클로아카 막시마cloaca maxima로 알려져 있다. 이런 지형의 특성으로 인해서 로마 시에는 통합된 거대 거주지가 도래할 수 없었다. 오히려 언덕과 그 사면에 위치한 소단위로 분할되기에 유리하였다. 로마사를 공부할 때 나타나는 2분할 혹은 3분할의 체계는 이런 지형의 특징을 반영한 것이다.[1]

3분할의 대표적인 예는 로마가 3부족tribus으로 시작되었다는 설화이다. 티티에스Tities, 람네스Ramnes, 루케레스Luceres가 그것이다. 각 부족이 10개로 분화되어 30개의 쿠리아를 만들었다는 사실은 잘 알려져 있다. 이 명칭은 바로 도시를 이루기 전 로마의 3지역과 그곳에 사는 주민을 대변하는 것이었다. 즉 람네스는 어원을 보면 루모Rumo인데, 이는 테베레 강의 옛 이름이다. 그러므로 람네스는 테베레 강에서 가장 가까운 팔라티노에 거주하는 자들로서 강가에 사는 사람i fiumaioli이라는 뜻이다. 티티에스는 티티엔세스Titienses라고도 불리는데, 사비니 출신자로 로마에 거주한 사람들을 일컫는다. 루케레스의 어원은 루키luci인데, 알바 언덕에 살았던 집단과 연관된 라틴인들을 지시한다.[2] 이렇게 보면, 로마는 다양한 민족집단이 별도의 구역을 이루고 살았음을 알 수 있다. 이들을 어떻게 통합해 나가느냐가 로마 역사에 처음 부여된 과제였다.

건국 전설

로물루스의 전설

로마의 건국 전설에는 두 가지가 있다. 하나는 양치기들의 국가라는 이미지와 연관된 로물루스의 전설이고, 다른 하나는 트로이인들과 관련된 아이네아

그림 1_형제의 갈등을 표현한 그림으로, 날아가는 새들의 숫자가 로물루스의 승리를 암시한다.(Compte-rendu de la conférence d'Andrea Carandini, (2003. 1. 27.) p. 6)

스의 전설이다. 후자의 전설은 트로이가 멸망하면서 아이네아스가 이탈리아로 망명하여 새로운 국가를 건설하였다는 내용이다. 이 내용은 베르길리우스를 비롯한 로마의 역사가 시인들의 단골주제가 되어 왔다. 이 전설이 맞다면 로마인은 그리스 연합군에게 멸망당한 트로이인의 후손인 셈이다. 이 주장의 진위는 확인할 길이 없지만, 대개는 나중에 나온 로물루스의 전설을 합리화하기 위해서 고안한 것으로 보는 것이 일반적이다.

로물루스는 삼촌의 시기를 받아 쌍둥이 동생 레무스와 함께 테베레 강에 버려진다. 마르스 신의 아들인 두 형제는 늑대의 젖으로 연명하다가 후에 목동인 파우스툴루스에게 구출된다. 형제는 나중에 자신들의 정체를 알게 되고 목동들을 규합하여 원수를 갚기에 이른다. 그러나 문제는 누가 헤게모니를 장악하는가였다. 〈그림 1〉은 두 형제의 판세를 보여 준다. 혹자는 형제가 직접 대결하였다는 주장을 펴기도 하고, 형의 부하가 동생을 죽였다고 하기도 한다. 형 로물루스의 거주지는 바로 팔라티노 언덕이며, 동생의 거주지는 아벤티노 언덕이다. 이런 비극을 담은 로마의 출발은 다소 어둡고, 너무 현실적이어서 신들이 아름답게 세운 그리스 나라들과는 너무 비교된다.

라틴축제

로마 근처 남쪽 해안에서 20km 떨어진 곳에 화산이었던 몬테 카보Monte Cavo가 있다. 이곳의 높이는 950m로 라티움 지역에서 두 번째로 높다. 이곳에서는 최고 신 유피테르에게 제사를 올리는 라틴축제Latia 혹 Feriae Latinae가 해마다 개최되었다. 바쳐진 제물은 우유, 치즈, 양고기 등 축산물이었고, 농산물은 바치지 않았다. 이 제사는 기원후 5세기까지 1,000년 넘게 계속해서 이어졌다. 여기에 참가한 자들에게는 고기가 배급되었으니 일종의 공동식사와 같은 의미를 지니고 있었다. 그런데 흥미롭게도 로마인의 이름은 참석자 명단에 들어있지 않았다. 대신 로마의 여러 언덕 거주자들의 이름이 있었다. 퀘르퀘툴라니Querquetulani는 첼리오 언덕에 거주하는 사람들이었고, 벨리엔세스Velienses는 벨리아에 거주하는 사람들이었으며, 비미텔라니Vimitellani는 비미날레 언덕의 거주자였다. 그 밖에도 로마 지역에 거주하는 소집단인 포레티Foretti와 시나티Sanati가 참가하였다.[3] 이 사실은 로마가 다양한 집단으로 이루어졌음을 보여 주는 집단기억이다.

사비니 여인에 대한 겁탈

로물루스가 목동들을 규합하여 세운 나라의 문제는 아무도 그들과 인연을 맺으려고 하지 않는다는 것이었다. 그대로 시간이 지나면 자멸할 수밖에 없는 운명이었다. 왕이 된 로물루스는 고심 끝에 사비니 여인의 집단강간이라는 초유의 수단을 강구한다. 축제를 후하게 베풀자 사비니 여인들이 집단으로 놀러 왔는데, 목동들이 그녀들을 차지하였다. 이른바 집단 약탈혼이다. 격분한 사비니인들은 늦게서야 군대를 이끌고 로마 원정에 나선다. 아마도 트로이 전쟁이 재현되었을 듯싶다. 그런데 이 원정은 일 년을 넘게 끌다가 단행된 것 같다. 이미 그들의 누이는 로마인의 아기를 낳아서 기르고 있었으니 말이다. 로마인

그림 2_다비드가 1799년에 그린 〈사비니여인들〉의 일부분. 이 그림이 그려진 시기가 프랑스 혁명이 끝나는 시점임을 생각할 필요가 있다.

과 사비니인 두 종족의 싸움이 일어날 즈음 아줌마 부대가 나서서 이 전쟁을 막았으니, 그들은 바로 로마인의 부인이자 사비니인의 누이였던 사비니 여인들이었다. 〈그림 2〉는 그 장면을 잘 묘사하고 있다. 이 전쟁은 더 이상 진행될 수 없었다. 그래서 나온 타협안은 로물루스와 사비니의 왕 티투스 타티우스가 함께 통치하는 것이었다. 이런 통치를 기념하고자 로마의 민회장소인 코미티움comitium이 만들어졌는데, 이것은 '함께 가다'라는 뜻이다.

이런 사태는 로마의 앞날을 예견하게 한다. 특히 군사력으로 상징되는 로마의 이미지는 사실 기원전 3세기 이전에는 사실과 거리가 멀었다. 이처럼 로마는 싸우지 않고서 스스로를 확대하여 나갔다.

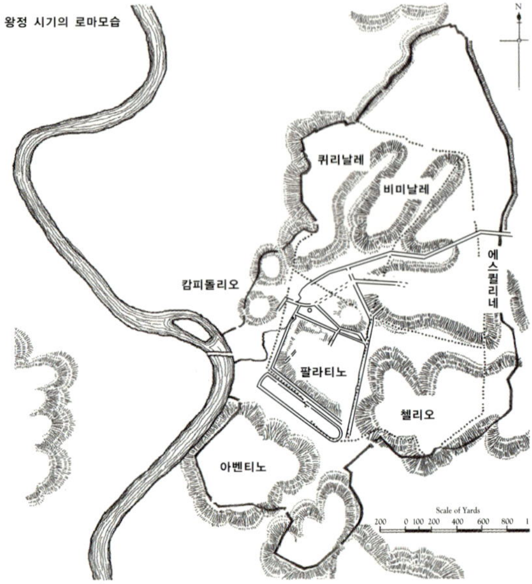

그림 3_왕정기 로마의 모습. 언덕의 점령으로 로마 시가 커나간다. 일곱 개의 언덕지구가 선명하게 표시되어 있다.

일곱 언덕의 이야기

로마를 답사하면서 필자는 로마의 일곱 언덕이 저마다 통합과 관련된 전설을 가지고 있음을 발견할 수 있었다.

팔라티노

이곳에 가면 로물루스 시기 집의 모양이 재현되어 있으며, 궁전으로 추정되는 터와 건물도 남아 있다.

이 박물관에 비치된 패널에 따르면, 이곳에서 발견된 최초의 유물은 기원전 850년~기원전 725년Latial Phase, fase latiale, IIB/III의 것이다. 4개의 부엌과 오븐이 북쪽 사면에서 발굴되었다. 이후 기원전 725년경에 이곳에 최초의 방어벽이 설치된다. 이런 점을 고려하며 기원전 753년으로 추정하는 로마 건국 연대를 즈

그림 4_팔라티노 박물관에 재현된 로물루스 시기의 집

음하여 이곳에 사람들이 살고 있었으며, 나름의 주거지로서 기능하고 있다가 왕의 등장과 더불어 크게 변화하였던 것으로 보인다.

이 언덕은 로마 시내에서 가장 역사가 깊고 의미가 큰 곳이다. 로물루스는 이곳에서 로마의 기초를 닦고 살았다. 뿐만 아니라 툴리우스 호스틸리우스 왕도 살았으며, 제정기 초대 황제는 물론이고 이후 황제들의 거처가 되었다. 그래서 이곳에서는 황제의 궁전에 어울릴 만한 시설들을 그대로 확인할 수 있다. 궁전을 뜻하는 단어인 '팰리스Palace'는 바로 이곳의 명칭을 그대로 차용한 것이다. 그러나 어원을 살펴보면 흥미로운 사실 몇 가지를 알 수 있다.

우선 '팔라티노'는 여신 '팔레스Pales'에서 비롯한다는 설과 이곳 원주민인 '팔라티니Palatini'에서 비롯한다는 설이다. 고고학적 증거에 따르면 로물루스가 나타나기 100년 전에 이미 이곳에 사람들이 살고 있었고 이들이 원주민 팔라티니였을 가능성이 있다. 또 여신으로 부족이 상징되므로 팔레스는 그들의 수호신이었을 것이다. 팔레스 여신은 양 우리와 목장의 수호신이다. 로마의 건국설화와 관련하여 로마에서 로물루스가 국가를 건설하였다는 날인 4월 21일에 여신의 축제 팔릴리아Palilia가 베풀어졌다.[4] 이 축제 기간에는 별도의 희생제는 없었으며, 단지 건초더미를 태우는 소박한 의식을 치렀다. 그러나 정화의식은 있

그림 5_팔라티노 언덕 내부에 있는 궁전시설

어서 말의 피를 태운 재와 송아지를 태운 재 그리고 콩을 태운 재를 바쳤다. 가축에 대한 정화의식에는 유황, 기름, 소나무, 월계수, 로즈메리의 연기를 사용하였다. 후대에는 약간의 치즈와 끓인 포도주 그리고 기장으로 만든 떡을 바치기도 하였다.

또 다른 어원은 '발라레balare' 혹은 '팔라레palare'에서 왔다고 보는 것인데, 이는 양의 울음소리를 표현한다. 바로 이곳이 양을 기르던 곳이거나 이곳에서 목동들이 양에게 풀을 뜯도록 했음을 알려 준다. 마지막으로 '팔란테스Palantes'에서 비롯하였다고 보는 설이 있는데, 이는 '방황'이라는 뜻이다. 이러한 설에 따르면, 에우안드로스Evander가 방황하다 이탈리아에 정착하여 모든 사람을 모아 놓은 후에 하나의 사회를 만들었는데, 이곳을 팔란테움Pallanteum이라 칭했다고 한다. 그래서 시인은 다음과 같이 읊조리고 있다.

둥근 하늘의 한 가운데에 불타는 태양이 오른 뒤에야
멀리서 성벽과 성채와 흩어져 있는 지붕들을 그들(*아이네아스와 일행)이 보았는데
지금은 로마의 힘이 하늘로 높이 들어올려 놓았지

그때에는 에우안드로스의 가난한 나라였다네
(베르길리우스, 『아이네이스』 8.97~100, 천병희 역을 따름)

이곳에 모셔진 신은 아폴로였으며 그 신전이 이곳에 있었고 팔라티누스Palatinus라고 불리었다. 이곳의 주인이 된 아우구스투스는 이 신전을 보수하였을 뿐 아니라 라틴어와 희랍어로 된 도서를 모아서 이곳을 도서관으로 만들었다. 이곳에는 예언으로 유명한 시빌Sybil의 책들이 보관되어 있었다.

이런 점들은 로마 건국의 핵심 세력이 목자들이고 이들의 중심지가 바로 팔라티노임을 알 수 있게 해 준다. 팔라티노야말로 로마라는 도시국가의 출발점이었던 것이다.

에스퀼리네

이 언덕은 에스퀼리나이라고 불렸는데, 로마의 툴리우스 왕 시기에 덧붙여졌다. 이에 관해서 할리카르나소스의 디오니시오스는 다음과 같이 전한다.

> (툴리우스 왕은) 권력을 잡자마자 공유지를 로마의 소작인들에게 분배하였다. … 그는 또한 도시에 2개의 언덕을 더하였는데, 비미날레와 에스퀼리네라고 불리는 각각의 언덕은 상당히 큰 도시의 규모를 가진다. 이곳들을 그는 자기 집이 없는 로마인들에게 나누어 주었으니, 그들이 그곳에 집을 지었다. 그리고 왕 자신도 자신의 거처를 에스퀼리네 언덕에서 가장 좋은 곳에 정하였다. 왕은 도시의 외곽을 넓힌 마지막 왕으로서 다른 5개에 2개를 더하였다.(Dionysios Halicarnassensis, 4.13.1~3)

이 기사에 따르면 이곳에 툴리우스 왕의 궁전이 있었는데 확인되지는 않는

그림 6_에스퀼리네 언덕에 있는 성모 마리아 성당의 모습

다. 이곳에는 흔히 형벌을 받은 시체들이 버려졌고 새들이 와서 뜯어먹었다고 한다. 그래서 이들은 에스퀼리나이의 알리테스, 즉 에스퀼리노 언덕의 새들이라고 불렸다. 이 언덕은 로마에서 가장 크고 높은 곳으로 알려져 있는데, 특히 빈민가로 알려져 있는 수부라가 이 근처에 있다. 그 덕에 기독교의 비밀집회가 로마 시대에 많이 열리던 곳이다.

캄피돌리오

로마에서 가장 유명한 광장인 포로 로마노의 서북쪽 끝자락에 타르페이우스라는 절벽이 있고 이 언덕 위에 카피톨리움이라고 불리는 신전이 있다. 이 신전의 터에서 톨리우스Tolius라고 불리는 두상이 발견되었다. 로마 사람들은 이를 길조라고 보고 이 지역을 성스럽게 생각하여 별도의 이름인 카피톨리우스 언덕이라고 부르게 된다. 이 말은 '톨리우스의 머리로부터a capite Toli'라는 표현에서 유래한다. 공화정기에 일반적으로 콘술을 비롯한 모든 정무관이 처음 직무를 맡을 때 이곳에서 희생제를 올렸으며, 개선식도 이곳으로 향하는 것이 관례였다. 이곳이 이처럼 신성하게 된 연유는 사비니인과 전투에서 승리한 로물루스가 목자들이 신성하게 여기는 참나무에 의지하여 이곳 신에게 맹세하고 이곳에 신전의 영역을 정하였던 것에서 비롯한다. 그리고 다음과 같이 신에게 고하였다.

> "유피테르 페레트리우스여
> 승리자요 왕인 로물루스가 이 왕의 무장들을 당신에게 가져옵니다. 그리고 이제 내가 마음에 두려움을 느낀 이 지역들에서 가장 좋은 자리를 신전으로 바칩니다.
> 후손들은 나의 시범을 따라서 적들의 왕과 장군을 죽인 후에 이것을 행할 것입니다."라고 그는 말한다.
> 이것이 신전의 기원이다. 왜냐하면 그것이 로마의 모든 신전 중에서 최초의 신성한 것이기에.
> (리비우스, 『도시의 건설로부터』 1.10.6~7)

이곳에는 신전이 세워진다. 이 신전은 로마의 최고 신 유피테르, 유노 그리고 미네르바를 함께 모신 곳으로, 그리스 신전이 한 신만을 모신 것에 비하면 특이한 점이기도 하다. 이 신전의 계획은 타르퀴니우스 프리스쿠스 왕에 의해서 마련되었으며, 세르비우스 툴리우스를 거쳐서 로마의 마지막 왕인 타르퀴니우스 수페르부스에 의해서 완성되었고, 왕이 축출된 후에는 콘술 호라티우스Horatius에 의해서 봉헌되었다. 이 신전은 4에이커의 대지 위에 지어졌고, 전면은 3줄의 열주로 다른 면은 2줄의 열주로 이루어졌다. 문지방은 청동으로 지붕은 금으로 장식하였으며, 배와 전차 등으로 외관을 장식하였다. 이 신전은 많은 굴곡을 겪었다. 마리우스가 벌인 내전 기간에 불에 탔고, 이어서 술라가 재건하였으나 봉헌은 퀸투스 카툴루스가 하였다. 제정기에 들어서서 아우구스투스는 신전을 유지하기 위해 한 번에 2,000파운드의 금을 지급한다. 그러나 비텔리우스Vitellius 하에서 파괴되었다가 베스파시아가 재건하고자 하였으나 생시에 다시 무너졌고, 도미티아누스 황제가 마지막으로 시도하였는데 이때 12,000탈란톤의 비용을 사용하였다.

이 언덕의 광경을 시인은 다음과 같이 읊조리고 있다.

그곳에서 그는 타르페이아의 거처와 지금은 온통
황금이지만 그 당시에는 덤불들이 무성하게 우거져 있던
카피톨리움으로 인도했다. 그 당시에 벌써 이곳의
두려운 신성에 소심한 시골 사람들은 두려움을 느꼈고
그 당시에 벌써 그들은 숲과 바위 앞에서 떨었다.
…
아르카디아 인들은 가끔 유피테르께서 먹구름을 불러오기 위해
오른손으로 시커먼 방패를 손수 흔드실 때면 그분의 모습을
자신들이 직접 보았다고 믿고 있소.
(베르길리우스,『아이네이스』8.347~354, 천병희 역)

이처럼 신성한 곳이었기에 외적의 침입을 받지 않은 것으로 묘사하기를 원했을까? 전승에 따르면 만리우스 카피톨리누스라는 군대의 지휘관이 거위들의 울음소리에 적들의 침입을 예상하고 수비대를 깨워서 갈리아인의 야습을 막았다고 한다. 기원전 390년 갈리아인의 침입을 견뎌 낸 마지막 보루와 같은 곳으로 여겨지는데, 외적의 침입은 견뎠지만 내란에서는 파괴를 피할 수 없었다.

그림 7_캄피돌리오 언덕으로 오르는 길 벽에 써 있는 기록: "카이사르여 그대는 곧 독재관이 될 것이라. 로마 광장과 성로와 … 캄피돌리오까지 이르는 언덕을 포장하도록 시켜라. 바로 이 사람이 검투사 경기 중에서 가장 놀라운 광경을 베풀었노라고 이야기된다."(노(老)플리니우스, 『자연의 역사』 19.230)

퀴리날레

옛날 이름은 아고니우스Agonius였다가 후에 콜리누스Collinus라고 불리게 된 언덕이다. 이 언덕이 퀴리날리스라고 불리게 된 것은 사비니 족의 왕인 타티우스 치하에 살고 있던 쿠레스Cures의 주민들이 퀴리테스Quirites라고 불리었는데, 이들이 앞서의 사비니 여인의 약탈혼 사건 이후에 로마로 이주하여 로마 시민이 되었던 데에서 연유한다. 그러므로 이들이 이 언덕에 거주하였던 데에서 그 같은 명칭이 나왔음을 알 수 있다. 오랫동안 쿠레스 주민이라는 퀴리테스는 로마 시민과 동의어로 사용되었다. 한편 이곳은 말의 언덕이라는 뜻의 카발리누스Cabalinus라고 불리기도 했는데, 페이디아스의 말 조각상과 프락시텔레스의 말 조각상이 여기에 있었다고 한다. 현재에는 그 모방품이 전시되어 있어 전설을 뒷받침한다. 이곳은 비교적 한적하며, 훌륭한 박물관과 교회 등이 있으나 사람들이 많이 찾지 않는 곳으로, 이곳에 있는 정원에서는 로마 시내를 다 내려다볼 수 있다. 오비디우스는 이곳을 다음과 같이 묘사한다.

그림 8_퀴리날레 언덕에 세워져 있는 오벨리스크, 카스토르와 폴룩스의 조각상 그리고 말 조각상. 말 조각상은 기원전 5세기 그리스 것을 모방한 것으로 콘스탄티누스 욕장에 있던 것을 1588년에 옮겼고, 오벨리스크는 1786년 아우구스투스의 영묘에서 옮겼다.

> 4월 5일. "일찍이 이날 공공의 행운의 여신에게 퀴리날리스 언덕에서 신전이 봉헌되었지"라고 말하는 이는 옳은 말을 하게 될 것입니다.
> (오비디우스, 『로마의 축일』 4,375~376, 천병희 역)

이곳에는 세 신전이 있었는데 모두 이 행운의 여신Fortuna Publica을 위한 것이었다.

어떻게 보면 로마의 성장에 결정적인 사건과 관련이 있으면서도 정작 사람들의 주목을 끌지 못하는 것은 편향된 교육과 정보 탓이 아닌가 생각된다. 필자는 이곳이야말로 로마의 운명을 좌우했던 핵심지역이라고 생각한다. 중세기에 버려져 있던 이곳은 로마에서 가장 중요한 지역으로 변모하는데, 16세기에는 교황이 퀴리날레 궁전을 짓고, 1870년에는 이탈리아 왕들의 거처가 되었다. 이곳에 중요한 기념물이 세워진 것은 우연이 아니다.

그림 9_비미날레 언덕에 있는 분수대와 그것에 새겨진 로물루스 형제 부조

비미날레

버드나무를 뜻하는 비미네스vimines에서 유래한 명칭으로서, 로마의 6대 왕인 세르비우스 툴리우스 왕이 이곳을 로마에 더하였다. 이곳에 유피테르 신전이 있었는데, 이곳에서 그 신은 비미날리스로 불린다. 우리말로 버드나무 언덕이랄까? 이곳은 관광 안내서에도 별로 소개되어 있지 않다. 그러나 로마의 확대에 큰 공을 세운 세르비우스 왕이 이곳을 포함하여 앞에서 말한 퀴리날레와 에스퀼리네를 시내로 만들어서 영역을 넓히는 데 기여하였다.

첼리오

이곳은 원래 떡갈나무querquetum 숲이었다. 카일리우스라는 언덕의 이름은 로물루스를 도와서 사비니 족에 대항하였던 장군에게서 비롯하였다. 로물루스는 이곳을 해자와 둔덕으로 둘렀으며, 이후의 왕들은 이곳에 담을 쌓아서 외부와 격리시켰다. 현재 이곳에는 성 바울 성당이 위치해 있는데, 필자도 현지 사정에 밝은 분이 알려 주기 전까지는 이곳을 몰랐다. 언덕에 오르려면 성당 안마당으로 들어가야 한다. 로마 시내가 한눈에 보인다. 로마의 3대 왕인 툴리우스

그림 10_첼리오 언덕에 있는 성 바울 성당과 그 밑에 있는 조각

호스틸리우스(기원전 670~기원전 640)가 로마 남동에 있는 알바 롱가Alba Longa 왕국을 정벌하고 주민들을 이곳으로 이주시킨다. 리비우스는 다음과 같이 보고한다.

> 로마는 알바의 파괴 덕에 증대하였다. 시민들의 수는 배가되었으며, 카일리우스 산이 도시에 더하여졌다. 그리고 더 많은 사람들이 거주할 수 있도록, 툴리우스 왕은 그 자리에 왕터를 잡았고 이어서 여기에 거주하였다. 알바의 제일시민들을 원로원에 등재하였으니, 이로써 국가의 그 부분이 커지도록 한 것이다. 그는 율리우스 가문, 세르빌리우스 가문, 퀑크티우스 가문, 게나이우스 가문, 쿠리아티우스 가문, 클로일리우스 가문을 선발하였다.(리비우스, 『도시의 건설로부터』 1.30.1~2)

이곳은 새로 받아들인 알바인의 거처가 되고, 왕의 궁전이 있게 됨으로써 사실상 중심지역이 되기도 하였다.

타키투스의 『연대기』(4.65)에 보면 비벤나Vibenna라는 인물이 나온다. 그는 에트루리아인으로서 5대 왕인 타르퀴니우스 프리스쿠스에게 군사적인 도움을 주었으며, 그 공으로 이곳에 정착한다. 서울의 이태원처럼 외국인인 에트루리아인이 많이 거주하였다. 그래서 이곳은 투스쿠스 가街로 불리기도 하였다.

오늘날은 관광객들이 관심을 가지지 않는 곳이지만 공화정 후기 로마를 좌우하게 될 율리우스 씨족이 여기에서 나왔다는 점을 기억하는 것이 좋을 것이다.[5] 알바 롱가인은 고향에 있는 산 카보Cavo에서 유피테르Jupiter, Jovis를 섬겼다. 이는 로마의 대표 신이자 라틴인의 공통 신이다. 훗날 율리우스 가문이 중요하게 여겨진 이유가 설명된다.

아벤티노

이 언덕의 명칭과 관련하여 여러 가지 설이 있다. 우선 아벤티노는 '아브 아비부스ab avibus' 즉 '새들로부터'라는 말에서 나왔고, 이런 지명을 가지게 된 것은 새들이 이곳을 좋아하였기 때문이라는 설이 있다. 시인은 다음과 같이 전한다.

> 온 아벤티누스 언덕을 두루 살펴보았고
> 세 번이나 문을 막고 있던 바윗덩어리를 치워보려 했으나
> 소용없었으며, 세 번이나 녹초가 되어 골짜기에 드러누웠소
> 동굴의 천장을 이루고 있는 등성이 위에는 날카롭고 단단한
> 부싯돌 바위가 하나 서 있었소. 사방이 깎아지른 듯한 절벽인
> 이 바위는 아찔하게 높이 솟아 있어 썩은 고기를 먹는
> 불길한 새들이 둥지를 틀기에 안성맞춤이었소.
> (베르길리우스, 『아이네이스』 8.229~235, 천병희 역)

그림 11_경기장에서 올려다본 아벤티노 언덕, 이곳에 심긴 소나무가 인상적이다.

다른 설은 알바 왕국의 아벤티누스 왕이 이곳에 매장되었다는 것에서 기원을 찾기도 한다. 일찍이 앙쿠스 마르티우스 왕은 이곳에 집을 짓도록 허락하였으나 사람들은 이곳에 거처하기를 주저하였고, 클라우디우스 황제 시기에나 가서야 시내로 편입되었다. 그렇게 된 것은 이곳에 로물루스의 동생 레무스의 피가 흘러 흉한 곳으로 여겨졌기 때문이다. 이곳에 오면 시내 중심지와 다른 광경이 펼쳐진다. 넓은 도로가 구시가지와 같지 않게 여겨진다. 이곳에 있는 키르쿠스 막시무스 대大경주장이 눈을 사로잡는다. 이곳이 경주장이 될 것을 예견한 것일까? 시인은 이곳을 이미 의인화하여 헤라클레스의 아들로 묘사한다.

> 그들 뒤에는 잘생긴 아버지 헤라클레스의 잘생긴 아들인
> 아벤티누스가 풀밭 위에서 경주에서 우승하는 말들과
> 종려나무로 장식한 전차를 과시하고 있었다.
> (베르길리우스, 『아이네이스』 7.655~657, 천병희 역)

이곳에는 아울러 유노, 디아나, 로마 여신, 헤라클레스, 승리와 자유의 신전이 화려하게 건설되어 있었다. 디아나 신전에 관해서는 다음과 같은 연구가 이루어져 있다. 원래 이곳은 도심의 외곽으로 도피처였다. 로마 남쪽에 자리잡은 알바 롱가 왕국이 있었는데, 이 왕국이 쇠퇴한 후에 라틴인들이 라티움의 여러 언덕에 모여서 디아나 여신을 섬기는 공동의 제사를 지냈다. 그 중심지는 아리키아Aricia의 근처였다. 이곳에 세르비우스 툴리우스 왕이 보증하여 제사를 지내게 하였는데, 이는 아마도 로마시 남쪽 구역에 이주당하거나 정착한 라틴인들의 종교적인 필요를 채우기 위해서였을 것이다. 이 신전의 청동기둥에 헌사자들의 명단이 있었고, 이는 아우구스투스 황제 시기에도 볼 수 있었다고 한다.[6]

전설에서 역사로

제국 이름 로마는 이처럼 도시 로마를 중심으로 만들어졌다. 그러나 실증의 눈으로 보면, 도시 건설의 이야기는 하나의 전설이었다. 특히 이런 전설을 두루 엮어 놓은 리비우스의 『도시의 건설로부터*Ab urbe condita*』의 초기 로마사는 불신의 대상이었다. 건국자가 신의 아들이고 늑대의 젖을 먹고 자랐다는 이야기를 사실로 믿을 사람은 없기 때문이다. 후대의 조작으로 보려는 경향이 강하다.[7] 그럼 이런 신화적 내용을 제외하고 그곳에 제시된 연대기는 얼마나 믿을 만한가? 그 책이 기원후 1세기경에 작성되었기 때문에 사실 건국과 관련한 이야기는 800년이나 전의 것이니 책 내용은 다른 자료를 참조하여 썼을 가능성이 매우 크다. 특히 엔니우스의 서사시가 참조되었을 것이라고 하나 그 역시 문학이다. 중요한 자료는 로마의 사투르누스 신전에 보관된 대제관의 백판이었다. 그렇지만 이 역시 기원전 390년 갈리아인의 로마 침입으로 소실되어서 사료로 직접 사용되었을 가능성이 없다. 물론 그 이전에도 대 카토나 키케로의 저술이 있기는 했으나, 로마사의 초기 역사를 신빙성 있게 볼 수 있도록 해 주는 데에는 한계가 있었다. 기원전 4세기 이전의 역사를 전설로 보는 것이 일반적이었다.[8]

이런 상황을 개선하고 하나의 전환을 가져온 것은 카란디니를 중심으로 한 이탈리아 고고학의 성과였다. 오랫동안 로물루스의 궁전을 찾아 온 그는 마침내 그 장소를 발견하였다. 그날의 신문은 다음과 같이 담담하게 전하고 있다.

> 늑대 젖을 먹고 자란 쌍둥이 형제 로물루스와 레무스가 로마를 세웠다는 로마 건국신화가 사실일 가능성이 있음을 보여주는 증거가 나왔다. 로마 사피엔자대학 교수이자 이탈리아 고고학계의 권위자인 안드레아 카란디니 교수는 15일 '로마 광장Roman Forum'의 로물루스 신전 자리에서 기원전 8세기에 세워진 것으로 추정되는 왕궁 유적을 발견했다고 밝혔다. … 카란디니 교수는 불의 여신인 베스타 신전 바로 옆에서 로마 건국초기 왕궁으로 보이는 유적지를 발견했다고 밝혔다. 과거 이 부근을 탐사한 고고학자들은 기원전 8세기 시대의 오두막 정도밖에 발견하지 못했다. 그러나 카란디니 교수는 화려한 출입구, 정교한 가구, 도자기 등 왕궁 유적지로 추정되는 장소를 발굴해냈다. 그는 "이 부근에서 발견된 보통 집들의 규모는 이 유적지의 10분의 1에 불과하다"며 "왕궁일 가능성이 매우 크다"고 강조했다. 이탈리아 고고학계도 카란디니 교수의 주장을 수긍하는 분위기다. 로마 시 유적관리 책임자인 유제니오 라 로카는 "유적지에 대한 카란디니의 해석은 정확한 것으로 보인다"고 평가했다.[9]

이 기사는 필자가 로마의 건국과 도시 발전의 문제를 다시 보게 만드는 결정적 계기였다. 이후 필자는 독서의 방향을 이탈리아 학자들의 글을 중심으로 하였다. 막상 우리가 보아 왔던 글들은 생각해 보니 대부분 이탈리아 밖에 있는 관찰자들이 쓴 것이었다. 자신의 역사가 아니라서일까, 그들은 일반적으로 전설과 신화로 점철되는 시대에 대한 평가에 인색하였다. 반면 이탈리아 학자들은 전설과 신화의 역사성을 믿고 이를 실증하려는 분위기였다. 또 하나의 한국사를 보는 느낌이다. 이런 분위기를 담아서 출간된 책이 『로마사』 1권 *Storia di Roma*, Vol. 1, 1988이었다. 필자는 이곳에 기고된 이탈리아 저자들의 힘을 빌려서 일찍이 방문한 적이 있었던 로마의 외항 오스티아 안티카에 관한 소고를 집필하였다.[10] 이 글에서 필자는 로마의 포룸 근처와 테베레 강을 연결하는 무역의 거점이 로마 건국 이전에 이미 형성되었고, 무역이 오스티아를 경유하여 이루어졌던 천연의 조건을 고려하면 적어도 4대 왕 마르키우스의 오스티아 건설에 관한 설화는 타당한 것으로 보아야 한다는 결론을 내린 바 있다. 물론 결정적인 답은 발굴의 결과를 기다리는 수밖에 없지만, 적어도 로마가 건국될 즈음에 지중해 지역의 거점으로서 카르타고 등과 거래하였던 도시 로마의 의미를 파악할 수 있었다. 요컨대 도시 로마의 건설은 전설이 아닌 역사의 일부였다.

나오는 말

이상으로 우리는 일곱 개의 언덕을 중심으로 로마 시내를 관찰하였다. 로마 근교 프라스카티의 작은 박물관에서 필자는 '전설에서 역사로'라는 구호를 만났다. 우리는 전설을 중심으로 로마를 보았지만 이제는 역사의 현장으로 그 진면모를 확인할 필요가 있다. 전설을 아우르는 주제는 필자가 보기에 통합이다. 리비우스는 단순하게 전한다.

> 팔라티노 언덕은 옛 로마인의 터이고, 사비니인들은 카피톨리움과 성채를 차지하였고, 알바인들은 카일리우스 산을 채웠다. 아벤티노는 새로운

무리들을 위해서 주었다. 텔레나이와 피카나가 점령되자마자 바로 이곳에 새로운 시민이 더해졌다.(리비우스, 『도시의 건설로부터』 1.33.2)

물론 형제간의 갈등이 역사의 시작을 붉게 물들였지만, 로마인은 이웃의 여러 부족과 통합해 나갔고, 정서와 문화가 다른데도 그것을 극복해 나갔다. 우리가 로마에 배울 점이 있다면 일곱 언덕을 통합하여 하나의 도시를 만들었던 실천의 지혜라고 필자는 생각한다. 이 점은 로마의 출발이 미약했음을 입증한다. 그래서 통합은 국가의 성장에 필수불가결했고, 이런 과정에서 로마는 처음부터 제국의 구조를 가질 수밖에 없었다. 이런 역사상은 로마시 건설의 전설의 정신과 일치한다.

Kings of Rome(753 BC ~ 509 BC)

Portrait	Name	King From	King Until
	Romulus REX ROMVLVS	753 BC	716 BC
	Numa Pompilius REX NVMA POMPILIVS	715 BC	674 BC
	Tullus Hostilius REX TVLLVS HOSTILIVS	673 BC	642 BC
	Ancus Marcius REX ANCVS MARCIVS	641 BC	617 BC
	Lucius Tarquinius Priscus REX LVCIVS TARQVINIVS PRISCVS	616 BC	579 BC
	Servius Tullius REX SERVIVS TVLLIVS	578 BC	535 BC
	Lucius Tarquinius Superbus REX LVCIVS TARQVINIVS SVPERBVS	534 BC	509 BC

그림 12_로마의 왕정시대는 7명의 왕에 의해서 통치되었다. 전설과 역사의 경계에서 로마 국가의 형성과정에서 왕정 시대는 필수불가결한 단계였던 것으로 인식된다.(http://en.wikipedia.org/wiki/King_of_Rome에서 인용함)

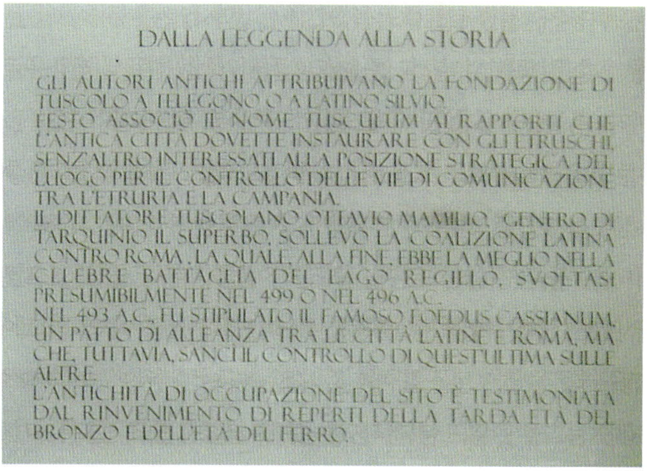

그림 13_프라스카티의 박물관에 걸려 있는 전시안내판에는 '전설에서 역사로'라는 글귀가 쓰여 있다. 활발한 발굴활동을 통해, 로마와 이탈리아의 초기 역사가 사실로 확인되는 경향을 요약하고 있다.

미주

1. Carmine Ampolo, "La nascita della città," *Storia di Roma*, Vol. 1, 1988, pp. 164~165.
2. Aurelio Bernardi, "La Roma dei re fra storia e leggende," *Storia di Roma*, Vol. 1, 1988, p. 188.
3. Aurelio Bernardi, "La Roma dei re fra storia e leggende," *Storia di Roma*, Vol. 1, 1988, p. 190.
4. 이와 관련한 발굴이 이루어진 바 있다. "고대 로마 시조의 지하 동굴 유적지 발견", PopNews 입력: 2007. 11. 21. 09:52
5. Aurelio Bernardi, "La Roma deti re fra storia e leggende," *Storia di Roma*, Vol. 1, 1988, p. 190.
6. Aurelio Bernardi, "La Roma dei re fra storia e leggenda," *Storia di Roma*, Vol. 1, 1988, p. 198.
7. Allen M. Ward, "The Roman Republic," *Ancient History: Recent Work & New Directions*(Regina Books, 1997) pp. 73~74.
8. 이 문제에 관해서는 다음을 참조하라. 허승일, 「초기로마: 역사인가, 신화 또는 시인가?」, 『로마사입문–공화정편』 서울대출판부, 1993, pp. 1~7.
9. "伊고고학자, 로마 건국신화 입증 증거 발견"(하정민 기자 manua1@edaily.co.kr) 입력: 2005. 2. 15.(화) 13:57
10. 김창성, 「로마 최초의 식민시 오스티아 건설의 목적」, 『서양고대사연구』 28, 2011, pp. 207~235.

| 다섯 번째 도시 |

천년 왕국 신라의 왕도 경주*

이문기_경북대학교 역사교육과

들어가는 말

현재의 경주시는 1995년 경주시와 월성군이 통합되어 성립된 한반도 동남부의 작은 지방 도시로서, 면적은 1,320여 km^2이며 인구는 약 26만 명이다. 그러나 고대사회의 경주는 천년 왕국 신라의 수도로서, 국왕과 지배 귀족이 살았던 정치적 중심지였고, 전국은 물론 동아시아의 진귀한 물품이 몰려드는 경제의 중심지였으며, 권력과 부를 바탕으로 화려한 귀족문화가 융성했던 문화 중심지이기도 했다.

지금은 모두 연기처럼 사라지고 쓸쓸한 옛 터만 남아 있지만, 신라시대 번영기 경주의 모습은 화려한 궁궐과 관청, 거대한 사찰과 하늘 높이 솟은 불탑, 금입택金入宅이라 불리는 으리으리한 대저택이 즐비한, 바둑판처럼 구획되어 있던 계획 도시였다. 『삼국유사』에 따르면 신라의 전성기 때 경주에 178,936호가 살았다고 하는데, 이 기록을 그대로 믿는다면 당시 경주는 인구가 적어도 80만 명에 이르는 대도시였던 셈이다.[1]

이러한 경주의 번영은 약 1,000년에 이르는 긴 시간 동안 신라 왕국의 수도였기 때문임은 두말할 필요도 없다. 다만 경주라는 지명은 신라가 멸망한 후 고려 초에 처음으로 등장하였다. 그 후 한때 동경東京 · 계림부鷄林府 등으로 고쳐진 적도 있었지만, 지금에 이르기까지 줄곧 이 지역은 경주로 불렸다. 신라시대에는 서라벌 · 계림 · 금성金城 등의 이름으로 불리기도 했지만, 보통은 왕이 거주하는 도읍지 또는 서울이라는 의미로 왕경王京 · 왕도王都 · 경도京都로 칭해졌다. 구체적인 지명으로 부르지 않아도 누구나 알 수 있는 신라 최고의 중심 도시였기 때문일 것이다. 이 장에서는 비록 신라시대를 중심으로 서술하지만, 필요에 따라 경주라는 지명을 신라 시대의 칭호인 왕경 · 왕도와 혼용하기로 한다. 이해의 편의를 돕기 위한 까닭이다.

| 경주의 지형과 입지

한반도 동남부 한구석에 자리하고 있는 경주가 거의 천 년 동안 신라 왕국의 심장부로서 한반도 전체를 호령했던 사실은 입지立地의 측면에서 보면 실로 경이롭기까지 하다. 우리나라는 3면이 바다로 둘러싸인 반도라는 지리적 환경으로 말미암아 만주와 서북한 지역을 통해 선진 문물이 전해졌으므로, 동남쪽에 치우쳐 있는 경주는 상대적인 문화 후진지역이었을 뿐더러 한반도 전체를 원활하게 통치하는 데도 여러 가지 제약이 많았을 것이기 때문이다.

경주의 지형은 크게 보면 태백산맥의 지맥인 주사산맥(서부)과 금오산맥(중부) 그리고 동대산맥(동부)이 거의 평행하는 형태로 남북으로 달리고 있는 산지 지형에 속한다. 그리고 주변에는 해발 고도가 그리 높지는 않지만, 대략 500~700m 급의 산봉우리가 솟아 있다. 도덕산(703m), 구미산(594m), 금오산(466m), 황룡산(664m),토함산(745m), 주사산(622m), 천룡산(495m) 등이 그것이다.

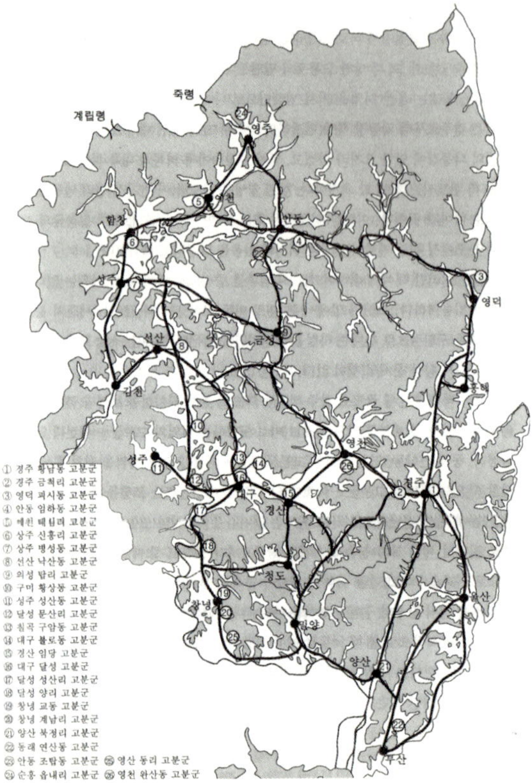

그림 1_교통의 요지 경주: 경주는 비록 소백산맥 동남쪽에 치우쳐 있었지만, 영남지방 안에서는 여러 교통로로 연결되는 교통 요지로서 입지를 갖추고 있었다.(이희준, 2007, p. 85 그림 Ⅱ-4인용)

또 경주는 사방이 명활산(245m), 금오산, 옥녀봉(215m), 선도산(381m), 소금강산(143m) 등 구릉성 산지로 둘러싸인 분지 지형이다. 분지의 내부에 형산강의 중상류부를 형성하는 지천들이 흐르고 있다. 분지의 서남쪽을 가로지르는 모량천, 동남쪽을 흐르는 남천(혹은 문천), 북쪽의 북천(혹은 알천) 등의 지천이 서천으로 합류하며, 이 서천이 형산강으로 흘러든다. 세 개의 지천이 상류로부터 가져온 토사가 분지에 퇴적되어 경주에는 충적대지가 발달하여 이곳이 일찍부터 인간의 거주 공간이 되었다.

비록 한반도의 동남쪽에 편재되어 있고 분지 지형인 경주이지만 지역적으로 고립된 지형이라고는 할 수 없다. 먼저 형산강 구조곡構造谷을 통하여 동북 방향의 동해안으로 연결되며, 경주-영천 구조곡을 통하여 서쪽 방향으로 나아갈 수 있다. 또 경주-양산 구조곡을 통해 동남 방향으로의 진출도 그리 어렵지 않다. 고개인 추령(309m)과 치술령(765m)을 통해 동해로 통할 수도 있다. 이렇게 3개의 구조곡이 교차하는 지점에 입지하는 경주는 지형은 물론 경상도 여러 지역의 고총고분의 분포를 통해보더라도 앞의 지도와 같이 고대부터 교통 요충지적 입지를 갖고 있었다.

이러한 경주의 교통 요충지적 입지는 비록 늦은 시기인 통일신라기의 상황이지만, 신라가 '5통'이라 불리는 5개의 주요 교통로를 개설하여[2] 전국을 원활하게 지배했던 데서 잘 입증되고 있다.

사로국 시대: 왕도 경주의 여명기

사로 6촌과 촌락 사회의 형성

경주지역에 인간들이 본격적으로 거주하기 시작했던 것은 신석기 시대부터라고 할 수 있다. 주로 북쪽으로부터 소백산맥을 넘어온 신석기 문화를 가진 사람들이 경주지역 일원에서도 간석기와 토기를 만들어 사용하고 농사를 지으면서 정착생활을 시작했던 것으로 보인다. 그 후 지속적으로 이주민의 유입이 늘어나고 청동기와 철기를 사용하는 금속문명이 전파되면서 경주지역 곳곳에는 주민들이 집단적으로 거주하면서 공동체적 삶을 영위하는 촌락사회가 형성되기에 이르렀다.

『삼국사기』 신라본기에는 신라 국가가 출현하기 이전에 고조선의 유민들이 내려와 산과 계곡에 나누어 살다가 알천양산촌, 돌산고허촌, 취산진지촌, 무산대수촌, 금산가리촌, 명활산고야촌 등 이른바 사로 6촌으로 발전했다고 기록하고 있다. 이 사로 6촌은 그 이름이 나중에 사용되는 경주지역의 산이나 내, 특정 지형의 명칭을 작위적으로 조합한 후대의 윤색으로 보여지기 때문에 그 실체를 사실로 믿기는 어렵다. 다시 말하면 이 시기 경주지역 일원에 반드시 6개의 촌락만 존재했다고 보기는 어렵다는 말이다. 그렇지만 자연발생적으로 형성된 소규모 촌락이 점차 많아지면서 경주지역 이곳저곳에 여러 개의 촌락들이 성립되었음을 전하는 것으로 이해해 볼 수는 있다. 하필 사로 6촌으로 후대에 전해진 것은 경주지역 복수의 촌락들이 통합 과정을 거쳐 6개의 읍락邑落으로 발전하고, 또 이 6개 읍락이 사로국이라는 초기의 국가를 형성했던 사실이 투영된 것으로 여겨진다. 이 단계의 촌락사회는 촌장이 이끄는 공동체적 사회였으며, 촌락 명칭에서 유추하면 산과 하천을 포함하는 거주 공간으로, 농업을 기반으로 했던 사회로 볼 수 있다.

읍락의 발전과 사로국의 성립

기원전 1세기대를 전후하여 경주를 포함한 한반도 동남부지역에도 금속문명이 급속하게 보급되었다. 청동기문화가 쇠퇴하면서 점차 철기문화가 주류를 이루어 가는 이른바 원삼국문화가 그것이다. 이 원삼국문화를 바탕으로 촌락사회는 읍락사회로 발전해 갔다. 그리고 기원후 1~2세기에 이르면 본격적인 철기문화가 보급되면서 경주지역에는 사로국이라는 후일 신라 왕국으로 발전하는 초기의 국가, 즉 소국이 성립되었다.

금속문화, 특히 철기가 보급되면서 일어난 가장 큰 변화는 농경생활의 확대와 발전이었다. 철기를 이용하여 농경용 도구를 만들게 되면서 개간을 통해 농경지를 확대하게 되었고, 농업생산력도 크게 향상되었다. 이러한 사회변화는 자연 촌락들 사이에 세력의 차이를 가져왔다. 거주하는 주민이 많고 경제력이 탄탄한 대촌락이 등장하는가 하면 상대적으로 세력이 약한 중소 촌락도 생겨나게 되었다. 이러한 과정에서 대촌락이 중심이 되어 복수의 중소촌락을 하위 촌락으로 삼게 되면서 이전의 촌락사회보다는 규모가 큰 사회 단위가 출현하였다. 이를 읍락이라고 부른다.

읍락은 한국 고대사회의 기초적인 사회 단위였다. 이는 주민들의 생업인 농업과 관련된 생활공간으로, 주민들이 거주하는 촌락과 농경지, 산과 계곡, 내 등을 포함하는 배타적 사회단위였다. 『삼국지』 동이전의 기록에 따르면, 동예에는 만약 어떤 읍락의 주민이 다른 읍락의 영역을 침범했을 경우, 소와 말 또는 노비로 배상하는 책화責禍라는 풍습이 있었다고 전하는데, 이를 통해 읍락이 가진 배타적 성격을 짐작할 수 있다.

읍락사회는 이미 사회적 분화가 진전된 불평등사회였다. 내부의 구성원들은 읍락의 지배자인 거수층渠帥層과 일반민에서 성장한 유력자인 호민층豪民層으로 구성된 지배계층과 다수의 일반민인 하호층下戶層과 부자유민인 노비층奴婢層으로 구성된 피지배계층으로 계급 분화가 이루어져 있었다. 또 읍락을 구성하는 촌락 간에도 세력차가 있었음은 물론이다. 이러한 읍락사회는 읍락 간에 우열이 있기 마련이었으므로 다시 통합의 과정을 거쳐 초기의 국가, 즉 소국으로 발전하였다. 소국은 정치 · 사회적 중심이 되는 중심 읍락인 국읍國邑, 그보다 세력이 약한 일반 읍락, 읍락으로까지 성장하지 못한 별읍別邑 등 여러 개의 읍락으로 구성되어 있었고, 국읍의 지배자인 주수主帥가 일반 읍락의 지배자인 거수들과 합의를 통해 나라를 이끌었다.

경주지역에 성립된 신라 왕국의 전신인 사로국 역시 이와 같이 복수의 읍락으로 구성된 국가였다. 사로 6촌이라는 기록에서 알 수 있듯이 경주지역에 형성된 6개의 읍락이 사로국 성립의 기반이 되었다. 다만 당시에는 북방으로부터 새로운 이주민들이 끊임없이 남하해 왔으므로, 우수한 선진문화를 가진 새로운 이주민 집단이 경주지역에 도래하여 사로국의 성립을 견인하고 지배세력으로 자리 잡았던 것으로 보인다. 신라의 시조로 기록된 박혁거세가 하늘에서 내려온 말이 가져온 박처럼 생긴 알에서 태어나 6촌의 촌장들에게 추대되어 최초의 왕이 되었다는 설화는 6개 읍락으로 이루어진 경주의 읍락사회에 새로운 이주민이 도래하여 사로국이라는 국가체로 발전해 갔던 사실을 전해 주는 것으로 이해된다.

사로국의 주변 소국 정복과 왕도 경주의 탄생

사로국이 성립된 기원전후 무렵의 경주지역은 아직 6개의 읍락이 자리 잡고 있는 사로국의 영역일 뿐 왕도라고 하기는 어려웠다. 사로국왕이 거주하는 경주의 한 부분인 국읍이 정치적 중심지로서 후대의 왕도 역할을 하고 있었다.

그러나 기원후 1~4세기대에 걸쳐 사로국이 주변의 소국들을 정복 · 지배하게 되면서 사로국의 영역은 왕과 지배세력이 거주하는 정치 · 사회적 중심지로서 왕도로 변모하게 되었다. 사로국의 주변 세력에 대한 정복활동은 대략 3방향으로 이루어졌다. 동남쪽으로 울산 · 동래 · 양산지역의 소국을 통합하였고, 동북쪽으로 안강 · 흥해 · 삼척을 손에 넣었으며, 서쪽으로 영천 · 청도 · 대구의 소국을 병합하여 지방으로 편제하였다. 그 과정에서 주변 소국의 지배자를 경주로 옮겨 살도록 하는 등 경주지역은 확대된 사로국의 중심지로서 그 위상이 점차 높아졌다. 3~4세기에 이르면 경주지역은 국왕과 사로국의 전통적 지배층, 이주해 온 주변 소국 지배층의 후예와 정복활동에 참여한 정복자의 후예들이 거주하는 공간으로 변화했던 것이다. 비로소 사로국의 왕도 경주가 탄생하였다.

왕도 경주의 정착과 계획 도시화

신라의 왕권 강화와 왕도 경주의 정착

주변 소국을 통합하여 영역을 확대하고 국가체제를 갖추는 동안 사로국왕의 권위와 권력도 점진적으로 성장하였다. 그렇지만 박씨 · 석씨 · 김씨 등 3성의 유력자가 왕위를 교대로 차지하는 등 엄연한 제약이 남아 있었다. 그러나 4세기 중엽부터 신라의 왕권은 급속하게 강화되어 갔다. 17대 나물왕 이후 왕위가 김씨 세력에 의해 독점되기 시작했고, 특히 예외적인 경우가 아니면 아버지에서 아들로 왕위가 이어지는 현상도 보편화되었다. 이렇게 왕실이 안정되면서, 국왕의 권위가 높아지고 권력도 강화되었다.

이를 상징적으로 보여 주는 것으로 다음의 몇 가지 사실을 들 수 있다. 첫째, 신라의 왕을 부르는 칭호가 변화하였다. 신라의 왕호는 건국 초기에 거서간 · 차차웅과 같이 제정일치적 지배자의 의미를 가진 칭호가 사용되다가 이사금尼師今으로 바뀌었다. 이사금은 계승자라는 의미를 지닌 것으로 유력 세력들이 합의하여 추대한 연맹의 장長으로 풀이될 수 있다. 그런데 4세기 중엽 나물왕대부터 새로 마립간麻立干이라는 왕호를 사용하였다. 마립간은 족장을 뜻하는 간干의 우두머리라는 말로서 이제 신라왕이 족장들을 초월하는 권력을 지닌 대수장大首長의 위상을 가지게 되었음을 보여 준다. 곧 마립간은 신라국왕의 왕권 강화를 상징하고 있는 칭호라고 할 수 있다.

둘째, 381년(나물왕 23년)에 중국 전진前秦에 파견된 신라의 사신 위두衛頭라는 인물이 전진왕 부견苻堅에게 보고한 말을 통해서 신라의 왕권 강화를 실감할 수 있다. 위두는 중국에서 시대가 변혁되고 왕조가 교체되는 것과 같은 변화가 지금 신라에서 일어났다고 보고하였다. 즉 지금의 신라는 옛날의 신라와는 전혀 다른 나라가 되었다는 것이다. 그 변화의 핵심은 왕권이 크게 강화된 사실이었다.

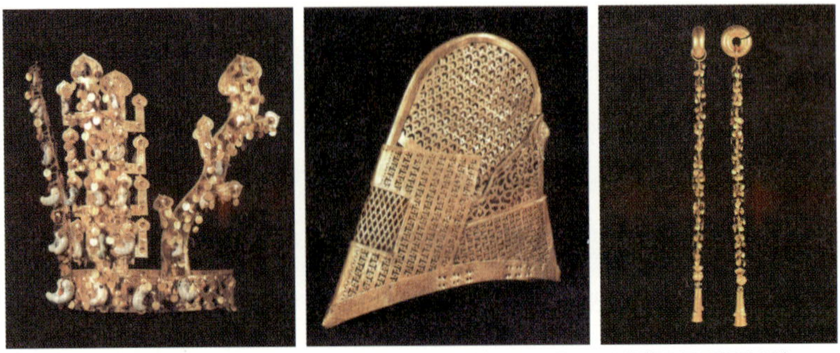

금관총 금관(국립중앙박물관 소장)　　천마총 금제관모(좌)와 월성로 출토 드리개(우)(국립경주박물관 소장)

그림 2_황금의 나라 신라: 4~6세기에 축조된 경주 분지 안의 고총고분에는 금관, 금제관모와 관식, 귀걸이, 목걸이, 허리띠 등 수많은 금제품이 부장되어 있어, 당시 신라 국왕과 지배계층의 경제력을 잘 보여주고 있다.

셋째, 경주의 고총고분과 그 안에 매장된 화려한 부장품들을 통해서도 이 시기 왕권의 강화 현상을 엿볼 수 있다. 경주에는 작은 동산 크기의 고총고분이 분지 내 곳곳에 무리를 지어 산재하고 있다. 평지에 축조된 고총고분은 대부분이 돌무지덧널무덤[積石木槨墳]인데, 논란이 없지는 않지만 대체로 마립간시대 국왕과 왕실 가족 및 최고 귀족층의 무덤으로 인정되고 있다. 이 무덤은 규모면에서 다수의 노동력이 집중적으로 투입되어야 축조가 가능할 정도로 거대하다. 무덤 속에 묻힌 자들의 권력의 크기를 잘 보여 준다. 뿐만 아니라 무덤 속에서는 화려함의 극치를 보여 주는 금공제품이 다수 출토되고 있다. 금제 왕관과 관식, 귀고리, 목걸이, 팔찌와 반지, 허리띠 등 수많은 금제품이 출토되어 신라를 '황금의 나라'라고 부르는 근거가 되고 있다. 피장자들이 막대한 부와 경제력을 가진 존재임을 알려 준다. 이러한 물품은 대부분이 자신의 권위와 권세를 과시하기 위한 위세품으로서 그들의 권력을 상징하고 있는 것이다.

마립간 시대에 이르러 왕권이 급속하게 성장하는 가운데, 영역의 확장도 크게 진전되었다. 5세기 중엽인 자비마립간대에 이르면 이미 서북쪽으로 소백산맥을 넘어서까지 영토를 개척하였고, 얼마 후에는 동해안을 따라 강릉지방까지 진출하였다. 오늘날의 영남지방 중 가야연맹체가 존재하는 낙동강 서쪽을 제외하고는 모두 신라의 세력권으로 편입되었다.

이렇게 영토가 넓어지면서 지방에 대한 수취를 통해 많은 물자가 경주로 집중되는 등 중앙집권력도 크게 강화되었다. 487년(소지마립간 9년)에는 사방에 정보를 전달할 수 있는 우역제를 시행하였고, 지방 관청에 명하여 관이 관리하는 도로[官道]를 수리하게 하여 원활한 지방 지배를 위한 시설을 정비하였다. 우역제와 관도를 통해 지방의 물자가 모여들자 490년(소지마립간 12년)에는 경주에 처음으로 시장을 열어 사방의 재화를 유통시켰다. 이제 경주는 명실상부한 신라의 정치 · 경제 · 사회 · 문화의 중심지인 왕도로 정착되기에 이른 것이다.

이방제里坊制 시행과 도시 구획의 진전

전국의 물자가 경주로 모여들고 지방민의 왕래도 잦아지면서 경주는 왕도로서의 위상을 더욱 뚜렷하게 갖추어 갔다. 이와 더불어 신라의 최고지배자인 국왕이 거주하는 지역인 왕도를 여러 지방과는 차별화되는 모습으로 정비할 필요성이 제기되었다. 이 역시 국왕을 비롯한 지배층의 권위를 한층 높여 주는 일이었기 때문이다.

『삼국사기』에는 469년(자비마립간 12년)에 경도京都의 방리坊里 이름을 정했다는 기록이 남아 있다. 방리의 이름을 정했다는 것은 곧 신라가 왕도에 방리제坊里制를 시행했다는 의미이다. 방리제는 원래 중국에서 유래한 수도의 도시 구획 제도인데, 도시 전체를 직선 도로를 기준으로 바둑판처럼 격자형으로 구분하여 계획 도시를 만드는 것이다. 중국의 제도에는 방坊이 보다 넓은 상위의 구획이고, 방 안에 몇 개의 리가 포함되는 형태였다.

그런데 신라는 이와는 다르게 왕도를 구획하였다. 전체 왕도를 원래 6개 읍

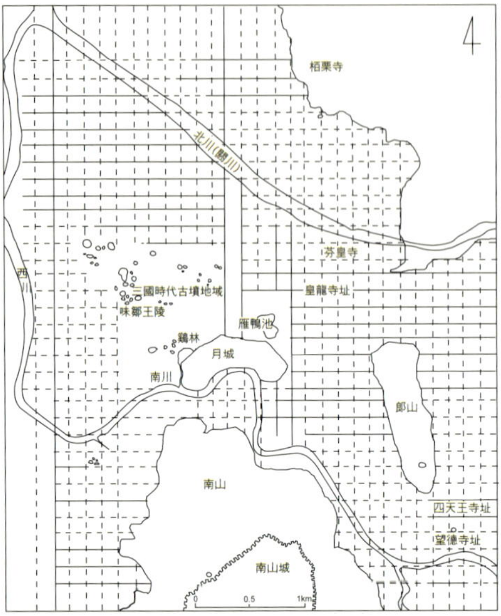

그림 3_계획도시 경주: 전성기 신라의 왕도 경주는 격자형으로 구분된 계획도시였다. 이 그림은 경주의 이방제 실태에 대한 여러 가지 가설 중 하나이다.(김병모 외, 1984, p. 133 인용)

락에서 기원한 6부部로 나누고 부를 다시 몇 개(혹은 몇 십 개)의 리里로 구분하였으며, 리를 또 여러 개의 방坊으로 세분하였다. 즉 왕도를 부-리-방으로 구획했던 것이다. 그런 만큼 신라 왕도의 도시 구획제도는 이방제里坊制로 부르는 것이 타당하다.

그러면 469년에 경주지역에 바둑판식의 격자형으로 구획된 정연한 도시계획이 이루어졌던 것일까? 최근 경주에서는 신라 왕도의 도로 유적에 대한 발굴이 자주 이루어지고 있는데, 그 과정에서 직선 도로로 나뉘어지는 격자형의 도시 계획이 시행되었음은 사실로 확인되고 있다. 특히 황룡사 동쪽에서 발굴된 도시 유적은 사방이 도로로 구분되는 단위 공간으로 동서 길이 30m, 남북 길이 150m의 공간이 확인되었다. 이 단위 공간을 발굴자들은 방坊의 흔적이라고 보았다. 그리고 직선 도로의 개설 시기에 비추어 보면 방의 구획은 7세기경에 이루어졌다고 추정하였다.

이와 같은 왕경 유적에 대한 고고학적 발굴 결과를 중시한다면, 469년 당시에 직선 도로로 구획되는 정연한 이방제가 시행되었다고 하기는 어렵다. 그렇지만 이때 왕도의 촌락을 구획하여 리里로 편성했음은 믿어도 좋지 않을까 한다. 곧 6개 부의 하위 단위로 리를 편성하는 등 도시 구획을 추진했던 것이다. 7세기에 이르러 다시 직선도로를 개설하여 리를 정비하는 한편 리를 다시 세분하여 방으로 만들어 이방제를 완성했던 것이다.

이방제가 시행되었던 경주에는 몇 개의 리와 방이 있었던 것일까? 이에 대해서는 자료마다 전하는 내용에 차이가 있다. 『삼국사기』에는 왕도에 6부 35리가 있다고 하면서 방의 숫자는 밝히지 않았다. 한편 『삼국유사』에는 55리 1,360방이 있었다고도 하고 360방이 있었다고도 하였다. 구체적인 숫자는 추후의 경주지역 도시 유적의 발굴 결과를 통해 밝혀지게 될 것이다. 그럼에도 불구하고 신라의 왕도 경주는 5세기 중엽부터 도시 구획이 시도되어 7세기 이후 직선도로에 의해 바둑판처럼 구획된 정연한 계획도시였던 사실은 부인할 수 없다.

번영기 신라 왕도 경주의 이모저모

신라의 삼국통일과 왕도의 재정비

거의 1세기 동안 백제 · 고구려와 한반도의 주도권을 놓고 쉼 없는 전쟁에 시달려 왔던 신라는 7세기 중엽에 이르러 새로운 전략을 모색하였다. 중원을 통일한 대제국 당과 군사동맹을 맺어 백제와 고구려를 멸망시키려고 하였다. 이 전략이 성공을 거두어 신라는 660년에 백제를, 668년에는 고구려를 멸망시켰다. 그리고 약 8년에 걸친 나당전쟁을 통해 당 세력을 한반도에서 축출하고 삼국통일을 달성하였다. 이제 한반도를 호령하는 유일한 국가로 군림하게 되었던 것이다.

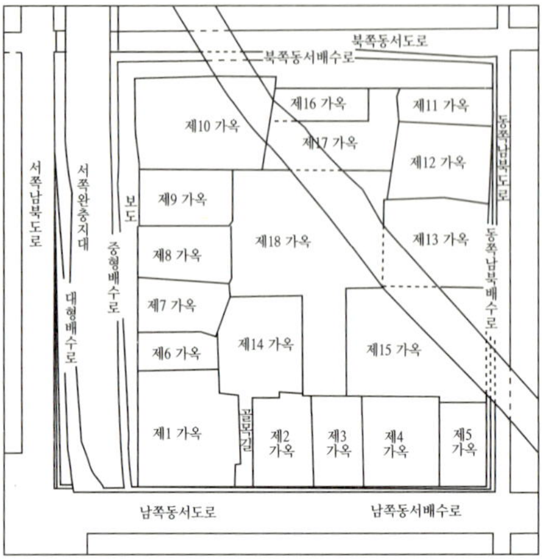

그림 4_황룡사지 동쪽 방의 구조: 발굴 결과에 기초하여 재구성한 황룡사지 동쪽 방의 구조에 대한 모식도이다. 도로로 구획된 격자형의 공간에 적어도 18채 이상의 가옥이 있었던 것으로 추정된다.(전덕재, 2009, p. 141의 〈그림 5〉 인용)

삼국을 통일하는 과정에서 많은 인적 · 물적 손실이 있었지만, 통일의 달성으로 경주는 한반도 전체의 정치 · 사회적 중심지로 자리매김하였다. 그전보다 몇 갑절 넓은 영역과 많은 주민을 지배하게 되었으며, 그로 말미암아 더욱 많은 부와 재화가 경주로 유입되었다. 한편 경주의 인구도 크게 불어났다. 전쟁 과정에서 공을 세운 지방민에게 왕도로 옮겨 살 수 있도록 하는 혜택을 베풀자 많은 지방민들이 경주로 유입되었고, 백제와 고구려의 왕족과 귀족들도 경주에 거주하게 하였기 때문이다. 이제 경주는 많은 인구가 거주하는 통일신라의 중심지로 변모하게 되었다.

신라는 이러한 변화를 수용하여 통일 직후부터 왕도 경주에 대한 재정비를 단행하였다. 첫 번째로 국왕과 왕실 가족이 거주하는 궁궐에 대한 재정비 사업을 추진하였다. 신라의 궁궐은 일시적으로 금성이나 명활성에 있었던 적도 있지만, 5세기대 이래 주로 왕이 거처했던 곳은 월성이었다. 반월성으로 불리기도 하는 월성은 면적이 그리 넓지 않았다. 그래서 7세기 후반대에 이르면 궁궐의 범위를 확대하는 조치가 취해졌다. 즉 월성의 범위를 벗어나 동북쪽으로 궁궐을 확대했던 것이다. 이는 7세기 후반대에 월성을 방어하기 위해 구축되었던 해자垓字가 매몰되고 현재의 안압지 자리까지 궁궐 범위가 확장된 고고학적 발굴 결과를 통해 쉽게 알 수 있다.

궁궐의 범위를 넓힌 신라는 그곳을 화려하게 단장하였다. 674년(문무왕 14년)에 문무왕은 궁궐 안에 연못을 파고 산을 만들어 화초를 심고 진기한 새와 짐승을 길렀다고 하는 기록이 있는데, 이는 새로 넓힌 궁궐 동북쪽에 월지(현재의 안압지)를 축조하고 거기에 기화요초와 진기한 짐승을 길렀던 사실을 기록한 것이다. 이어서 679년에는 월지 옆에 태자가 거처하는 동궁을 지었으며, 궁궐 안팎에 문루門樓를 세우고 문의 이름을 정하기도 하였다. 궁궐의 장엄함을 과시하기 위한 조치임은 두말할 필요도 없다.

다음으로 왕도 자체에 대한 재정비를 시도하였다. 문무왕이 먼저 계획했던 것은 왕도인 경주를 둘러싸는 성곽의 구축이었다. 아마 중국의 역대 도성이나 백제의 사비도성과 같이 왕도 전체를 감싸는 나성을 축조하여 왕도의 위엄을 보이고, 그 내부에 직선도로로 바둑판처럼 구획된 리와 방이 존재하는 계획도시를 만들려는 구상이었을 것이다. 그러나 이러한 왕도 재정비 사업은 전쟁이 끝난 지 얼마 되지 않은 신라로서는 과중한 대규모 토목사업이었던 것 같다. 고승인 의상법사가 축성사업을 만류함에 따라 왕도 재정비 계획은 중단되고 말았다.

문무왕의 뒤를 이은 신문왕은 왕도를 재정비하는 대신 파격적인 계획을 수립하였다. 689년에 신문왕은 많은 인구가 경주로 유입됨에 따라 발생하는 각종 도시 문제를 일거에 해결하고, 또 경주에 근거를 둔 채 왕권에 저항하는 진골 귀족들의 기반을 흔들려는 목적에서 수도를 달구벌로 옮기려고 시도하였다. 그러나 이러한 극단적인 대책은 진골 귀족의 완강한 반대로 좌절되고 말았다. 그 대안으로 신문왕 이래 역대 왕들은 왕도 경주를 거듭 재정비하면서 신라가 멸망하기까지 신라의 왕도로 삼게 되었다.

왕도 경주의 이모저모

통일 이후 최고의 번영기를 구가한 신라의 왕도 경주는 정치 · 경제 · 사회 · 문화의 중심지로서 최고의 번성을 누렸다. 그러한 경주의 면모를 담아내기에는 지면이 너무 부족하다. 이에 여기에서는 도시로서의 경주가 가진 특징적인 면모 몇 가지를 소개하는 데 그치도록 하겠다.

경주는 국왕과 왕실 가족은 물론 최고의 지배 귀족이 거주했던 도시였다. 그런 만큼 화려한 궁전과 관청 건물이 늘어서 있었고 귀족의 대저택이 즐비했을 것임은 쉽게 상상할 수 있다. 궁궐이나 관청의 구체적인 모습은 자료 부족으로 그 전모를 알 수 없다. 앞으로 월성과 그 주변 관아官衙 지역에 대한 고고학적 발굴이 이루어지면 어느 정도 면모를 드러낼 것이다. 그 화려함은 안압지와 임해전이 위치한 동궁 유적에 남아 있는 주춧돌을 통해서 편린이나마 짐작할 수 있다.

이에 비해 진골 귀족들의 대저택에 대해서는 몇 가지 자료가 남아 있다. 먼저 『삼국사기』의 880년(헌강왕 6년)의 기사를 인용한다.

> 9월 9일에 왕이 좌우의 신하들과 함께 월상루月上樓에 올라가 사방을 둘러보았는데, 서울 백성의 집들이 서로 이어져 있고 노래와 음악소리가 끊이지 않았다. 왕이 시중 민공敏恭을 돌아보고 말하기를, "내가 듣건대 지금 민간에서는 기와로 지붕을 덮고 짚으로 잇지 않으며, 숯으로 밥을 짓고 나무를 쓰지 않는다고 하니 사실인가?"라고 하였다. 민공이 "신臣도 역시 일찍이 그와 같이 들었습니다. 임금께서 즉위하신 이래 음양陰陽이 조화롭고 비와 바람이 순조로워 해마다 풍년이 들어, 백성들은 먹을 것이 넉넉하고 변경은 평온하여 민간에서 즐거워하고 있습니다. 이것은 거룩하신 덕의 소치입니다."라고 아뢰었다. 왕이 기뻐하며 말하기를 "이는 경들이 도와준 결과이지 짐朕이 무슨 덕이 있겠는가?"라고 하였다.

이 사료는 헌강왕과 측근 신하들이 나눈 이야기를 전하는 것으로 사실일 가능성이 높다. 음력 9월 9일은 '중구일重九日' 혹은 '중양절重陽節'이라고 하는 세시명절의 하나인데, 이날에는 국화전이나 화채를 먹기도 하고 높은 곳에 올라[登高] 복을 비는 풍습이 있었다. 헌강왕과 신하들은 중양절을 맞아 도성을 전망할 수 있는 월상루에 올랐다. 거기에서 내려다보니 도성 안에 집들이 즐비하게 늘어서 있고, 명절을 맞아 노래와 음악소리가 계속 울려 나오고 있는 평화로운 모습이 보였다. 그러면서 헌강왕은 도성의 주택이 초가가 아니라 기와집이 가득하고, 심지어는 밥을 짓는 데 연기가 나는 나무가 아니라 숯을 사용한다는 점을 강조하였다. 이를 통해 우리는 웅장한 기와집들이 추녀를 마주하고 늘어서 있는 화려한 고대 도시의 모습을 떠올릴 수 있다.

『삼국유사』에도 비슷한 이야기가 전해진다.

> 제49대 헌강대왕憲康大王 때는 서울로부터 지방에 이르기까지 집과 담이 연이어져 있었으며, 초가는 하나도 없었다. 풍악과 노랫소리는 길거리에 끊이지 않았으며, 바람과 비는 철마다 순조로웠다.

역시 헌강왕 시대의 상황인데 도성에서 지방에 이르기까지 모두 기와집이 이어져 있었고, 흥겨운 풍악 소리가 길거리까지 흘러나왔다고 하였다. 번성한 도시의 모습이 저절로 떠오른다.

이러한 고대 도시 경주에 대해 『삼국유사』는 또 다음과 같은 기록을 남기고 있다.

> 신라의 전성시대에는 서울에 17만 8천9백36호, 1천3백60방坊, 55리里, 35채의 금입택金入宅이 있었다. 35 금입택은 남택南宅 · 북택北宅 · 오비소

> 택亏比所宅 · 본피택本彼宅 · 양택梁宅 … 누상택樓上宅 · 이상택里上宅 · 명남택椧南宅 · 정하택井下宅이었다.

여기에서 말하는 신라의 전성시대가 정확히 언제인지는 단정할 수 없다. 그러나 왕도 안에 35채의 금입택이 있다고 한 것을 보면 9세기 무렵의 상황으로 추측해도 큰 잘못은 없다. 이 자료에서는 당시 왕도의 인구가 17만 8천9백36호라고 하였고, 왕도가 55리, 1,360방으로 나뉘어져 있다고 하였다. 만약 이를 사실로 믿는다면 9세기대의 경주는 줄잡아 80여 만 명의 인구를 가진 세계 최대 도시 가운데 하나였던 셈이다. 그러나 이는 사실로 보기 어렵고 당시 경주의 인구는 18만~19만 명 정도로 추정하는 것이 보통이다. 그렇다고 하더라도 경주가 동아시아에서 손꼽히는 대도시 중의 하나였음은 분명하다.

더구나 이러한 도시 곳곳에 35채의 금입택이 있었다. 금입택은 부유한 대저택이라는 말인데, 최고 유력한 진골 귀족의 저택이었다. 기와로 지붕을 이은 여러 건물과 전각이 늘어서 있는 금입택이 곳곳에 자리 잡고 있는 경주는 동아시아에서 가장 화려한 도시 중의 하나였다.

신라 왕도 경주의 특징적 면모로서 간과할 수 없는 것이 불교가 매우 융성한 도시였다는 사실이다. 『삼국유사』는 신라시대 경주가 지녔던 불교 도시로서의 면모에 대해 "절들은 별처럼 흩어져 있고 탑들은 기러기 행렬처럼 줄지어 서 있다[寺寺星張 塔塔雁行]"라고 묘사하였다. 실제로 고고학적 조사 결과 왕도 경주의 범위 안에서 확인되는 사찰의 숫자는 104개로 추정될 정도이다. 그중에는 담장 안의 면적이 약 24,000평에 달하는 황룡사와 같은 대규모 사찰도 있었다. 기러기 행렬처럼 줄지어 서 있었다는 불탑은 현재 그 숫자를 파악할 수조차 없다. 무려 80m의 높이를 가진 황룡사 9층 목탑부터 작은 암자의 법당 앞에 세워진 소규모 탑까지 감안하면 경주는 불탑의 도시라고 해도 좋을 듯싶다.

신라의 왕도 경주에 이렇게 많은 사찰과 불탑이 세워져 불교 도시의 모습을 띠게 되었던 데에는 신라인들이 경주를 '부처의 나라[佛國土]'로 인식했기 때문이었다. 『삼국유사』에는 경주의 일곱 곳에 석가모니 부처가 이 세상에 오기 전의 부처인 가섭불伽葉佛 시대에 가람이 있었다는 설화가 전해지고 있다. 천경림天鏡林, 삼천기三川岐, 사천미沙川尾, 용궁남龍宮南, 용궁북龍宮北, 신유림神遊林, 서정전婿請田이 그 일곱 곳인데, 각각에는 신라시대에 흥륜사, 영흥사, 영묘사, 황룡사, 분황사, 사천왕사, 담암사가 세워졌다고 한다. 그에 더하여 황룡사 뒤뜰에는 가섭불이 앉아서 설법을 한 연좌석이 남아 있다는 이야기까지 수록되어 있다.

경주에 전불시대前佛時代의 가람터 7곳이 있었다는 설화는 불교가 융성하기 시작하던 7~8세기부터 신라인들에 의해 신봉되어 왔는데, 이에 의거하여 신라인들은 그들이 염원하던 부처의 나라가 먼 곳에 있는 것이 아니라 자기들이 살고 있는 경주가 바로 그곳이라고 확신하였다. 이 '칠처가람설七處伽藍說'은 왕도 경주가 불교 도시로 발전하는 사상적 기반이 되었다.

신라의 멸망과 쇠락하는 경주

신라의 멸망

9세기 말에 이르자 천년 역사의 노제국老帝國 신라는 점차 활력을 잃어 갔다. 특권 귀족인 진골 세력은 정치 권력을 둘러싸고 분열과 갈등을 거듭하면서도, 지방에 넓은 농장을 경영하고 많은 노비를 부리면서 이익을 독점하였을 뿐만 아니라 왕경의 대저택에서 온갖 사치와 향락을 누리며 호화로운 삶을 살았다. 이에 대해 차상위 귀족인 육두품六頭品은 자신들의 정치 · 사회적 성장을 가로막고 있는 골품제의 모순을 몸으로 느끼면서 신라가 아닌 다른 대안을 모색하게 되었고, 주민의 대부분을 차지하고 있던 피지배 백성층은 지배 귀족들의 가

혹한 수탈과 착취에 신음하면서 새로운 세상이 도래하기를 고대하고 있었다.

신라 왕국의 심장부인 왕경 거주 진골 세력들이 오랜 분열과 대립의 후유증에 비틀대면서 지방을 통제하는 힘을 잃어 가자, 불만에 가득 차 새로운 세상을 꿈꾸던 지방의 유력한 세력들이 신라의 울타리를 벗어나기 시작하였다. 889년(진성여왕 3년)에 사벌주(현재의 상주시)에서 발생한 원종 · 애노의 농민 봉기를 계기로 농민 봉기가 전국으로 퍼져 나갔으며, 이런 혼란한 정세를 이용하여 지방 곳곳에는 호족이라 불리는 유력세력들이 자립하여, 신라의 통제를 벗어났다.

신라 왕조의 지배를 벗어나서 새로운 시대가 도래하기를 꿈꾸었던 호족과 농민들의 염원은 결국 새로운 왕조의 출현으로 이어졌다. 견훤의 후백제, 궁예의 후고구려가 그것으로, 이제 우리 역사는 후삼국 시대라는 새 시대로 이어졌던 것이다. 후백제와 후고구려가 한반도의 주인공이 되기 위해 각축을 거듭하는 동안, 송악지방(현재의 개성시)의 호족이었던 왕건이 궁예를 축출하고 고려를 건국하면서(918년), 고려와 후백제 사이에 주도권 장악을 위한 최후의 다툼이 벌어졌다. 두 나라 사이에 일진일퇴의 지루한 전쟁이 15년여 계속되었지만, 노쇠한 신라는 겨우 경주와 그 부근의 좁은 지역만을 지배하면서 양국의 다툼을 무기력하게 지켜볼 수밖에 없었다.

신흥 왕국 고려는 건국자 왕건의 탁월한 정책을 바탕으로 호족과 백성들의 지지를 얻어 내었고, 전쟁에서도 점차 후백제를 압도하기 시작하였다. 이러한 정세 변화를 보고 신라 경순왕은 백관회의를 통해 고려에 항복할 것을 결정한 다음,[3] 집사시랑執事侍郞 김봉휴로 하여금 고려 태조 왕건에게 항복문서를 바치게 하였다(935년). 이로써 천년 왕국 신라는 역사 속에서 사라지게 되었으며, 천년 왕도였던 경주도 쇠락의 길을 걷게 되었음은 물론이다.

쇠락하는 경주

신라 경순왕의 항서降書를 받아 든 고려 태조 왕건은 대상大相 왕철王鐵을 경주로 보내 경순왕을 송악으로 맞아 오게 하였다. 떠날 준비를 마친 경순왕 일행은 935년 11월 겨울 찬바람이 옷깃을 파고드는 가운데 선조들이 천년 동안 신라 지배의 거점으로 삼았던 경주의 왕궁을 나서 송악으로 향하였다. 『삼국사기』와 『고려사』는 당시의 모습을 다음과 같이 묘사하였다.

> 경순왕이 백관을 이끌고 서울에서 출발하여 태조에게 귀순하였다. 아름다운 수레와 보배로 장식한 말들이 30여 리에 이어져 뻗쳐 길을 꽉 메웠으며 구경하는 사람들은 담을 두른 듯하였다.(『삼국사기』 권12, 경순왕 9년조)

> 11월 갑오일에 신라왕이 백관을 거느리고 왕도를 출발하였는데 인민들이 모두 그를 따라나섰다. 이때에 향나무로 꾸민 수레와 구슬로 장식한 말이 30리에 뻗쳐 길이 메웠고 구경꾼들이 담벽처럼 늘어섰으며, 연도의 주·현에서 공궤供饋가 매우 성대하였다. 왕이 사절을 파견하여 그 일행을 위로하였다.(『고려사』 권2, 태조 18년조)

경주를 떠나 태조에게 귀순하는 경순왕 일행은 상당히 많았던 것 같다. 국왕과 왕실 가족은 물론 백관으로 표현된 신라 조정의 신하들과 그 식솔, 그리고 인민 즉 다수의 백성들도 함께 경주를 떠났던 것이다. 이로써 경주지역의 주민들은 크게 줄어들게 되었다. 그리고 마의태자와 같이 항복에 반대하는 사람들도 경주를 떠나 산야山野에 은거하는 길을 택했으니, 이제 얼마 안 되는 사람들만 경주에 남게 되었을 것이다. 뿐만 아니라 향나무로 꾸민 수레와 보배로 장식한 수레와 말이 30리에 뻗쳐 길을 메웠다고 묘사될 정도였으니, 수많은 재물과 보화도 경주에서 사라졌음을 짐작할 수 있다. 그리하여 천년의 왕도 경주는 울긋불긋 화려한 단청으로 장식된 왕궁과 수많은 대저택, 번성했던 대사찰과 하늘을 찌를 듯 솟아 있는 불탑 등의 건축물만 주인을 잃고 텅빈 채 남게 되었다. 노랫소리가 그친 적이 없고 사람들로 북적였던 거리는 한겨울 삭풍만 불어오는 을씨년스러운 유령 도시로 변모해 갔던 것이다.

한 나라의 최고 도시이자 중심지라는 위상을 하루아침에 잃어버린 경주는 고려시대와 조선시대를 거치면서 일개 지방 도시로 전락하였다. 물론 경주는 고려 한때 동경이라 칭해지면서 부수도副首都로 대접받기도 하였고, 거듭된 행정제도 개편에서도 경상도 지역의 지배 거점으로 기능하였다. 그러나 천년 왕도로서의 화려함과는 거리가 먼 지방의 도시에 지나지 않았다. 세월의 흐름에 따라 건물이 퇴락하고 신라의 각종 유적이 피폐해 가고 있던 1238년(고려 고종 25) 겨울의 몽골군의 경주 침입은 경주를 더욱 황폐한 도시로 만들어 버렸다. 여몽麗蒙 전쟁의 와중에 경주까지 침입한 몽골군은 고려 조정의 배려로 당시까지 대사찰로서의 면모를 유지하고 있던 황룡사에 들어와 모든 전각殿閣과 대웅전에 모셔져 있던 장육존상丈六尊像은 물론 80m가 넘는 9층 목탑까지 모두 불태워 없애고 말았다. 이때 퇴락한 채로 경주에 남아 있었던 왕궁이나 진골 귀족의 대저택들도 대부분 재로 변하였다. 몽골군의 침입 이후 경주는 이제 변변한 건물조차 제대로 남아 있지 않은 쇠락한 과거의 도시로 전락하고 만 것이다.

미주

* 이 글은 교양적 성격이 강하므로 자세한 주는 생략하였음을 밝혀 둔다. 관련 연구가 궁금하다면 참고문헌을 참조하기 바란다.

1. 그러나 대부분의 연구자들은 이 자료를 그대로 믿을 수 없다고 보고 있다. 즉 17만 8천여 호(戶)가 아니라 17만 8천여 구(口)가 옳다는 것이다. 그렇다고 하더라도 고대사회에서 약 18만 명이 거주했던 경주는 대도시의 하나였음이 분명하다.

2. 5통은 『삼국사기』 지리지에 기록된 북해통, 동해통, 해남통, 염지통, 북요통을 합쳐 부르는 말인데, 경주에서 전국의 중요 지역으로 가는 5대 교통로로 비정되고 있다.
3. 이때 마의태자(麻衣太子)는 항복에 반대하여 개골산(皆骨山: 금강산)으로 들어가 베옷을 입고 바위 집에서 풀만 먹고 살다가 일생을 마쳤다는 애틋한 이야기가 『삼국사기』에 남아 있다.

참고문헌

전덕재, 『신라 왕경의 역사』, 새문사, 2009.
이문기, 『신라병제사연구』, 일조각, 1997.
서영일, 『신라 육상 교통로 연구』, 학연문화사, 1999.
이희준, 『신라고고학연구』, 사회평론, 2007.
김병모 외, 『역사도시 경주』, 열화당, 1984.
국립경주문화재연구소, 『신라왕경-발굴조사보고서』, 2002.
국립경주박물관, 『국립경주박물관 명품100선』, 2007.
양정석, 『황룡사의 조영과 왕권』, 서경출판사, 2002.
이기봉, 『고대 도시 경주의 탄생』, 푸른역사, 2007.
전덕재, 『신라육부체제연구』, 일조각, 1996.
한국불교연구원, 『신라의 폐사』Ⅰ, 일지사, 1974.
김교년 외, 『신라왕경 조사의 성과와 의의』, 국립문화재연구소, 2003.
박방룡, 『신라 도성 연구』(동아대 박사학위논문), 1998.

|여섯 번째 도시|

역사와 문예의 이중주, 마드리드

황보영조_경북대학교 사학과

곰과 마드로뇨

마드리드 구시가지 서쪽 끝 언덕배기에는 기품을 자랑하는 에스파냐 왕궁이 우뚝 서 있다. 그 발치에는 캄포 델 모로라는 큼직한 정원이 펼쳐져 있고 그 아래로 야트막한 만사나레스 강이 동서를 달린다. 정원 동편에는 정원과 주택가를 가르는 세고비아로가 위에서 아래로 다소 가파르게 뻗어 있다. 이 세고비아로에 〈목자의 집〉이 있다. 〈목자의 집〉 건물 정면에 새겨진 문장紋章이 바로 지금까지 남아 있는 마드리드 문장 가운데 가장 오래된 것이다.

오늘날 마드리드의 로고가 된 이 문장의 기원은 중세로 거슬러 올라간다. 연대기 작가들에 따르면 카스티야 왕 알폰소 8세가 마드리드에서 무슬림 왕국 원정을 준비할 때 은색 들판에 서 있는 곰을 상징물로 사용했다고 한다. 1212년에 나바스데톨로사 전투에서 승리를 거두고 1217년에는 세비야를 함락시키면서 아마도 곰의 상징적 의미는 상한가를 기록했을 것이다. 이것이 마드리드 문장에 곰을 새겨 넣기 시작한 계기가 되었다.

당시 마드리드에는 곰이 많이 서식했고 마드로뇨 나무 또한 흔했던 것으로

그림 1_푸에르타델솔의 곰과 마드로뇨

알려져 있다. 그러니 마드로뇨 나무를 잡고 서 있는 곰을 상상하기가 그렇게 어렵지는 않았을 것이다. 북두칠성의 별이 마드리드 로고에 등장하는 것도 이상한 일은 아니다. 큰곰의 허리와 꼬리를 이루는 일곱 개의 별이 바로 큰곰자리를 나타내기 때문이다.

오늘날에도 마드리드에서 곰을 심심찮게 발견할 수 있다. 시내 여기저기에 곰이 마드로뇨 나무를 잡고 서 있다. 사람들이 제일 많이 북적거리는 푸에르타델솔에도 있다. 크고 작은 마드리드 로고는 더욱 흔하다. 이는 1967년에 디자인하고 2004년에 수정 · 보완한 작품이다.

곰과 마드로뇨 나무로 상징되는 마드리드는 이베리아 반도의 중앙에 있다. 현재 에스파냐의 수도로, 오랜 역사가 새겨져 있고 문인들과 예술가들의 기억이 살아 숨 쉬는 곳이며 역사와 문예의 이중주가 연주되어 온 곳이다.

이슬람 도시

마드리드는 보기와 달리 이슬람 도시로 시작했다.[1] 아랍의 연대기 작가들에

그림 2_1985년에 발굴된 무슬림 성벽

따르면 9세기 중엽에 코르도바 에미르 무함마드 1세가 북쪽 기독교 왕국의 진격을 저지할 방어선으로 이곳에 성곽을 건설했다. 당시 마드리드는 무슬림 사상가이자 역사가 이븐 할둔이 얘기한 영구 거주지의 입지조건을 어느 정도 갖추고 있었다. 만사나레스 강이 흘러 물 공급이 가능했고 주변에 경작 가능한 땅이 있었다. 인근에 숲과 목초지가 있어 땔감을 얻을 수 있었고 사냥도 가능했다. 배후의 과다라마 산맥은 신선한 공기를 제공해 주었으며 지대가 높아 대기의 흐름이 원활하고 방어에도 유리했다.

이러쿵저러쿵 마드리드의 기원을 둘러싼 논란이 많지만 두 가지 사실은 명확하다. 이슬람 도시라는 것과 군사 도시라는 것이다. 고고학적인 유적이 이를 말해 준다. 오늘날 오리엔테 광장과 이사벨 2세 광장 일대를 중심으로 건축되었던 알카사르와 모스크와 성벽이 그것이다.

현재 왕궁 터에 있었던 알카사르는 10세기에 만들어졌다. 알카사르는 성벽과 더불어 기본 방어시설에 속한다. 18세기에 화재로 소실되는 바람에 지금은 그 흔적을 찾아볼 수 없다. 이슬람 마드리드를 입증하는 대표적인 증거는 알무데나 대성당 아래의 성벽이다. 대성당 동쪽 측면에 마요르로가 베가 언덕과 만나는 지점이 있다. 이곳에 당시 성벽이 매우 잘 보존되어 있다. 1972년부터 1985년까지 4차례에 걸친 발굴 작업으로 천년 전에 축조된 이슬람 성벽을 볼 수 있게 되었다. 모스크는 알무데나 대성당 자리에 지어진 것으로 추정된다. 성 외곽에는 전사 가족과 군 장비 제작 관련 민간인, 상인, 도공, 매춘부 등이 거주했다.

이슬람 마드리드의 최전성기는 11세기 중엽이었다. 마드리드는 당시 반도 중서부 일대를 다스리던 톨레도 타이파에 속해 있었다. 군인보다 민간인이 더 많아지고 인구가 1만 명을 넘어섰다. 평화로운 분위기를 타고 교역도 활발해졌다. 하지만 점차 세력이 강성해진 반도 북쪽의 기독교 왕국이 갈수록 문제를 일으켰다.

기독교 마드리드

중세 에스파냐에 일어난 가장 큰 사건은 재정복 운동이다. 무슬림에게 빼앗긴 영토를 되찾기 위한 재정복 운동은 8세기에 시작되어 15세기 말에 완수된다. 마드리드가 카스티야 왕국에 완전히 편입된 것은 알폰소 7세 치세인 12세기 중엽이었다.

이때부터 마드리드에 중대한 변화가 나타났다. 이슬람 도시에서 기독교 도시로의 전환이 일어나기 시작한 것이다. 마드리드를 일시 점령한 알폰소 6세[2] 치하에서 이미 모스크를 교회로 사용하기 시작했다. 성채를 뜻하는 아랍어를 사용해 그 교회를 알무데나 교회라고 불렀다. 기독교의 지위가 우세해졌지만 그래도 기존 건물들을 파괴하지 않고 그대로 사용했다. 주민들 대다수도 그대로 거주했다. 무슬림은 기독교 권력에 복종해 무데하르가 되었다.

카스티야 왕국의 관심은 기독교 인구를 정착시켜 마드리드를 잘 통합하는 데 있었다. 그에 따라 12세기 내내 기독교인들의 이주가 진행되었다. 그러면서 마드리드의 군사적 중요성이 차츰 떨어졌다. 가옥을 건축하기 시작하면서 성벽을 비롯한 중세 유적이 파괴되기도 했다. 성벽 파괴는 도시의 방어적 성격이 사라진 것과 관련이 있다.

도시는 먼저 오늘날 마요르 광장 쪽으로 확장되었다. 오늘날 비야 광장이 된 살바도르 광장과 살바도르 교회가 들어서고 오늘날 마요르 광장이 된 아라발 광장이 생겼다. 아토차로와 볼사로가 만나는 아라발 광장 근처에 산타크루스 교회가 세워지고 산미겔 시장도 들어섰다. 푸에르타델솔이 생기고 이곳이 에스파르테로스로를 통해 아라발 광장과 연결되었다. 푸에르타델솔에서 산헤로니모 수도원으로도 길이 났다. 이 일대가 오늘날 구시가지를 이루는 곳이다.

도시 북쪽에는 산히네스 교회가 세워지고 아레날로 북쪽에 있던 산미르틴 마을이 점차 번성하여 마드리드와 연결되었다. 북서쪽에는 산토도밍고 수도원이 건립되고 산토도밍고 광장도 들어섰다.

이 밖에도 교회와 수도원이 여기저기 들어섰다. 산미겔델라사그라 교회, 산후안 교회, 산티아고 교회, 산안드레스 교회, 산페드로 교회, 산후스토 교회, 산미겔델로스옥토에스 교회, 산니콜라스 교회, 산마르틴 수도원, 산프란시스코 수도원이 그것이다. 게다가 암자와 기도장소도 있었다. 마드리드는 이제 성당과 종탑과 정원의 도시가 되었다. 당시 인구가 15,000명을 넘지 않은 것으로 추정할 때 가히 기독교 도시로 손색이 없을 것이다.

도시 남서쪽에 위치한 베가 문에서 톨레도 길과 세고비아 길이 시작되었고 남동쪽에 위치한 산타마리아 아치 또는 알무데나 문을 지나 알칼라데에나레스 길과 탈라망카 길이 이어졌다. 산토도밍고 문은 북쪽의 푸엔카랄과 연결되는 통로였다.

14세기에는 카스티야 왕들이 자주 거주하면서 마드리드의 성격이 군사 도시에서 궁정 도시로 바뀌기 시작한다. 카스티야 왕국의 엔리케 2세로부터 시작되는 트라스타마라 왕가의 왕들이 알카사르를 자주 애용했다. 엔리케 4세는 이곳에서 결혼식을 올렸다. 이곳에 의회를 소집하기도 했다. 그렇다고 해서 마드리드가 수도가 될 자격을 갖추었다거나 수도가 된 것은 아니었다. 마드리드는 아직 작은 도시에 불과했다.

제국의 수도

마드리드가 카스티야 왕국의 수도이자 에스파냐 국가의 수도가 되고 나아가 방대한 식민지를 거느린 제국의 수도가 된 것은 오로지 합스부르크 왕가[3]의 펠리페 2세 덕분이었다. 그가 1561년에 마드리드를 수도로 지정한 것이다.

펠리페 2세가 왜 마드리드를 수도로 지정했을까? 그가 그 이유를 설명했으면 모르겠는데 아무런 설명도 하지 않았다. 따라서 진정한 이유는 아무도 모른다. 그가 마드리드에다 제국의 수도를 건설하겠다고 결정하리라고는 그 누구도 상상하지 못했다. 이 문제가 아직도 논란이 되는 이유가 바로 여기에 있다. 우리는 다만 그 이유를 그럴듯하게 추측할 뿐이다.

당시 카스티야에는 마드리드보다 더 나아 보이는 도시들이 많이 있었다. 태양이 지지 않는 군주국의 중심지로 손색이 없을 정도로 화려하고 부유하며 입지조건이 좋은 도시들이 있었다. 톨레도, 바야돌리드, 세고비아 같은 도시들이 그곳이다.

흔히 마드리드가 이베리아 반도의 중심이기 때문이라는 이유를 든다. 하지만 잠시만 생각해 보면 지리적 조건이 그렇게 가치 있어 보이지 않는다. 영토가 이베리아 반도에 불과했으면 모르겠지만 당시 에스파냐 제국 영토는 아메리카

그림 3_펠리페 2세

에서 이탈리아에 이르기까지 방대했다. 이베리아 반도의 카스티야는 그 일부에 불과했다. 펠리페 2세가 거리에 제일 신경을 쓴 것 같지도 않다. 그가 거리를 첫 번째로 고려했더라면 아마도 톨레도나 바야돌리드 혹은 세고비아를 선택했을 것이다.

당시 마드리드는 새로운 도시였다. 정치권력이 막강한 대귀족도 없었고 대항 세력도 없었으며 신경 써야 할 과거도 없었다. 그러니 기존 권력구조에서 자유롭다는 점이 제일 크게 작용하지 않았을까? 반도의 중심이라는 지리적 위치는 아마도 부수적인 요인이었을 것이다.

으레 그렇듯 수도로 선정하면서 마드리드의 과거를 미화하고 찬미하는 작업이 진행되었다. 핵심은 마드리드의 기원 문제였다. 종교적 긴장이 팽팽하던 16세기[4]에는 이를 받아들이기가 어려웠을 것이다. 그래서 이슬람 관련 과거를 지우고 기독교적 기원을 찾아내는 데 전문가들이 매달렸다. 17세기의 연대기는 초기 기독교 시대에 이미 마드리드에 교회가 존재했다고 했다. 심지어 알무데나 대성당의 전신인 산타마리아 교회[5]의 설립을 서기 38년으로 올려 잡기도 했다. 무슬림이 들어오기 전에 마드리드에는 이미 6개 교회가 존재하고 있었다는 주장도 나왔다. 하지만 이러한 주장들을 입증할 증거는 그 어디에도 없다. 반면에 이슬람의 영향은 부정할 수 없다. 알카사르, 모스크, 성벽 등 이슬람 마드리드를 입증할 증거들은 많다.

제국의 수도가 된 마드리드를 묘사하는 말 가운데 "Sólo Madrid es Corte"라는 말이 있다. 이 말에는 두 가지 의미가 담겨 있다. 첫째로, 오직 마드리드에만 궁정이 있다는 뜻이다. 1561년 이후 궁정을 거의 옮기지 않았다. 1640년대에 펠리페 4세가 잠시 자리를 비웠지만 예외적인 것이었다. 18세기 들어 군주가 계절에 따라 거처를 옮기기는 했지만 대부분은 마드리드에 머물렀다.[6] 이는 궁정을 자주 옮긴 이전과는 대조적이다. 둘째로, 마드리드에는 궁정밖에 없다는 뜻이다. 마드리드가 유럽의 대도시 가운데 하나였지만 국왕이나 궁정과 관련되지 않은 일은 거의 일어나지 않았다. 경제생활을 예로 들자면 그 대부분이 궁정의 필요와 관련이 있었다. 노동자와 상인, 시종들이 이를 위해 활동했다. 이 점이 근대 수도와 다른 구체제 수도의 특징이다. 그 조직과 구조가 매우 달랐다.

요컨대 마드리드는 거대한 제국의 유일한 궁정이었고 모든 사회경제 활동이 궁정을 위해 이루어졌다. 따라서 17 · 18세기의 마드리드를 국왕과 궁정 중심의 도시로 이해해도 지나치지 않다.

당시 수도는 궁정 의례와 공식 업무를 수행하는 무대 구실을 하기도 했다. 국왕 즉위식이 대표적인 사례다. 부르봉 왕가의[7] 페르난도 6세 즉위식에 마드리드 시 전체가 참여한 것으로 보인다. 즉위식은 1746년 10월 10에 시작되어 4일간 진행되었다.

첫째 날 거행되는 수행원 행렬은 선두에 왕실근위대의 군악대가 서고 왕실 관료와 근위대, 대공과 작위귀족이 그 뒤를 따르며 국왕 부부와 왕세자가 중앙에 위치한다. 그 뒤를 왕세자 사부, 사절단 등이 따라간다. 행렬은 오후 4시에 마드리드 동쪽에 위치한 부엔레티로 궁을 나와 알칼라 문을 거쳐 도심에 진입하는 것으로 시작된다. 국왕이 알칼라 문에 들어설 때 마드리드 행정관과 시청 관료들이 일행을 영접한다. 행렬은 이어서 알칼라로를 거쳐 푸에르타델솔에 이르고 마요르로를 지나 알무데나로를 통해 시 의사당과 산타마리아 교회에 다다른다. 이때 산타마리아 교회로 들어가 대주교가 집전하는 엄숙한 미사를 드린다. 그러고 나면 날이 어두워져 등불이나 횃불로 주위를 밝힌 다음 야간 행렬을 시작한다. 과달라하라 문을 지나 마요르 광장에 이르고 산타크루스 광장을 거쳐 다시 푸에르타델솔에 다다른 다음 산헤로니모로를 통해 부엔레티로 궁으로 돌아간다.

둘째 날 가장 행렬에는 다양한 직종의 동업조합원들과 장인들이 참여한다. 셋째 날에는 폭죽을 터뜨리며 축제를 벌이고, 넷째 날에는 마요르 광장에서 투우 경기를 벌인다.

이러한 축제는 국왕의 즉위를 축하하기 위한 것이다. 축제 비용은 대부분 마드리드 시와 5대 동업조합이 부담했다고 한다. 이러한 국왕 즉위식은 1566년 펠리페 2세 왕비 아나의 마드리드 입성식에서 발전한 것이다. 마드리드에서는 이 밖에도 국왕의 결혼식과 장례식, 사절단 영접, 종교재판 화형식 같은 다양한 행사가 벌어졌다.

바로크 도시

제국의 수도 마드리드는 바로크 도시였다. 바로크 도시라는 말은 교회와 저택은 물론 거리와 광장을 떠올리게 한다. 수도가 된 마드리드는 두 차례에 걸쳐 대대적으로 확장된다.

첫 번째 확장은 펠리페 2세와 펠리페 3세 치세에 이루어졌다. 이때 도시 확장이 폭발적으로 진행돼 알카사르를 중심으로 조성된 시가지가 구시가지로 변모했다. 1566년 펠리페 2세의 지시로 중세 부락을 감싸고 있던 성벽이 동쪽으로 확장되었으며 푸에르타델솔과 프라도로 사이에 크고 작은 건물이 들어섰다. 마요르 광장, 산토도밍고 광장, 푸에르타델솔이 3대 교통 중심지로 떠올랐다. 마요르 광장은 아토차와 톨레도, 세고비아로 가는 요지가 되었고, 산토도밍고 광장은 파르도 지역을 드나드는 중심지가 되었으며, 푸에르타델솔은 푸엔카랄로와 오르탈레사로, 알칼라로, 산헤로니모로 출발하는 기점이 되었다. 주

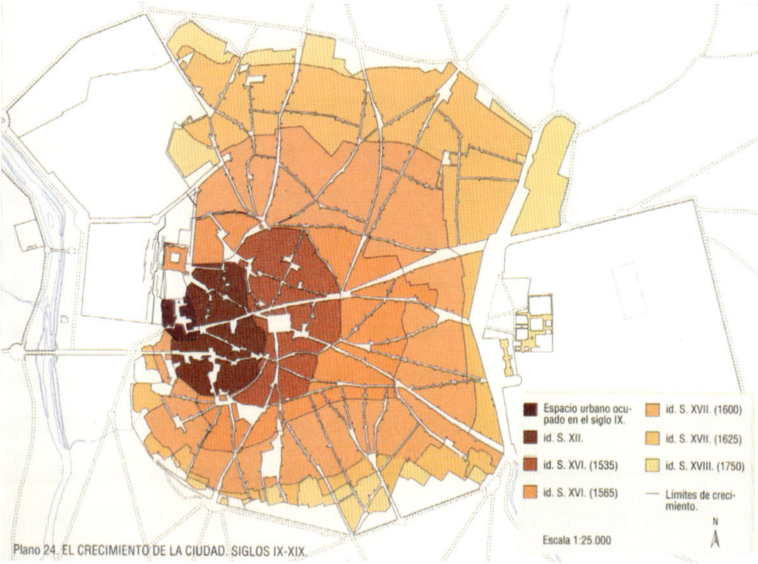

그림 4_마드리드의 확장(9세기~19세기)

요 광장 체계와 간선도로도 확정되었다. 마요르 광장은 1619년 완공된 이후 군주정의 위엄과 권위를 상징하는 행사를 치르는 무대가 되었다. 아토차로와 마요르로, 알칼라로, 산베르나르도로가 직선으로 뚫리면서 주요 간선도로가 되었다. 의례 중심지도 확정되었다. 산헤로니모 수도원과 푸에르타델솔, 마요르 광장, 알카사르가 그곳이다.

펠리페 2세와 펠리페 3세가 이러한 마드리드의 기본 구조를 짰다면 펠리페 4세는 부엔레티로 궁을 짓고 새로운 성벽을 건설했다. 1630년대에 부엔레티로 궁을 건축하면서 마드리드의 생활과 의례는 1660년대까지 부엔레티로 궁을 중심으로 이루어졌다. 1656년에 설계한 성벽은 동쪽으로는 엠바하도레스 로터리에서 누에스트라세뇨라데아토차 수도원을 지나 콜론 광장으로 이어지고, 남쪽으로는 산타바르바라 광장으로 이어지며, 서쪽으로는 산호아킨 문과 엔카르나

시온 수도원, 레알 알카사르로 연결되었다. 공식 경계를 표시하는 이 성벽은 마드리드가 그만큼 확장되었음을 의미한다.

두 번째 확장은 에스파냐의 계몽군주라고 불리는 카를로스 3세 치세에 이루어졌다. 우선 1734년 화재로 소실된 알카사르 대신 그 터에 짓기 시작한 왕궁이 1765년 그의 치세에 완공되었다. 다시 불에 타지 않도록 돌과 화강암으로 건축한 이 왕궁은 세계에서 가장 아름답고 완벽한 왕궁에 속한다. 이는 물리적인 변화의 시작을 나타낸다.

카를로스 3세는 1774년경 인근의 알칼라 도시로 통하는 기존의 조그만 문 대신 기념비적인 문을 만들라고 지시했다. 이것이 1778년에 완공된 알칼라 문이다. 신고전주의 건축물로 인데펜덴시아 광장에 있다. 부엔레티로 공원 정문에서 가깝다. 이는 18세기 마드리드의 변화를 상징적으로 보여 준다. 그는 또한 시 동쪽에다 새로운 대로들을 건설했다. 프라도 대로와 레콜레토스 대로가 그것이다. 남쪽에 위치한 만사나레스 강 주변에도 도로를 냈다. 이 밖에 식물원을 만들고 자연사박물관 건축에 착공했다. 자연사박물관은 19세기 초에 완공되었으나 프랑스군의 침략으로 훼손되었다. 페르난도 7세 때 이를 다시 복구해 1819년 왕립미술관으로 개관했다. 이것이 오늘날의 프라도미술관이다.

도시가 확장되면서 제국 수도의 인구도 늘어났다. 펠리페 2세가 마드리드를 수도로 지정할 당시의 인구는 2만 명에서 3만 명 수준이었다. 그의 치세 말기인 1598년에는 무려 10만 명을 넘어섰다. 당시 톨레도 인구가 6만 명이었다는 점을 감안할 때 이는 실로 엄청난 팽창이 아닐 수 없다. 1630년에는 적어도 15만 명에 달했을 것이다.[8]

늘어난 인구는 주로 지방 이주민들이었다. 제국 시대 마드리드 인구의 절반이 이주민이었다. 가까운 아빌라와 톨레도, 살라망카, 과달라하라는 물론이고 멀리 떨어진 갈리시아와 아스투리아스에서도 젊은이들이 상경했다. 일자리를 찾아서였다. 물장수 일을 많이 했는데 특히 북쪽 아스투리아스 지방 출신 물장수가 많아 물장수 하면 아스투리아스 물장수라고 할 정도였다. 이 시대는 이렇듯 도시 거주민의 사회적 구성도 다양했다.

황금세기 마드리드

제국의 수도 마드리드는 또한 황금세기 마드리드였다. 대체로 1580년에서 1680년까지를 일컫는 황금세기에 국왕과 귀족이 문예를 후원해 마드리드가 시와 소설, 연극, 미술 등을 생산하고 소비하는 중심지가 되었다. 마드리드의 황금세기는 어쩌면 제국의 수도 덕분이었는지도 모른다.

마드리드가 제국의 수도가 되었다고 해서 제국의 부가 마드리드에 집중된 것은 아니다. 신대륙에서 들여온 귀금속은 전비戰費와 부채 상환 대금으로 이내 다른 곳으로 흘러 나갔다. 방대한 제국 여기저기서 전쟁이 끊이질 않았던 것이다. 생각과 달리 마드리드는 오히려 경제위기로 허덕였다. 가난한 귀족 이달고가 생겨나고 한량과 기지로 살아가는 떠돌이 부랑자나 악한들이 늘어났다. 이 시기 에스파냐 풍자문학 피카레스크(악한) 소설에 악한이 등장하는 이유가 여기에 있다.

최초의 악한소설은 1554년에 출판된 작자 미상의 『라사리요 데 토르메스』이다. 라사로의 아버지가 전쟁에서 돌아가셨다. 먹고살기가 힘들어져 아들을 더 이상 부양할 수 없자 어머니는 어린 아들을 맹인 거지에게 맡긴다. 졸지에 거리로 내몰린 라사로는 맹인 거지의 도움을 받기는커녕 오히려 교활한 속임을 당하고 구걸을 통해 그를 부양해야 하는 신세가 된다.

악한소설의 입지를 확고히 구축한 것은 아마도 1626년에 출판된 프란시스코 데 케베도의 『협잡꾼El buscoón의 생애』일 것이다. 『협잡꾼의 생애』에는 이 발사이자 도둑의 아들로 태어난 돈 파블로스가 귀족 집 아들의 종이 되어 겪는 고생 이야기가 그려져 있다. 이는 작가 프란시스코 데 케베도의 생애와 닮아 있다. 1580년 마드리드에서 태어나 일찍이 고아가 된 프란시스코 데 케베도는 우여곡절 끝에 신학을 공부해 알칼라 대학에서 학위를 받았다. 하지만 성질이 더러워 원수가 많았다. 원수를 살해하는 바람에 이탈리아로 잠시 피신해야 했고 베네치아에서도 음모에 연루되어 거지로 위장해 도망을 쳐야 했다. 에스파냐에 돌아와서는 시국을 풍자하는 시를 썼다고 레온에 있는 수도원 감옥에 투옥된다.[9]

에스파냐 국민극을 창시한 에스파냐 최대의 극작가 로페 데 베가는 마드리드 태생이다. 마드리드가 제국의 심장부로 변화하는 모습을 몸소 지켜보았다. 부모는 원래 바야돌리드에 살았다. 아버지가 다른 애인을 따라 마드리드로 이주하자 어머니도 그를 따라갔고 둘 사이 관계가 좋아져 로페 데 베가가 태어났다. 생활 터전은 상인과 수공업자들이 북적대는 마요르 광장이었다. 그는 다섯 살에 에스파냐어와 라틴어를 읽었고 12세에 첫 극작품을 쓰기 시작해 수백 편의 작품을 남겼다. 젊은 시절 엘레나와 사랑에 빠졌는데 엘레나 부모가 이를 싫어했다. 그들은 추기경의 부유한 조카에게 딸을 넘겨 돈을 챙길 속셈이었다. 이 사실을 알고 분을 참지 못한 로페 데 베가는 이를 시로 표현해 퍼뜨렸다. 그리고 명예를 훼손했다는 죄로 8년이나 마드리드에서 추방당했다. 아버지의 그것을 이어받아서인지 로페 데 베가도 여성 편력이 심했다. 오죽했으면 53세에 성직에 입문하고서 26세 여인과 다시 사랑에 빠졌을까.

마드리드는 또한 화가 벨라스케스가 꿈을 실현한 무대였다. 벨라스케스는 사실 에스파냐 남부의 세비야 태생이었다. 그에게는 두 가지 꿈이 있었다. 화가가 되는 것과 기사가 되는 것이었다. 화가의 꿈은 24세가 되던 1623년에 궁정화가가 되면서 이루어졌다. 이는 그가 천부적인 재능을 지니고 있어서 그렇

그림 5_벨라스케스의 〈라스 메니나스〉

기도 했지만 장인이 된 세비야의 화가 프란시스코 데 파체코와 당시 조정을 주름잡던 올리바레스 총리대신의 도움이 있어서 가능했다. 기사의 꿈을 이루는 데는 생각보다 시간이 오래 걸렸고 순탄하지도 않았다. 산티아고 기사단의 기사가 되기 위해서는 혈통이 순수해야 하고 노동이나 무역으로 가문을 더럽히지 않은 귀족 신분이어야 했다. 최근 연구에 따르면 벨라스케스 가문은 유대계였을 가능성이 높고 그의 조부가 소총의 약실 제조업자였다. 벨라스케스는 결국 위증을 했고 친구들도 그를 위해 위증을 했다. 기사단이 계속 거부를 했지만 1659년 11월 28일 그를 총애하는 국왕 펠리페 4세가 벨라스케스를 기사에 서임했다.

벨라스케스가 그린 최대 걸작은 역시 〈라스 메니나스시녀들〉이다. 이 그림 왼편에 화가 자신이 등장한다. 이를 자세히 보면 튜닉을 입은 기사가 검을 들고 있다. 둘 다 산티아고 기사단을 상징한다. 튜닉에 있는 붉은 십자가는 특히 그렇다. 벨라스케스 자신이 기사라는 사실을 과시하는 것이나 다름없다. 그런데 문제는 이 그림이 그가 기사 서임을 받기 3년 전인 1656년에 그려졌다는 것이다. 붉은 십자가를 언제 그려 넣었는지는 아직도 논란이 되고 있다. 어찌 됐든 이 그림의 주제는 화가 자신이고 그의 야망임에 틀림없다. 기사가 되는 꿈 말이다.

황금세기 마드리드에는 다양한 풍습이 생겨났다. 19세기 소설가 베니토 페레스 갈도스가 "불타는 프라이팬"이라고 부른 마드리드의 여름은 자동차 후드에 달걀을 풀면 익을 정도로 뜨겁다. 오후 2시에서 오후 4시 사이가 제일 덥다. 이 시간에 마드리드인들은 시에스타낮잠를 즐겼다. 이 시에스타와 관련된 전설이 있다. 신성로마제국 황제 카를 5세[10]가 하루는 점심 식사를 한 뒤 철제 열쇠로 집무실 문을 열고 들어가 의자에 앉았다. 날이 더워 그만 깜빡 잠이 들었다가 손에 든 열쇠가 철그렁하고 바닥에 떨어지는 바람에 잠이 깼다. 그 시간이 30분 정도였다나. 그래서 시에스타 시간은 30분을 넘지 않아야 된다고 한다.

시에스타를 마친 뒤 해질녘까지는 산책을 즐긴다. 이 산책은 다양한 의미가 있다. 우선 저녁 무렵 불어오는 미풍을 즐긴다. 산책은 과시의 기회이기도 하다. 잘 차려입은 부부가 팔짱을 낀 채 이리저리 거닌다. 보라는 듯이. 산책은 또한 다른 보행자들을 평가하는 기회다. 이 사람은 어떻고 저 사람은 어떻고 얘기를 하면서 걷는다. 동행자와 대화를 나누는 시간이다. 자신도 그렇게 다른 사람들의 평가를 받게 되기 때문에 잘 차려입고 행복한 모습을 연출한다. 산책은 다양한 계층이 교류할 기회다. 귀부인과 신사는 물론 하인들도 산책을 한다. 거리나 공원을 거닐면서 부담 없이 이런저런 얘기를 나눈다. 산책 풍습은 18세기에 부르봉 왕조가 안정이 되면서 마드리드의 필수적인 일상이 되었다. 오늘날 마드리드인들도 여전히 산책을 즐긴다.

당시 여성들이 결혼을 하려면 결혼 지참금을 지불해야 했다. 하층 여성들은 물론이고 가난한 중산층 여성들도 결혼 지참금을 구하기가 쉽지 않았다. 이들이 선택할 길은 두 가지밖에 없었다. 수녀원에 들어가거나 아니면 독신으로 살아야 했다. 20세기 작가 네스토르 루한이 얘기한 수녀원의 애정행각이나 성직자의 수녀 겁탈은 이러한 배경에서 비롯되었다. 적그리스도가 태어난다면 아마도 신성을 모독하는 수사와 수녀에게서 태어날 것이라고 다들 생각했다. 독신의 길을 선택한 여성들도 여자를 호리는 남자의 먹이가 되었다. 임신을 해 아이를 낳게 되면 가문에 먹칠을 하는 것이기 때문에 아이를 버려야 했다. 아이를 한밤중에 우물가나 교회에다 버렸다. 교회 종지기가 이른 아침 갓 태어난 아기를 발견하는 일이 잦아졌다. 이른바 업둥이가 늘어났다. 이런저런 사연으로 생존한 아이들은 그들이 발견된 곳을 성으로 갖게 되었다. 에스파냐인들의 성 가운데 '델라 이글레시아', '델라 푸엔테', '델라 카예', '델 리오'가 많은 이유가 여기에 있다. 각각 교회, 우물가, 거리, 강에서 업어 온 아이라는 뜻이다.

마드리드는 1620년부터 5월 15일을 수호성인 산이시드로를 기념하는 공휴일로 지낸다. 산이시드로는 원래 평범한 농부였다. 1082년에 마드리드에서 태어나 마리아라는 아가씨와 결혼했다. 부지런하고 신앙심이 깊은 데다 우물을 발견하는 재주도 있었다.

평범한 농부인 그가 어떻게 성인이 되었을까? 그것은 오로지 그의 기적 덕분이었다. 37세가 되어 귀족 이반 데 바르가스의 밭을 부쳐 먹게 되었다. 하루는 그의 아들이 우물가에서 놀다가 그만 우물에 빠져 버렸다. 이때 그가 한 일은 기도였다. 우물가에서 기도하자 우물의 물이 높이 올라와 아들을 건져 낼 수 있었다. 또 하루는 주인 밭을 갈아야 할 시간에 밭모퉁이에 앉아 기도를 했다. 이때 주인 바르가스가 그곳을 지나가다가 깜짝 놀랐다. 흰옷 입은 천사 둘이 이시드로 대신 밭을 갈고 있지 않는가. 1172년에 그가 죽고 난 뒤에도 기적은 계속 일어났다. 그의 시신을 발굴했는데 썩지 않았다. 그것을 관에 넣어 오늘날 산안드레스 광장에 위치한 산안드레스 교회에 안치했다. 전해 내려오는 이야기가 있다. 한번은 이사벨 여왕이 자신의 병을 치료하려고 시신 발가락을 잘라 가져갔다. 만사나레스 강을 건너려는데 타고 가던 노새가 말을 듣지 않았다. 이에 여왕이 눈치를 채고 발가락을 제자리에 돌려놓자 노새가 강을 건너갔다. 이후 가뭄이 들거나 국왕이 아프면 관을 들고 시내를 한 바퀴 도는 풍습이 생겼다. 펠리페 2세는 그가 판 우물의 물을 마시고 성홍열을 치료했다는 이야기도 있다. 이에 순례의 발걸음이 시작되었고 마침내 교황 파울루스 5세가 1619년 6월 이시드로를 성인으로 선포했다. 그의 시복諡福을 축하하는 축제가 이듬해 5월 15일 마요르 광장에서 열렸다.[11] 마드리드인들은 이때부터 5월 15일을 공휴일로 지킨다.

대규모 행사는 주로 마요르 광장에서 거행된다. 1619년에 완공된 마요르 광장은 경제활동뿐만 아니라 국가의례의 중심지였다. 앞서 얘기한 국왕 즉위식이나 왕비 입성식은 물론 카니발 축제, 서커스, 연극, 투우, 불꽃놀이, 모의전투, 마상시합, 종교재판, 공개처형 등이 진행되는 무대다. 매년 산이시드로 축제가 되면 광장은 한동안 투우 경기로 떠들썩했다. 이따금씩 종교재판이 진행되었고 재판과 아울러 공개 화형식이 거행되었다. 1670년대에는 국민연극이 활기를 띠어 로페 데 베가와 칼데론 델라 바르카, 티르소 데 몰리나의 작품들이 이곳에서 상연되었다. 완공 당시 마드리드 인구의 3분의 1에 해당하는 5만 명을 수용할 수 있었다니 주민들 상당수가 이를 즐겼을 것이다.

이 시기 교통과 의례의 중심지로 형성된 마드리드 도심은 그야말로 절대주의 체제의 가치를 선전하는 무대였다. 하지만 그 밖의 지역은 여전히 좁고 불결한 거리와 초라한 단층집들로 이루어진 세계였다.

국민국가의 수도

마지막 절대군주 페르난도 7세가 사망하면서 이전부터 흔들려 온 에스파냐 절대주의가 무너져 내렸다. 이미 중남미 식민지들이 앞다투어 독립했다. 1833년 이사벨 2세가 왕위에 오르자 망명을 떠난 친불파와 자유주의자들이 마드리드로 돌아왔다. 문학작품들이 출판되고 카페와 문예그룹, 카지노가 등장했다. 정치와 사회 활동을 꿈꾸는 지식인들이 마드리드로 모여들었다. 문인과 변호사, 정치가 등의 중산 계급은 물론 상업 부르주아지가 형성되기 시작하고 중소지주와 수공업자, 종업원, 공무원, 실업자, 노동자들이 끊임없이 거리로 나섰다.

하지만 마드리드는 여전히 구체제의 도시이자 군주정의 궁정이었다. 귀족의 저택과 기독교 수도원의 흔적이 깊이 새겨져 있었다. 자원도 없고 더럽고 비위생적이며 가난한 사람들로 북적거렸다.

이에 군주정에 걸맞은 수도를 건설하자는 움직임이 일어났다. 이사벨 시대 초기에 추진한 도시 계획의 목표는 두 가지였다. 규격화와 공간 활용이 그것이다. 규격화란 번지를 합리적으로 매기고 건축물의 정면을 정열하며 소통이 원활하도록 도로를 확장하고 막다른 골목을 없애며 도로와 인도에 포석을 깔고 가스 조명 시설을 확대하고 신속하고 효과적으로 오물을 수거하며 신축 건물의 높이를 주변 건물에 맞추고 경찰 서비스를 개선한다는 내용이다. 공간 활용은 기존의 빈 공간들을 적절히 활용하고 감옥, 병원, 보호시설, 문서고, 대성당 등을 신축하며 오락과 여가공간을 마련한다는 내용이다. 이는 더 넓고 더 높고 소통이 더 잘되는 도시를 만들려는 작업이었다.

구체적으로 푸에르타델솔을 확장하고 새로운 상업용 건물과 기존 건물의 정면을 정열했다. 왕궁 주변의 도시화 작업을 마무리하고 1866년부터는 국립도서관과 국립박물관 건축을 시작했다. 가로수 길과 카페, 문예관, 열람실, 클럽, 동호회, 살롱, 공원, 극장 등을 만들었다. 1846년에는 왕령을 내려 도시 확장 사업을 추진했다. 주무 장관은 왕령 서문에서, 풍부한 물 공급이 도시 성장을 유발할 것이고 전국의 도시와 주요 지점을 연결하는 철도가 마드리드의 위상을 높여 줄 것이라고 했다. 1851년 이사벨 2세 상수도 사업부[12]를 설치해 물 공급을 원활히 하고 참베리와 예세리아스, 푸엔테데바예카스, 페뉴엘라스, 푸엔테데톨레도로 도시를 확장했다. 마드리드-아랑후에스 구간 철도 공사를 1846년에 착공해 1851년에 개통했다. 철도와 도로 건설은 마드리드와 전국 시장을 연결하는 작업이었다. 하지만 물 공급과 철도 부설은 돈이 들고 시간이 걸리는 작업이었다.

이러한 노력에도 불구하고 마드리드는 아직도 상업과 소비와 생산의 중심지가 아니었다. 인문학자 펠리페 몬라우는 1850년에 마드리드는 아직도 에스파냐 국가의 상업 및 산업 중심지가 아니라고 했다. 마드리드는 아직도 산업 수도의 외관을 갖추지 않은 귀족 중심이자 궁정 중심의 도시라는 것이다. 파리, 런던, 빈, 브뤼셀 같은 도시가 지닌 것과 같은 중요성이 마드리드에는 없다고 했다.

일부 군인들이 이사벨 2세를 몰아낸 1868년 이후에도 에스파냐에 걸맞은 수도를 만드는 작업이 추진되었다. 아토차와 노르테, 델리시아스에 기차역을 건설하고 시장을 만들었다. 자연과학박물관, 민족학박물관, 왕립학술원, 에스파냐은행, 병원, 감옥, 정부 관공서, 공동묘지 등을 건립했다.

국립도서관 주변의 레콜레토스 구역과 카스테야나 구역에는 성공한 상업 부르주아지들이 자리를 잡았다. 석조 정면과 광장, 기념물, 대형 상점이 들어서고 부르주아지의 저택과 개인 정원이 생겨났다.

한편 마드리드는 일자리를 찾아 날품팔이들이 모여드는 도시가 되었다. 그들이 모여들면서 콰트로카미노스, 프로스페리다드, 라긴달레라, 푸엔테데바예카스, 라스벤타스, 토로스 광장, 엑스트레마두라 도로 일대로 도시가 확장되었다. 엠바하도레스와 몽클로아 언덕의 오두막집, 라엘리파 구역과 페뉴엘라스 구역, 아카시아스 대로 구역의 초라한 집들은 마드리드가 근대국가의 수도에 걸맞은 도시가 되기에는 아직도 멀었음을 말해 주었다.

19세기 마드리드 사회는 카페 사회였다. 카페는 19세기 초에 생겨났다. 산책을 하던 사람들이 주점에 들러 와인이나 위스키를 한잔하곤 했는데 이들에게 자리를 제공하기 시작하면서 생겨났다. 카페가 제일 번성한 때는 19세기 말이었다. 소설가 페레스 갈도스는 그의 작품 『포르투나타 이 하신타』에서 카페 사라고사를 칙칙하고 질식할 분위기에 귀가 먹먹할 정도로 사람들이 북적대는 곳으로 묘사했다. 카페가 번성하면서 테르툴리아도 발달했다. 잡담하고 즐기는 모임인 테르툴리아는 세 가지 규칙을 지니고 있었다. 정기적으로 만나야 하고 동일한 사람들이 만나야 하며 오직 잡담과 대화를 즐겨야 한다는 것이 그것이다. 정치 이야기는 사절이었고 문학과 예술이 단골메뉴였다.[13] "에스파냐인들이 이 세상에서 가장 수다스러운 사람들"이라는 말은 이 카페 분위기를 두고 한 말이다.

현대의 수도

20세기 초 마드리드에는 이주민들이 몰려오고 출산율이 사망률을 앞서면서 인구가 급증했다. 20세기 초 30년간 이주해 온 이주민 수가 무려 45만 명에 달했다. 그 결과 1900년에 54만 명이던 마드리드 인구가 1930년에 95만 명으로 늘어났다.[14] 이주민이 늘어나면서 갈리시아인, 아스투리아스인, 칸타브리아인, 안달루시아인, 발렌시아인 구역이 자연스레 형성되었다.

1900년부터 마드리드는 금융자본의 집결지가 되었고 물과 철도와 동력을 갖추면서 각종 산업이 발달하기 시작했다. 과학자와 의사, 연구원, 건축가, 기술자, 철학자, 소설가, 시인, 음악가, 화가가 모여들면서 지주와 관료와 유한계급

그림 6_그란비아

의 도시 마드리드가 자본가와 전문인, 지식인, 노동자의 수도로 탈바꿈했다. 통신과 서비스의 중심지이자 자본의 중심지가 되고 문화산업의 수도가 된 것이다.

지식인과 전문가들이 "대마드리드" 건설에 관심을 가진 것이 이 무렵이다. 먼저 시벨레스 광장에서 에스파냐 광장에 이르는 그란비아 공사를 시작했다. 1904년에 시작된 공사는 무려 25년이나 걸렸다. 살라망카 구역과 아르구에이예스 구역을 연결해 주는 이 대로는 마드리드의 형태를 바꿔 놓았다. 도시 외관을 바꿔 놓은 것은 이뿐만이 아니다. 1919년 10월 19일에 개통된 지하철 1호선이 콰트로카미노스와 푸에르타델솔을 연결하고 2년 후에는 노선을 연장해 아토차까지 연결했다. 살라망카와 아르구에이예스 구역에는 종업원과 전문인이 주로 거주하고 콰트로카미노스에는 노동자들이 정착했으며 아토차 인근 지역에는 공업단지가 들어섰다. 도시 외곽에는 빈민가가 띠를 이루고 형성되었다.

1929년에 마드리드 확장과 도시화를 주제로 개최된 국제대회에서 마드리드 관계자는 마드리드를 세 구역으로 구분했다. 도심과 신규개발 지구, 시외가 그것이다. 도심은 다시 푸에르타델솔을 무대로 한 상공업 활동과 금융 활동 혹은 여가 활동의 중심 지역, 외지인을 위한 숙박업소가 즐비한 세고비아 로터리와 톨레도 로터리, 발렌시아 로터리, 아토차 로터리 지역, 주요 관공서와 저택, 부르주아 주거지, 미술관, 도서관, 극장, 은행, 카지노, 호텔이 들어선 서부 지역, 종업원과 소규모 제조업자, 학생들이 거주하는 동부 지역의 네 핵심 지역으로 나누었다. 신규개발 지구는 경제 수단이 변변치 않은 사람들이 거주하는 북동부와 소박한 중산 계급이 거주하는 북서부, 노동자와 수공업자, 종업원들이 거주하는 남부로 이루어졌다. 마지막으로 시외는 인근 위성도시를 포함했다. 이 도시들을 철도로 연결해 마드리드는 특정한 경계가 없는 도시가 되었다.

1931년에 공화주의자와 노동자 연대 세력이 마드리드 자치단체와 에스파냐의 권력을 장악하면서부터는 마드리드 시청이 아니라 에스파냐 정부가 대마드리드 구상을 추진해 나갔다. 제2공화국 정부는 1932년 행정수도법을 통해 마드리드를 헌법상의 수도로 선포하고 대마드리드 건설 사업을 최우선 과제로 삼았다. 이를 위해 10년간 8천만 페세타를 투자하기로 했다. 책임을 맡은 공공사업부 장관 인달레시오 프리에토는 카스테야나 대로를 연장하고 그곳에 새로운 정부 청사를 건설하기로 했다. 하지만 이는 1933년 9월에 그가 장관직을 그만두면서 중단되었다. 이후 내전을 겪으며 대마드리드 구상은 크게 빛을 보지 못했다.

20세기 초 30여 년은 은시대로 알려져 있다. 파블로 피카소를 비롯해 후안 그리스, 살바도르 달리, 마차도 형제, 페데리코 가르시아 로르카, 마누엘 데 파야, 루이스 부뉴엘 등 걸출한 예술가와 문인들이 활약한 시대다. 특히 화가 살바도르 달리와 시인 페데리코 가르시아 로르카, 영화 제작자 루이스 부뉴엘은 기숙대학에 해당하는 문화센터[15]에서 교분을 쌓았다. 당시 초현실주의의 요람 구실을 한 문화센터의 설립 정신은 "공부하고 느끼고 생각하고 바라고 놀고 자고 먹고 씻고 즐기기를 마음껏 하라"는 것이었다. 이들 3인방은 이를 구현한 대표적 인물이었다. 이곳에서 기라성 같은 사상가와 저술가와 예술가가 나왔다.

내전을 거쳐 집권한 프랑코 정권은 새로운 국가에 걸맞은 대수도 건립에 착수했다. 1941년에 비다고르가 이를 위한 기본계획을 발표했다. 철도 연결과 신속한 도로 접근을 통해 국가 수도로서의 기능을 강화하고 구시가지를 개선하고 공원과 정원을 확충하며 도시 구역을 설정해 도시 확장을 완결한다는 내용이었다. 카스테야나 대로 연장과 산업공단 및 새로운 위성 도시 배치 계획도 들어 있었다.

프랑코 정권은 수도의 상징적 표상을 위해 17세기 제국주의 건축물 정면의 가치를 높이 샀다. 이를 잘 보여 주는 것이 엘에스코리알 수도원의 외관을 모방한 공군본부 건물이다. 같은 맥락에서 마드리드 도시의 진입 체계를 마련했다. 엘에스코리알에서 개선문을 지나 누에보스미니스테리오스의 산후안델라크루스 광장으로 이어지는 빅토리아로와 프랑스 방향 도로와 연결하는 에우로파로, 안달루시아 고속도로를 아토차와 직접 연결하는 임페리오로가 그것이다. 여기에는 펠리페 2세 시대를 재현하려는 열망이 담겨 있다.

1948년부터는 인근 마을, 곧 차마르틴과 카라반첼, 카니야스, 카니예하스, 오르탈레사, 바라하스, 바예카스, 엘파르도, 비칼바로, 푸엔카랄, 아라바카를 마드리드에 통합했다. 1954년에는 비야베르데도 통합했다. 이로써 면적이 607평방킬로미터로 늘어나고 인구가 150만 명을 넘어섰다. 이어서 1970년까지 북쪽으로는 알코벤다스와 산세바스티안델로스레이에스, 동쪽으로는 코스라다와 토레혼데아르도스, 알칼라데에나레스, 남쪽과 남서쪽으로는 헤타페와 레가네스, 알코르콘, 푸엔라브라다, 모스톨레스, 핀토 등의 위성도시가 발달하면서 마드리드는 인구 300만 명이 넘는 대도시가 되었다.

독재자 프랑코가 사망하고 민주화가 시작된 1970년대 후반 마드리드에는 보수 세력에 반발하고 인간 본능에 충실하려는 움직임이 일어났다. 모비다 마드릴레냐라고 하는 대항문화운동이 그것이다. 자유를 만끽하려는 젊은이들이 주말 저녁에서 다음 날 새벽까지 바와 나이트클럽을 돌아다니며 즐겼다. 이를 대변하는 인물이 1980년에 영화감독으로 데뷔한 알모도바르이다. 1999년에 칸 영화제 감독상을 수상한 그는 성적 일탈을 일삼는 매우 복잡한 인물, 양성애와 동성애가 뒤섞인 애정관계, 자살, 포르노, 기괴한 유머 등을 다루었다.

중세와 근대를 뒤로 한 21세기 마드리드의 역사는 오늘도 부단히 흘러간다. 대중들이 일상의 삶을 영위하는 곳이자 걸출한 정치인과 문인들이 뜻을 펼치는 무대이다. 이들이 연주하는 역사와 문예의 이중주는 과거에 그랬던 것처럼 앞으로도 계속될 것이다.

미주

1. 마드리드의 초기 이름도 아랍어 '마이리트' 혹은 '마헤리트'였을 것으로 추정한다. 이는 물의 근원이란 뜻이다.
2. 알폰소 6세가 1086년에 마드리드를 비롯해 톨레도와 탈라베라, 알칼라 등지를 정복했으나 북아프리카에서 건너온 알모라비데족의 지원을 받은 알안달루스 타이파 왕들과 치른 1110년 전투에서 마드리드를 다시 빼앗겼다.
3. 트라스타마라 왕가의 후아나가 합스부르크 왕가의 펠리페와 결혼해 낳은 카를로스 1세가 1516년에 에스파냐 왕위를 계승하면서 합스부르크 왕가가 시작된다.
4. 당시 오스만 제국이 가장 큰 위협 요인이었다.
5. 정식 명칭은 산타마리아델라알무데나 교회이다. 산타마리아 교회는 이를 줄여서 부른 말이다. 12세기에 설립된 것으로 추정한다. 1868년에 이를 허물고 지금의 알무데나 대성당을 지었다.
6. 봄에는 아랑후에스, 여름에는 라그랑하, 가을에는 엘에스코리알에 머무르고, 겨울을 비롯한 대부분의 기간은 마드리드에 머물렀다.
7. 후사가 없던 카를로스 2세가 1700년에 왕위를 루이 14세의 손자 펠리페에게 물려줌으로써 합스부르크 왕조가 끝나고 부르봉 왕조가 시작되었다. 이 왕이 펠리페 5세고 페르난도 6세는 그의 아들이다.
8. 이후 인구 증가 추세는 주춤하거나 오히려 감소했다. 펠리페 4세가 사망한 1665년의 마드리드 인구나 에스파냐 왕위계승 전쟁이 끝난 1714년의 마드리드 인구가 10만 명에서 11만 5천 명 수준이었다. 마드리드 인구가 다시 15만 명으로 늘어난 것은 1760년 무렵이다.
9. 문제가 된 시는 〈돈만 있으면 귀신도 부릴 수 있다〉이다. 그는 이 시에서 서인도 제도에서 태어난 "돈"이 에스파냐에서 죽어 제노바에 묻힌다고 풍자했다. 신대륙의 귀금속이 결국 제노바 금융업자들의 수중에 들어간다는 얘기이다. 지배 엘리트들 사이에 부패가 만연했지만 펠리페 4세는 아무런 신경을 쓰지 않았다.
10. 에스파냐 국왕으로는 카를로스 1세다. 신성로마제국 황제이면서 동시에 에스파냐 국왕이었다.
11. 시성식은 1622년에 거행되었다. 이시드로, 이냐시오 데 로욜라, 테레사 데 헤수스, 프란시스코 하비에르, 펠리페 네리 등 5명의 시성식이 함께 진행되었다.

12. 이사벨2세상수도공사(Canal de Isabel II)는 1984년에 마드리드 시로 이관되었다.

13. 이러한 테르툴리아 문화는 프랑코 정권이 들어선 1940년대와 1950년대에 시들해졌다. 마드리드 역사가 페드로 몬톨리우 캄프스가 지적한 대로 공개적이고 자유로운 테르툴리아 토론 공간이 사라졌다. 푸에르타델솔 주변에 카페가 사라지고 은행이 들어섰다. 이 문화가 다시 살아난 것은 1980년대 들어서다.

14. 마드리드 태생 인구는 37퍼센트에 불과했다.

15. 에스파냐어로는 Residencia de Estudiantes이다.

참고문헌

황보영조, 「프랑코주의 건축물에 나타난 모더니즘」, 『지중해지역연구』, 10권 4호, 2008.

Corral, José del, *Curiosidades de Madrid, Madrid*: El País-Aguilar S.A., 1990.

Díaz, Lorenzo, *La España alegre: ocio y diversión en el siglo xx*, Madrid: Espasa Calpe, 1999.

Fernández Álvarez, Manuel, *Felipe II y su tiempo*, Madrid: Espasa Calpe, 1998.

García, Reyes y Ecija, Ana Maria, *Leyendas de Madrid*, Madrid: Ediciones la Librería, 1995.

Juliá, Santos, David Ringrose, Cristina Segura, *Madrid. Historia de Una Capital*, Madrid: Alianza Editorial, 1994.

Montoliú Camps, Pedro, *Fiestas y tradiciones madrileñas*, Madrid: Sílex, D. L., 1990.

________, *Madrid, villa y corte: historia de una ciudad*, Madrid: Sílex, D. L., 1996.

________, *Madrid, villa y corte: calles y plazas*, Madrid: Sílex, D. L., 2002.

________, *Madrid bajo la dictadura*, 1947-1959, Madrid: Sílex, D. L., 2010.

Nash, Elizabeth, *Madrid*, New York & Massachusetts: Interlink Books, 2001.

Pérez Galdós, Benito, *Fortunata y Jacinta*, Madrid: Alianza Editorial, 1983.

Thomas, Hugh, *Antología de Madrid*, Madrid: Gadir Editorial, 2004.

Tudela, Mariano, *Aquellas Tertulias de Madrid*, Madrid: Editorial El Avapiés, 1998.

Vaca de Osma, José Antonio, *Nueva Historia de Madrid*, Madrid: Espasa Calpe, S.A., 2007.

에든버러, 과거와 현재의 끊임없는 대화*

김중락_경북대학교 역사교육과

들어가는 말

스코틀랜드의 수도 에든버러Edinburgh는 세계에서 으뜸가는 문화도시로서의 위상을 지니고 있다. 전형적인 중세 고성古城, 역사가 녹아 있는 로열마일, 도시계획의 백미 뉴타운, 어느 도시도 따라올 수 없는 국제축제, 수많은 철학자들과 문인들의 발자취, 그리고 그 풍부한 역사는 이 도시에 발을 내딛는 모든 이들을 매료시키고도 남는다. 세계 어느 도시가 이처럼 과거와 현재가 서로 유리하지 않고 하나로 결합되어 새로움을 만들어 낼 수 있을까?

풍부한 역사유적은 에든버러의 자랑이다. 특히, 도시를 압도하고 있는 에든버러 성Edinburgh Castle은 이 도시의 상징이다. 지금도 오후 1시면 어김없이 발포되는 성의 대포, 여름이면 성을 배경으로 열리는 국제 군악대 행진Military Tatoo 등을 보면 성이 단지 과거의 유물로서만 존재하는 것이 아니라 시민들을 과거와 만나게도 하고, 영감을 주며, 든든한 느티나무같이 쉴 곳을 제공해 주며, 현재 속에 호흡하는 공간역할을 하고 있음을 알 수 있다. 에든버러 구시가지의 핵심을 구성하는 로열마일은 건물 하나하나가 역사적 유적이며, 중세적 목소리를 전해 준다. 그 목소리는 사랑과 분노, 기쁨과 슬픔, 풍요와 빈곤의 이야기들이 담겨 있다. 구시가지 맞은편에 건설된 뉴타운Newtown은 이름과는 달리 그 자체로 역사적 유적이다. 계획된 도시이지만 18세기의 흔적과 낭만이 바쁘게 살아가는 현대인들의 삶과 하나가 되어 나그네의 가슴을 더욱 저미게 만든다.

도시를 걷다 보면 곳곳에 위대한 걸작의 흔적이 보인다. 에든버러를 북방의 아테네로 만든 계몽 사상가들과 아직도 주인공을 살아 있게 만든 소설가들, 인간사 모든 것을 노래로 만든 시인들의 흔적이다. 에든버러는 그들이 사랑한 도시였다. 1769년 유럽을 둘러보고 온 계몽 사상가 데이비드 흄David Hume은 친구 아담 스미스Adam Smith에게 보낸 편지에서 '야만적인' 런던보다는 평생을 에든버러에 머물겠노라고 말했다. 흄의 언급에서 본 것처럼 18세기 에든버러는 지성인들의 고향이었다.

해마다 여름이면 세계 최대규모로 열리는 에든버러 국제축제the Edinburgh International Festival:EIF도 에든버러 프린지 페스티벌the Edinburgh Festival Fringe: EFF도 고성과 로열마일, 그리고 뉴타운 없이는 생명력 없는 축제에 불과할 것이다.[1] 이처럼 에든버러는 과거와 현재가 격리되어 존재하는 도시가 아니라 하나가 되어 서로 대화하고 있는 도시라 할 수 있다.

인구 1천만이 넘는 메가시티megacity들이 즐비한 시대에 1백만에도 미치지 못하는 에든버러가 어느 도시에도 뒤지지 않는 위상을 가지게 된 것은 이 같은 에든버러만의 특색 때문이라 할 수 있다. 에든버러도 커다란 바위산 하나에서 출발하였다. 따라서 이 바위산에 대한 이해 없이는 도시의 탄생과 성장에 대한 설명이 불가능하다. 이 글은 에든버러의 탄생과 성장에서 성城과 국왕 그리고 시민들이 차지하는 역할을 논하고자 한다. 그리고 성을 중심으로 한 에든버러의 유적이 어떻게 현대인의 삶과 결합해 있는지를 살펴보고자 한다.

‘데이비드의 혁명’과 에든버러의 탄생

12세기 중반 스코틀랜드는 ‘데이비드의 혁명’이라 불리는 거대한 변화를 목격하였다. 스코틀랜드는 12세기 초까지 북유럽의 핵심문화로부터 소외되어 있었고, 대체로 폭력성이 지배하는 사회였다고 할 수 있다. 당시 유럽의 모든 사회는 봉건제도가 잘 발달되어 있었다. 남쪽의 잉글랜드의 경우도 1066년 노르만 정복Norman Conquest 이후 체계적으로 봉건제도가 정착되었다. 그러나 스코틀랜드의 경우는 유럽의 일반적인 상황과는 달랐다. 사회구조는 봉건제도 대신 친족Clan의 수장이 각 지역을 지배하는 친족제도가 정착되어 있었으며, 유럽의 효율적인 행정조직이나 수도원 등의 기독교 문화도 찾아 볼 수 없었다. 게다가 스코틀랜드는 잉글랜드와 같은 상업적 도시들이 전무하였다. 이러한 상황은 잉글랜드에서 오랜 기간 동안 망명생활을 하면서 노르만 문명에 익숙했던 데이비드 1세(1124~1153)가 귀국하면서 완전히 달라졌다.

이는 스코틀랜드의 유럽화라고 할 수 있을 정도의 큰 변화였다. 먼저 데이비드는 프랑스와 잉글랜드를 모방해 스코틀랜드에 봉건제도를 도입하였다. 그는 귀국길에 데리고 온 노르만 기사들을 저지대Lowland의 군사적 요충지에 봉건영주로 세웠으며, 주요 지역에는 주장관Sheriff을 임명하여 행정적인 효율성을 기하였고, 유럽문화의 수입과 확대를 위해 전국에 수많은 수도원을 세웠다. 에든버러의 홀리루드Holyrood 수도원도 이때 세워졌다. 또한 그는 프랑스와 잉글랜드를 모방하여 교구와 주교구도 재조정하였다.

데이비드의 개혁 가운데 우리의 논의와 관련하여 가장 중요한 것은 스코틀랜드 전역에 약 15개의 국왕도시royal burgh를 만든 것이라 할 수 있다. 스코틀랜드만의 특색인 국왕도시는 국왕의 특허장에 의해 자격이 주어지고 외국과의 거래에서 독점권을 행사할 수 있었다. 데이비드는 먼저 남쪽 국경 부근에 록스버러Roxburgh와 버윅Berwick을 건설하였는데 이는 스코틀랜드 최초의 도시라 할 수 있다. 그 다음으로 생긴 도시는 던퍼밀린Dunfermline, 헤딩톤Haddington, 스털링Stirling, 퍼스Perth, 애버딘Aberdeen, 에든버러Edinburgh 등이다. 데이비드가 이들 도시를 국왕도시로 만든 것은 스코틀랜드의 상업 발달을 위해서였다. 이들 가운데 트위드Tweed 강가에 세워진 버윅은 상업이 가장 발달한 도시였다.

그러나 에든버러의 탄생을 상업적 환경과 관계시키는 것은 문제가 있다. 에든버러의 지형적 조건과 환경을 고려하면 에든버러는 상업도시로는 부적합한 지역이었다. 에든버러는 스코틀랜드의 다른 도시들과는 달리 도시의 생명인 강물을 끼고 있지 않다. 에든버러와 비슷한 시기에 국왕도시의 자격을 얻은 여러 도시들은 모두 강이나 바다 같은 자연적 입지조건을 갖추고 있었다. 그러나 에든버러는 가장 가까운 해안조차도 2마일가량 떨어져 있었다. 운송수단이 발달하지 못한 당시에 2마일이라는 거리는 상업도시의 입지조건으로 결정적인 흠이 아닐 수 없었다.

그러면 도대체 에든버러의 어떠한 조건이 도시로의 발전을 가능하게 만들었고, 그 구체적인 과정은 어떤 모습이었을까?

그것은 에든버러의 자연적인 지형과 밀접한 관련이 있다. 현재 에든버러의 구시가지old town는 화산활동과 빙하의 결과로 생긴 전형적인 '바위와 구릉Craig and Tail' 위에 세워져 있다. 에든버러의 지형은 1마일 정도의 긴 타원형 구릉으로, 서쪽 끝은 '성채바위Castle Rock'라 불리는 축구장 크기의 거대한 바위이며, 이 바위로부터 동쪽으로는 1마일 정도의 완만한 경사면으로 이루어져 있다. 성채바위는 해발 130m 높이로 서, 남, 북, 즉 3면이 지상에서 80m 정도로 치솟은 가파른 절벽이고, 동쪽만 구릉과 연결되어 있다. 그러나 이 동쪽면도 구릉과 어느 정도 높이의 차이가 있어 이 부분도 조금만 보강한다면 사방으로부터 공격이 불가능한 천혜의 요새로 사용될 수 있었다. 게다가 구릉의 북쪽 아래

그림 1_프린세스 스트리트에서 올려다본 에든버러 성

는 노어로크Nor' Loch라 불리는 큰 연못이 있어 방어에 더할 나위 없는 이점을 보태주고 있었다. 그러나 구릉의 남쪽과 동쪽의 경우는 높은 성벽을 쌓아야만 방어가 가능하였다.

이러한 지형적 이점 때문에 에든버러의 성채바위는 청동기시대와 초기 철기시대부터 요새로 이용된 것으로 보인다. 로마시대 프톨레미는 브리턴의 보타디니votadini족이 이 성채바위에 거주했다고 기록하고 있으며, 6세기 말 지명의 표기로 보아서도 요새가 있었음을 알 수 있다. 당시 브리톤어Brythonic language로 쓰인 〈고도딘Gododdin〉이라는 시는 이 성채바위를 '딘 아이딘Din Eidyn'으로 표현하고 있다. 이는 '아이딘Eidyn 요새'로 번역될 수 있다. '에든버러'는 영어가 보편화되면서 영어의 요새에 해당하는 '버러burgh'가 '딘' 대신 사용된 것으로 보인다.

에든버러 성채바위의 중요성을 깨닫고 이를 주요 거처 중 하나로 여긴 왕은 말콤 3세(1058~1093)이다. 말콤 3세는 바위 정점에 왕의 거처와 예배당을 건설하고 이를 왕비의 이름을 따라 마가렛 채플St. Margaret's chapel이라고 불렀다. 왕비 마가렛은 에든버러 성을 좋아했고 이 성에서 사망하였다. 잉글랜드와 적대관계에 있었고, 중앙집권적인 왕권을 소유하지 못한 말콤 3세가 안전한 성채에 가족과 함께 머물고자 했음은 지극히 당연한 일이었다. 그러나 말콤 3세는 국왕의 거주를 위해서 도시가 필요하다는 사실은 자각하지 못했던 것 같다.

그러나 12세기 초 데이비드 1세가 즉위하면서 변화가 일어났다. 그는 에든버러 요새의 장점을 누구보다도 더 잘 알고 있었다. 근대적인 대포가 없었던 중세시대에 돌로 된 성이 가지는 의미는 큰 것이었다. 게다가 가파르고 거대한 규모의 바위 위에 건설된 에든버러 성은 스코틀랜드 어느 성보다도 안전한 곳이었다. 그는 오랜 잉글랜드 망명생활 중에 노르만 석조 성들의 건축을 자주 목격했을 것이다. 데이비드 1세의 망명기간은 노르만 기사들이 잉글랜드에서 성을 건축한 시기와 정확히 일치한다. 그리고 그는 좁은 요새만으로는 국왕의 거주지가 되기 힘들다는 사실도 잘 알고 있었다. 즉 수도가 되기 위해서는 의회가 소집될 수 있고, 외국의 사신들에게 숙식을 제공할 수 있으며, 필요한 경우 공식적인 의례를 행할 수 있고, 국왕과 가족이 사용할 물품들이 공급될 수 있는 곳이어야 했다. 데이비드 1세가 에든버러를 국왕이 거주할 만한 곳, 즉 국왕도시로 만들고자 한 것은 이러한 배경에서이다.

당시 에든버러는 성채바위와 그 입구에 몇 가구의 집들을 소유한 언덕에 불과하였다. 에든버러가 하나의 도시로 성장하기 위해서는 종교적 그리고 경제적 하부구조가 우선 마련되어야만 했다. 먼저, 그는 종교적 기반을 세우기 위해 구릉 동쪽 끝의 가장 낮은 지역에 홀리루드Holyrood 수도원을 세우고, 성채바위와 수도원 중간 지점에는 세인트 자일스St. Giles 교회당을 설립하였다. 이는 주민들을 확보하기 위한 조치였다. 데이비드가 홀리루드 수도원을 아우구스티누스 계통으로 정하고 도시와 성으로부터 인접하도록 한 것도 그의 도시 만들기의 일환으로 볼 수 있다. 12세기 유럽에 유행한 아우구스티누스 수도회는 수사

그림 2_로열마일

가 사제를 겸하는 방식이어서 어느 수도회보다 도시 공동체에 적극적인 역할을 담당하였기 때문이다.

이러한 조치로 인해 자연스럽게 서쪽 끝 성에서부터 세인트 자일스 교회당을 거쳐 수도원까지 구릉의 능선을 따라 오늘날 '로열마일Royal Mile'이라 불리는 1마일 길이의 중앙대로가 만들어졌다. 물론 세인트 자일스 교회당은 도시의 중심이 되었고, 이후 시장도 교회당 부근에 형성되었다. 데이비드는 도시를 두 개의 국왕도시, 즉 서쪽 윗부분의 에든버러와 동쪽 아랫부분의 캐논게이트Canongate로 나누어 수도원 수사들의 특권을 보호하고자 했으나 도시의 확대와 함께 그 구분은 의미가 사라졌다.

데이비드는 상인과 수공업자들을 유치하기 위해 중앙대로 양편의 경사면을 나누어 "일 년과 하루 내"에 집을 지을 수 있는 자들에게 분양하였다. 또한 데이비드는 에든버러 시민들에게 다른 곳과는 비교할 수 없는 큰 특권들을 허락하였다. 에든버러 시민들은 외부인에게 통행료를 징수했지만 그들은 전국 어디에서나 통행료를 면제받았고, 외국과의 무역에서도 독점권을 부여받았다. 그들은 주위 로시안Lothian 지역의 농업생산물과 양모들을 독일과 플랑드르 지역에 수출하고 그곳에서 완성품을 수입하였다.

데이비드 1세는 에든버러에 외국인들의 이주도 적극 장려하였으며, 외국인 이주자들에게는 지대를 면제하는 조치를 취하기도 하였다. 모든 국왕도시에서 스코틀랜드인뿐 아니라 잉글랜드인, 프랑스인, 플랑드르인들은 차별 없이 모두 자유임차인free tenant으로 대접 받았다. 데이비드 1세가 주조한 스코틀랜드의 첫 번째 화폐인 은화silver penny는 도시의 상업이 물물교환이나 지역 거래 이상으로 확대되는 데 필수적인 요소였다. 게다가 데이비드 치세에 제정된 '네 도시법the Laws of the Four Burghs'은 도시민의 상업과 삶에 필수적인 안전과 질서를 제공하였다. 데이비드 1세의 이 같은 조치들은 에든버러가 요새를 벗어나 도시로 성장하는 데 결정적인 역할을 하였다.

이처럼 에든버러는 상업도시로서의 지형적 이점보다는 안전이라는 이유에서 국왕의 선택을 받았다. 결국 에든버러는 천연적인 요새지형 덕분에 국왕이 머무는 장소가 되었고, 국왕이 머물게 됨으로써 도시가 되었다고 할 수 있다. 요컨대, 에든버러는 요새와 국왕을 위해 만들어진 도시인 것이다. 그러나 12세기 국왕도시 에든버러의 탄생이 바로 스코틀랜드 수도의 탄생을 의미하는 것은 아니었다. 당시 스코틀랜드에서는 수도의 개념이 존재하지 않았으며 국왕은 여러 거점 도시들을 중심으로 거처를 지속적으로 옮겨 다니는 것이 일반적이었다. 에든버러는 이러한 거점 도시 중 하나였다.

에든버러 성과 외성

에든버러를 요새도시로 만드는 데 있어서 스코틀랜드 왕들의 가장 큰 고민은 에든버러가 잉글랜드 왕의 수중에 들어가는 것이었다. 이 난공불락의 성이 스코틀랜드 왕의 수중에 있는 한 강력한 보호처가 되겠지만, 만일 잉글랜드 군이 가지게 된다면 이는 스코틀랜드에 재앙이 될 것이 분명하였다. 사실 중세 내내 잉글랜드 왕들은 스코틀랜드의 포스Forth만 남쪽 지역을 잉글랜드의 영토에 편입시키고자 했다. 에든버러가 속해 있던 로시안 지역은 스코틀랜드에서 가장 기름진 곳으로 주민은 주로 앵글로색슨계였으며, 영주들은 노르만 출신이 많았으므로 잉글랜드와는 여러 면에서 관련이 많았던 지역이었다. 게다가 천혜의 요새인 에든버러 성은 전략적으로 매우 중요한 거점이었다. 이 성을 차지한다는 것은 스코틀랜드 주요 곡창지대와 양모 생산지를 통제할 수 있을 뿐 아니라 스코틀랜드 왕국을 포스만 이북으로 국한시킬 수도 있음을 의미했다. 12~13세기 스코틀랜드의 역사는 이러한 재앙을 적지 않게 경험하였다.

에든버러 성이 처음으로 잉글랜드의 수중에 넘어간 것은 1174년 데이비드 1세의 손자였던 사자왕 윌리엄William the Lion, 1165~1214이 잉글랜드 헨리 2세의 포로가 되었을 때였다. 헨리 2세는 에든버러 성, 버윅 성, 록스버러 성, 스털링 성을 넘겨받는 조건으로 윌리엄을 석방하였다. 이로써 포스만 이남은 잉글랜드에 넘어갔다. 이후 스코틀랜드는 이들 성을 되찾는 일에 엄청난 희생을 치러야만 했다. 에든버러는 1186년까지 12년간 잉글랜드인의 수중에 있었다. 스코틀랜드가 에든버러 성을 되찾은 것은 공성전攻城戰이 아니라 윌리엄이 잉글랜드 왕 헨리 2세가 지명한 왕비와 결혼하면서 결혼지참금으로 되돌려 받은 것이었다.

그러나 에든버러 성은 스코틀랜드 독립전쟁 시기 다시 잉글랜드에 넘어갔다. 1286년 알렉산더 3세Alexander III, 1249~1286의 사망으로 스코틀랜드 왕계가 끊어지고 귀족들 간의 왕위다툼이 일어나자 잉글랜드의 에드워드 1세는 스코틀랜드 왕의 주군이 되었고, 이 기회를 이용해 1296년 스코틀랜드 저지대 전역을 무혈로 정복하였다.[2] 에드워드 1세의 전략은 에든버러 성을 비롯해 남부 지역의 주요 성들을 장악하고, 수비대를 이용해 스코틀랜드 저지대 전역을 지배하는 것이었다. 그러나 14세기 초 스코틀랜드 군은 로버트 더 브루스Robert the Bruce, 1306~1329의 지도 아래 대부분의 저지대 성들을 공성전으로 재탈환할 수 있었다.[3] 그러나 325명의 잉글랜드 수비대가 지키는 에든버러 성의 경우 이야기는 전혀 달랐다. 스코틀랜드 군의 오랜 포위에도 불구하고 잉글랜드 수비대가 18년간 성을 굳건히 지킬 수 있었던 것은 성의 장점 때문이었다.

스코틀랜드 군이 에든버러 성을 탈환한 것은 뛰어난 공성전 덕분이 아니라 우연한 인물 덕분이었다고 할 수 있다. 1314년 3월 중순 모레이Moray 백작 토마스 란돌프Thomas Randolph는 수개월째 에든버러 성을 포위하고 있었으나 이를 탈환할 수 없었다. 성의 견고함 때문이었다. 당시 모레이 백작의 수하에는 어릴 적 에든버러 성 수비대의 가족으로 요새 내에서 자란 윌리엄 프란시스William Francis라는 병사가 있었다. 그는 누구보다 성을 잘 알고 있었으며, 자신만이 아는 구멍을 통해 매일 밤 성 아래 도시에 있는 애인을 만나기 위해 성벽을 오르락내리락했던 인물이었다. 그는 동료 특공대와 함께 성벽을 타고 올라가 초병을 죽이고 성문을 여는 데 성공하였다. 모든 잉글랜드 수비병은 살해되었고, 다시 한 번 에든버러 성은 스코틀랜드인의 손에 들어왔다. 이번에는 우연의 도움을 받았다.

이 경험은 에든버러 성과 같은 난공불락의 요새가 적의 수중에 들어갔을 때 얼마나 큰 문제가 될 수 있는가를 여실히 보여 주었다. 이러한 걱정이 로버트 더 부르스로 하여금 실수를 하게 만들었다. 1314년 에든버러를 확보한 로버트 더 브루스는 에든버러 성을 철저히 파괴하라고 지시하였다. 그는 친親잉글랜드적인 귀족이 많은 로시안 지역과 에든버러 성이 다시 잉글랜드의 수중에 들어가 스코틀랜드 내부에서 큰 위협이 될 경우를 염려했던 것이다. 그의 지시에 따

그림 3_위용을 자랑하고 있는 에든버러 성

라 에든버러 성 내의 모든 건물과 성벽은 파괴되었고, 한동안 성채바위는 가축을 기르는 곳으로 이용되었다.

아이러니하게도 에든버러 성의 재건은 브루스 사후 재개된 제2차 스코틀랜드 독립전쟁에서 에든버러를 점령한 잉글랜드 군에 의해서 이루어졌다. 1334년 잉글랜드 군은 요새가 없는 에든버러를 쉽게 점령하였고, 성채바위의 장점을 이용하기 위해 그 위에 요새를 재구축하였다. 에든버러 성이 투석기를 갖춘 것도 이때였다. 스코틀랜드 군이 성을 되찾은 것은 잉글랜드와 프랑스 사이에 백년전쟁이 재개된 1341년이었다. 잉글랜드 군은 100여 명의 수비대만을 남기고 철수했지만 성의 공략은 쉽지 않았다. 그러나 이번에는 스코틀랜드군의 속임수 작전이 들어맞았다. 상인으로 가장한 스코틀랜드 군이 수레를 성문에 정지시켜 성문을 닫지 못하도록 했기 때문에 성은 정복될 수 있었다.

이 사건은 스코틀랜드 왕들에게 성채바위를 없애지 않는 한 그 위에 요새를 가지지 않을 수 없다는 교훈을 남긴 것으로 보인다. 성채바위를 요새화하지 않은 채 버려두는 것은 잉글랜드 군이 에든버러를 쉽게 정복할 수 있도록 하는 것이고, 오히려 잉글랜드가 이를 요새화한다면 스코틀랜드에 치명적인 장애물이 될 수 있음을 보여 준 것이다. 적에 의해서도 요새화될 수밖에 없는 곳이라면, 요새를 없애기보다는 더 강화해 적의 수중에 들어가지 않게 하는 것이 최선의 방책이었다. 데이비드 2세(1329~1371)가 에든버러 성을 더욱 난공불락의 요새로 재건축한 것은 이 같은 배경에서이다.

1357년 잉글랜드의 포로생활을 마치고 돌아온 데이비드 2세는 즉시 요새의 보수를 시작하였다. 장기간 잉글랜드의 포로생활을 경험한 그는 국왕의 안전을 위한 강력한 요새의 필요성을 절감한 듯하다.[4] 그의 성 보수는 크게 요새의 방어능력과 왕궁기능을 강화하는 것이었다. 그는 요새 내 식수저장고를 만들고, 가장 약한 동쪽 구릉의 방어를 강화하기 위해 방벽의 기능을 가진 5층 건물을 세웠다. '데이비드의 탑David's Tower'이라 불린 이 건물에는 왕실 가족을 위한 아파트가 만들어졌다. 데이비드의 탑은 지금의 반달Half Moon 포대 왼쪽에 위치했으나 지금은 철거되었다. 또한 그는 왕실의 예배를 위해 세인트 메리 교회당을 재건하고, 요새 내에서 의전행사용 공간을 위해 크라운 광장Crown Square을 건설하였다. 이러한 데이비드 2세의 노력으로 성은 요새와 궁전의 두 가지 기능을 가지게 되었다. 15세기 초 잉글랜드 군대가 공성전을 했으나 실패하고 물러난 것은 성의 기능이 완전히 회복되었음을 말해 주는 것이다. 또한 15세기 중반까지 성은 왕궁으로서의 기능을 위해 다양한 건물이 추가되면서 요새로서의 기능뿐 아니라 국왕의 거처로도 손색이 없을 정도로 변모하였다.

국왕이 거처하는 도시가 되기 위해서는 국왕의 신변뿐 아니라 도시민의 안전 역시 확보되어야만 했다. 18세기 역사가 윌리엄 마이틀랜드William Maitland는 그의 *History of Edinburgh*에서 1450년까지 에든버러는 전혀 방어가 안 된 도시였다고 주장한 적이 있다. 마이틀랜드의 주장이 14세기 외성의 효율성을 의미하는 것이라면 크게 틀린 것은 아니다. 그러나 외성이 아예 존재하지 않았다거나 15세기 전반의 외성도 방어기능이 없었다고 주장하는 것이라면 이는 사실과는 거리가 멀다. 14세기 이전 외성의 존재를 보여 주는 증거는 적지 않다. '서문'과 '남문'에 대한 언급이 각각 1160년과 1214년 기록에 나타난 것으로 보아 당시 외성이 존재했던 것으로 보인다. 이것은 에든버러를 국왕도시로 세운 데이비드 1세가 도시의 경계와 방어를 위해 기초적인 방벽을 세웠음을 말해 준다. 그러나 당시 성과 외성은 초기 노르만 영주들이 세운 '모트와 베일리Motte-and-bailey', 즉 나무방책으로 세운 외성 그 이상은 아니었을 것으로 보인다. 즉 구릉의 서쪽과 북쪽 방면은 절벽과 호수로 이루어져 자연적 방어수단이 있었으므로 남쪽과 동쪽 경계를 통나무로 막은 모습이었을 것이다. 이러한 방벽이 효과적인 방어수단이었다고 보기는 어렵다.

14세기 에든버러의 피해를 가장 잘 보여 주는 것은 1356년 2월 잉글랜드의 에드워드 3세가 에든버러를 공격하여 전 도시를 불태운 사건이다. 스코틀랜드인들이 그날을 가리켜 "불탄 성촉절Burnt Candlemas"이라고 불러 왔다는 사실은 당시의 피해가 얼마나 컸던가를 말해 준다. 또한 14세기 말 에든버러의 시민들이 잉글랜드 군의 공격과 방화에 무너져도 "3일 만에 다시 지을 수 있는" 정도의 값싼 집을 지었다는 기록은 견고한 성과는 달리 도시 그 자체는 외부의 공격에 무너지기 쉬웠음을 의미한다.

그러나 15세기 상황은 완전히 달라졌다. 15세기에는 어느 정도 효과적인 석조 외성이 존재하고 있었던 것으로 보인다. 석조 외성인 '왕의 성벽the King's Wall'에 대한 최초기록이 1427년에 나타난 것으로 보아 적어도 그 이전에 축성되었을 것으로 보인다.[5] '왕의 성벽'의 흔적으로 보아 남쪽의 경계는 구릉의 남쪽 경사면 중간 지점, 즉 로열마일과 '카우게이트Cowgate'라 불리는 골

그림 4_에든버러 성의 내부. 멀리 북쪽에 포스만이 보인다.

짜기의 중간지점이며, 동쪽은 에든버러와 캐논게이트의 경계, 즉 세인트 자일스 교회와 홀리루드 수도원의 중간지점에 있었다. 왕의 성벽은 1450년 제임스 2세James II, 1437~1460의 지시로 크게 강화되었다. 제임스 2세의 특허장은 성벽의 강화 방법으로 기존 성벽 위에 세워진 집들의 철거를 명령하고 있다. 그럼에도 불구하고 성벽의 남쪽 경계가 '카우게이트Cowgate' 골짜기로까지 확대되지는 않았다. 게다가 제임스 2세는 1457년 프랑스에서 제조된 대포 몬스 메그Mons Meg를 들여와 성에 배치하였다. 이 역시 15세기 에든버러 시민들에게 큰 위안이 되었던 것으로 보인다.[6]

15세기 중반 교황특사로 에든버러를 방문한 실비오 피콜로미니Silvio Piccolomini는 "잉글랜드인들에 대한 욕보다 스코틀랜드인들을 더 기쁘게 하는 것은 없다"라고 기록하고 있다. 1470년대 블라인드 해리Blind Harry의 시 *Wallace*도 같은 증오심을 보여주고 있다. 이러한 증오심은 15세기 에든버러에 대한 잉글랜드의 침입이 집중되었다는 증거로 보기보다는 100년 이상 지속되어 온 잉글랜

그림 5_에든버러 성에 설치된 몽스메그(Mons Meg)

드와의 전쟁이 낳은 국민적 감정으로 보아야 할 것이다. 15세기 에든버러성은 왕의 안전을 위한 스코틀랜드 최고의 장소가 되었고, 도시민의 안전 역시 15세기 초 외성의 강화로 확보되었다. 에든버러는 국왕도시로 성장할 수 있는 기초를 가지게 된 것이다.

수도 꾸미기: 궁전, 거리, 도시의 팽창

14세기 스코틀랜드는 잉글랜드와의 독립전쟁으로 경제적 고통을 받고 있었으며 에든버러 역시 예외가 아니었다. 14세기 에든버러의 경제적 위기를 보여주는 기록은 적지 않다. 1385년 프랑스 기사 500명이 '오랜 동맹Auld Alliance' 국가인 스코틀랜드를 돕기 위해 에든버러에 주둔한 적이 있었다. 이들은 당시 에든버러의 가옥 수가 400호 정도였으며, 프랑스의 지방 도시보다 작은 도시였다고 소개하고 있다. 또한 프랑스 기사들은 스코틀랜드 평민들의 냉대를 경험하였다고 보고하고 있다. 기록에 따르면 기사들은 도시에서 숙소를 구할 수가 없었으며, 음식 값은 터무니없이 비쌌고, 장작을 구하러 보낸 하인들은 시민들에게 구타를 당했을 뿐 아니라, 도시 내에서는 말을 맬 곳도 없었다. 반세기 뒤 실비오 피콜로미니 역시 크게 다르지 않게 보고하고 있다.

> "나는 헐벗은 몸으로 교회당 문 앞에서 구걸하는 가난한 이들을 보았다. 이들은 석탄 한 조각을 얻고는 밝은 얼굴로 그 자리를 떠났다."

이 같은 보고는 당시 유럽에서 가장 부유한 프랑스 상류층의 시각이라는 점에서 어느 정도 객관적인 시각이 결여되었을 수도 있다. 또한 이 시각은 프랑스와의 비교를 보여 준 것이지, 14세기 에든버러가 경제를 그 이전 시기와 비교한 것은 아니었다. 비록 프랑스와 비교하여 14세기 에든버러는 가난했을지라도 그 이전 시대와 비교하면 상당한 경제적 발전이 있었던 것으로 보인다. 적어도 건축에 관한 한 14세기 에든버러는 그 이전 시대와 비교하여 상당한 성장을 보였다. 앞에서 언급한 것처럼 14세기 중반 데이비드 2세는 성과 외성에 대한 대대적인 보수를 시행하였고 이것은 그의 후임 로버트Robert 2세 치세에도 지속되었다. 세인트 자일스 교회의 확장도 로버트 2세 치세에 이루어졌다. 1385년 잉글랜드 군대의 약탈 이후 1390년대에서 1419년까지의 기간에 교회당은 크게 확장되었으며, 현재 골격의 대부분은 그 당시에 세워진 것이라 할 수 있다. 이러한 건축은 시 정부의 재정에 여유가 있었음을 의미한다. 건축이 경제에 대한 하나의 지표라고 할 수 있다면 적어도 14세기 중반부터 에든버러는 경제적으로 회복되고 있었다고 말할 수 있다.

14세기와는 달리 15세기의 에든버러는 모든 면에서 급속히 성장하고 있었으며, 수도로서의 위상을 확고히 다지고 있었다. 이는 15세기 스코틀랜드 국왕들의 기여가 주된 역할을 하였다고 할 수 있다. 하나의 중세도시가 수도가 되기 위해서는 국왕 거주지로서의 역할뿐 아니라 의회소집, 국가 간 회담, 국왕의 결혼과 장례 같은 국가적 행사가 개최되어야만 했다. 이러한 의미에서 15세기 에든버러는 타 도시를 크게 앞서고 있었다. 14세기 에든버러에서 이러한 국가적 행사가 없었던 것은 아니지만 그 빈도는 15세기와 비교가 되지 않았다.

이미 14세기 중반부터 스코틀랜드 왕들은 가끔 좁고 바람 많은 성 대신 홀리루드 수도원의 객실을 국왕의 거주지로 이용하고 있었다. 홀리루드는 성으로부터 1마일 정도의 거리에 위치했으므로 유사시는 거처를 성으로 옮기는 데 아무런 문제가 없었다. 홀리루드 수도원을 주 거주지로 사용한 왕은 제임스 2세였다. 그는 홀리루드에서 태어나, 성장하고 즉위하고 결혼하고 묻힌 인물이었다. 홀리루드의 주된 기능이 수도원에서 왕궁으로 변모하게 된 것은 제임스 4세 치세 때였다. 그는 잉글랜드 마가렛 튜더Margaret Tudor와의 결혼을 위해 홀리루드에 아파트, 화랑 그리고 왕실예배당을 추가하였다. 이로써 홀리루드 궁전은 수도원의 부속건물이 아닌 독자적인 왕궁의 면모를 갖추게 되었다. 요새가 아닌 안락한 왕궁의 존재는 왕의 거주를 고정시키는 결과를 초래하였고 이는 에든버러가 수도로 발전하는 데 결정적인 역할을 하였다고 할 수 있다.

15세기 중반부터 에든버러는 주된 의회소집 장소가 되었다. 15세기 초까지 주된 의회 소집 장소는 퍼스였다. 예를 들면, 제임스 1세(1406~1437)가 소집한 총 16번의 의회 중 단 2번만 에든버러에서 열렸고, 나머지는 모두 퍼스에서 소집되었다. 그러나 이러한 상황은 제임스 2세의 치세에 완전히 뒤바뀌게 되었다. 제임스 2세의 재위기간에 소집된 총 13번의 의회 중 11번이 에든버러에서 열렸다.[7] 에든버러에서 소집된 의회는 제임스 2세 때 완공된 톨부스Tollbooth 건물에서 개최되었는데 이 건물은 원래 시장을 감시하기 위한 목적으로 건축되었으나 15세기에는 시청사와 감옥 그리고 의회 건물로 사용되었다.

그림 6_홀리루드 왕궁

15세기 에든버러가 수도로서의 위상을 획보해 감에 따라 도시의 정치적·사회경제적 측면도 나란히 성장하였다. 15세기 에든버러의 경제적 부흥은 타 도시의 추종을 불허하였다. 14세기 초 스코틀랜드에서 가장 번성했던 국경도시 버윅은 계속된 잉글랜드와의 전쟁으로 쇠퇴하였으며, 1482년에는 잉글랜드의 영토가 되었다. 버윅의 쇠퇴에 가장 큰 혜택을 본 도시는 에든버러였다. 15세기 에든버러는 스코틀랜드 최고의 상업도시로 성장하여, 15세기 중반에는 스코틀랜드 양모 무역의 50%, 1500년경에는 스코틀랜드 관세의 60%를 감당하였다.

에든버러의 경제적 성장은 인근 항구 리스Leith의 희생이라는 요소도 고려할 필요가 있다. 에든버러의 주요 수출입 항구인 리스는 법적으로 독립적인 도시가 아니라 에든버러에 종속되어 있는 도시였다. 스코틀랜드 국왕들은 항구가 없는 에든버러를 키우기 위해 리스를 희생시킨 것이다. 그 결과 리스의 거주민들은 상업에 종사할 수 없었고, 대신 부두 노동자, 선원, 짐꾼 등의 역할만 허락

그림 7_클로저라 불리는 골목길

되었으며, 에든버러의 상인들에게 철저히 종속되었다. 반면 에든버러 상인들에게 주어진 제한은 리스에 가옥을 건축하지 못한다는 것뿐이었다. 이러한 이유로 두 도시는 서로 공생관계이면서도 서로에 대한 증오심을 가지고 있었고, 1571년에는 두 도시가 서로 전쟁을 하기도 하였다.

15세기 에든버러의 경제적 성장은 인구와 가옥의 증가를 동반하였다. 당시의 정확한 인구를 알 수 있는 방법은 없다. 14세기 말 에든버러의 가옥 수가 400호 정도였다면 인구는 약 4,000~5,000명 내외로 볼 수 있을 것이다. 그리고 대부분의 학자들은 1550년대 인구를 약 9,000~15,000명 정도로 파악하고 있다.[8] 이러한 기준으로 볼 때 15세기 말 에든버러의 인구는 15세기 초와 비교해 두 배로 증가했다고 볼 수 있다. 아마도 이 같은 인구 증가로 인해 로열마일의 캐논게이트 부분에 가옥이 빽빽이 들어서고, 기존의 건물도 고층으로 변모했을 것으로 보인다. 그러나 남쪽으로의 확대는 제한된 것으로 보인다. 그것은 외성 밖과 카우게이트Cowgate 사이에 수도원들이 서로 연결되어 세워졌기 때문이

그림 8_16세기 초 플로든(Flodden) 전투 이후 급조된 성벽

다. 15세기 말 카우게이트 건너편 언덕에는 프란체스코 수도원, 레이디 수도원Kirk o' Field of Our Lady이라 불리는 아우구스티누스 수도원, 도미니크 수도원, 베네딕트 수도원이 자리 잡았다.

결국 이 같은 외성 밖으로의 도시 확대는 새로운 외성의 건축을 불가피하게 만들었다. 외성의 확대는 월터 스코트Walter Scott가 "스코틀랜드 역사상 가장 비참한 사건"이라고 부른 1513년 플로든Flodden 전투의 패배가 자극제 역할을 하였다. 플로든 전투로 스코틀랜드 왕 제임스 4세(1488~1513)와 수많은 귀족들이 '숲의 꽃flowers of the Forest'이 되었다.[9] 이 소식은 전장으로부터 50여 마일 거리에 있는 에든버러 시민들을 공황상태로 몰아넣기에 충분하였다. 에든버러 시는 급히 도시 외성 밖에 있는 이들을 보호하기 위해 새로운 외성을 쌓기 시작했고, 이것이 오늘날도 그 일부가 남아 있는 플로든 성벽the Flodden Wall이다.[10]

외성의 확대에도 불구하고 계속적인 인구유입과 도시팽창의 압박은 가옥과 도로의 구조까지 바꾸어 놓았다. 부족한 공간 문제를 해결하기 위해 고층 가옥들이 건축되었으며, 건물과 건물은 가능하면 서로 연결되어 지어졌다. 건물은 로열마일 양편에 먼저 지어졌고, 그 후에 건물 뒤의 경사면에도 지어졌다. 뒤편에 위치한 가옥에 접근하기 위해 '클로저close'라 불리는 아주 좁고 긴 통로들이 만들어졌다. 이러한 가옥구조는 위생에 매우 열악했으며 거리는 고층에서 던진 오물로 가득 차 있었고, 이는 잦은 전염병의 원인이 되기도 했다. 그럼에도 불구하고 이 같은 에든버러의 고층 건물들은 중세의 기준으로 볼 때 도시의 팽창을 흡수할 수 있는 놀라운 창안물이었다. 말하자면 중세의 맨해튼이었던 셈이다.

16세기 에든버러 성은 한층 더 강화되었다. 이는 내전으로 인해 성의 일부가 파괴되었기 때문이다. 1571년 메리여왕Mary Queen of Scots을 지지하는 부대가 성을 차지하고 2년간 버틴 사건, 소위 '랑 공성전the Lang Siege' 동안 동쪽의 데이비드의 탑이 부서진 것이다. '반달 포대the Half-Moon Battery'는 1573년 성을 보강하기 위해 만들어진 것이다. 그러나 반달 포대가 완공된 1583년은 근대적인 대포의 발달로 인해 석조 성들의 방어기능이 점차 약화되기 시작하는 시점이었다. 아이러니하게도 이 같은 상황은 도시를 더 확대시키는 결과를 초래하였다. 이제 외성 내외뿐 아니라 심지어 에든버러 성까지도 안전한 곳이 못 되었다. 요새나 외성 모두 안전한 곳이 되지 못한다는 사실은 외성 밖에 거주하는 이들이 특별히 더 불안하게 여길 이유도 없어졌다는 뜻이다. 물론 종교개혁 이후 잉글랜드와의 밀월관계 역시 그들의 불안감을 해소하는 데 큰 역할을 했을 것이다.

대학, 뉴타운 그리고 축제

1560년 스코틀랜드는 종교개혁자 존 녹스John Knox의 주도로 종교개혁을 감행하였다. 녹스가 만든 새로운 교회는 그가 제네바 망명시절 칼뱅으로부터 전수받은 장로교였다. 장로교는 가톨릭과 피라미드식 조직구조는 동일하지만 사

그림 9_18세기 에든버러 대학의 모습. 지금은 '올드 칼리지'라 불린다.

람 대신 회의체로 구성되는 조직을 갖고 있었다. 개별교회는 당회를, 지역은 목사와 장로로 구성되는 (장)노회를, 전국은 노회의 대표들로 구성되는 총회를 가지고 있었다. 물론, 하부 회의체는 상부 회의체의 결정에 순종해야 하는 제도였다. 이제 에든버러는 새로운 교회조직에 따른 목사의 수요를 감당해야만 하는 종교적 수도가 된 것이다. 녹스의 비전은 국가의 기둥으로서 법정과 교회 그리고 대학을 세우는 일이었다. 에든버러 대학은 이러한 신교 비전의 일부로서 설립된 것이다. 1582년 국왕의 특허장으로 세워진 에든버러 대학은 세인트 엔드류스 대학, 글래스고 대학, 그리고 아버딘 대학에 이어 스코틀랜드의 네 번째 대학이었다. 당시 잉글랜드에는 옥스퍼드 대학과 케임브리지 대학만이 존재하고 있었다.

새로운 대학이라는 점에서 '뉴 칼리지New College', 그리고 시의 지원을 받았다는 점에서 '타운 칼리지' 등의 이름을 가진 이 대학은 자체 대학 건물을 가지지 못하다가 1827년에야 사우스 브리지south bridge에 '올드 칼리지Old College' 빌딩이 세워지면서 최초로 전용 건물을 가지게 되었다. 로버트 아담에 의해 설계

된 이 대학은 지금도 완벽한 모습으로 남아 있다. 19세기 초까지 대학은 비록 변변한 건물 하나 가지지 못했지만 17세기에는 장로교 사상의 본거지로서 혁명을 주도했고, 18세기 계몽시기에는 지적 운동의 중심이었으며, 에든버러를 '북방의 아테네the Athens of the North'라 불리게 만들었다. 당시 대표적인 계몽사상가는 데이비드 흄, 월트 스코트, 로버트 번즈, 아담 스미스 등이 있었다.

18세기 에든버러는 사상적으로만 새 옷을 입게 된 것이 아니다. 도시의 외관 역시 중요한 변화를 겪게 되었다. 1603년 스튜어트 왕실이 잉글랜드 왕위를 차지하면서 거주지를 런던으로 옮긴 이래로 에든버러인들의 소외감은 적지 않았다. 스코틀랜드 의회가 소집되고, 정부에 해당되는 추밀원privy council은 여전히 남아 있었기 때문에 어느 정도는 위안이 되었다. 그러나 1707년 통합법을 통해 잉글랜드와 스코틀랜드가 완전히 통합하여 한나라가 되면서 사정은 달라졌다. 국왕뿐 아니라 의회도 이제 런던으로 옮겨야 했다. 주요 귀족들 역시 런던으로 거처를 옮겼다. 1707년 5월 1일 에든버러 성에서는 두 나라 간의 통합을 위해 축포가 발사되었지만 에든버러 도시 그 자체는 축하할 일이 하나도 없었다.

잉글랜드와의 통합으로 에든버러가 받은 가장 큰 충격은 경제적 쇠퇴였다. 다리엔Darien 식민지 투자(1698~1700)의 실패로 인한 충격에서 아직 벗어나지 못한 에든버러는 잉글랜드의 해외 식민지가 그들에게 개방되었음에도 불구하고 그 열매를 따 먹지 못하고 있었다. 북미 식민지와의 거래는 오히려 대서양 연안의 도시인 글래스고Glasgow가 차지하였다. 18세기 초 에든버러의 재정적 궁핍은 두 나라의 통합으로 받은 경제적 충격이 얼마나 컸던가를 말해 준다. 설상가상으로 자코바이트Jacobite 운동은 도시를 더욱 혼란스럽게 만들었다. 1745년 9월 왕위를 요구하는 찰스 스튜어트Charles Stewart가 일시적으로 도시를 점령하기도 하였다. 이런 와중에 에든버러는 빈민과 범죄자들, 오염과 전염병의 도시로 전락하고 말았다.

이제 도시는 새로운 변화를 필요로 하였다. 그것은 도시의 중심을 구시대의 유물인 성채바위와 구릉으로부터 뉴타운으로 옮기는 것이었다. 에든버러 시민들은 북쪽 경사면 아래 있는 노어노크Nor' Loch 호수를 벗어난 들판에 새로운 신도시를 건설한 것이다. 유네스코의 세계문화유산으로도 등재된 뉴타운은 도시계획의 걸작이다. 1766년 신도시 디자인 공모에서 26세의 제임스 크레이그James Craig의 작품이 선정되었다. 그의 작품은 오늘날 프린세스 스트리트Princes Street와 언덕 위의 퀸 스트리트Queen Street 사이를 장기판 모양으로 구획하였고, 동서의 양 끝에는 정사각형의 정원, 즉 서쪽의 성 조지 스퀘어St. George Square와 북쪽의 성 앤드류 스퀘어St. Andrew Square를 두었다.[11] 그리고 구도시와 신도시를 잇기 위해서 호수의 동쪽에 남북으로 다리를 놓고 이를 '노스브리지North Bridge'라 불렀다. 그리고 호수는 배수를 하여 동서로 긴 정원으로 만들었으며, 그 중간지점에는 신도시와 구도시를 잇는 도로를 만들기 위해 땅을 메우고 이를 '마운드Mound'라 불렀다. 신도시와 구도시를 잇는 이 도로변에 현재 스코틀랜드 국립 미술관National Gallery이 위치해 있다. 19세기 초 뉴타운은 다시 북쪽으로는 리스 해변까지 확대되었고, 동서로도 크게 확대되었다.

뉴타운의 등장은 물리적인 면에서뿐 아니라 여러 가지 면에서 에든버러를 양분하였다. 먼저 경제적인 면에서 부유한 뉴타운은 상업과 금융의 중심이 되었고, 중산계층의 거주지가 되었다. 또한 문화적으로도 계몽운동의 중심지가 되었으며, 정부와 행정 중심지가 되었다. 반면 구타운은 여전히 빈민들의 주된 거주지였으며, 로열마일에 거주한 모든 젠트리 계층은 1817년 제임스 퍼거슨James Ferguson을 마지막으로 뉴타운으로의 이주를 마쳤다. 이 같은 분리는 구시가지의 모습을 더욱 어둡게 만들었다. 밝고 질서정연하고 진보적이고 새 시대의 이상에 부합할 뿐만 아니라, 넓고 반듯하며 곡선의 경우마저 우아한 초승달 모양의 거리로 구성된 뉴타운과 어둡고 음습하고 비좁고 냄새나고 무질서하

그림 10_성에서 바라본 뉴타운의 모습

며, 술주정뱅이로 가득한 구시가지의 대비는 여러모로 이중성을 가진 인간을 양산하고, 인간의 다중인격성을 담은 문학을 탄생시키는 배경이 되었다.

시의원이며, 캐비닛 생산업자였던 윌리엄 브로디William Brodie, 1741~1788는 이러한 인간상을 대표하는 인물이었다. 그는 공식적인 모습과는 달리 밤에는 도둑 떼의 두목이었고, 두 명의 정부를 두었으며, 도박을 즐겼다. 물론 두 명의 정부는 서로의 존재를 몰랐다. 브로디의 이야기가 로버트 루이스 스티븐슨Robert Louis Stevenson의 소설 『지킬박사와 하이드*The Strange Case of Dr Jekyll and Mr Hyde*』에 영감을 준 것은 잘 알려진 사실이다.

그러나 구시가지 역시 완전히 버려진 땅은 아니었다. 아이러니하게도 구시가지의 변모는 뉴타운이 거의 완성된 1827년에 발생한 대규모 화재 덕분이었다. 많은 빌딩들이 새롭게 세워졌으며 남쪽 골짜기 카우게이트 건너편에 있는 시가지와의 편리한 통행을 위해 두 개의 다리도 새로이 건설되었다. 그중 하나는 노스 브리지North Bridge와 연결된 도로의 남쪽에 만들어진 사우스 브리지South Bridge

그림 11_멀리 칼튼힐이 보인다.

이다. 앞서 언급한 것처럼 '올드 칼리지'도 이때에 사우스 브리지 남쪽 건너편에 세워진 것이다. 또 하나의 다리는 구릉 동편 끝, 즉 에든버러 성 입구에서 카우게이트를 건너 그레이프라이어 교회Greyfriers church에 이르는 '조지 4세 다리George IV Bridge'이다. 이 다리 변에 스코틀랜드 국립도서관이 있다. 이처럼 18~19세기 에든버러는 비록 잉글랜드와의 통합으로 인해 수도의 기능을 잃었지만 그 자체의 창조력으로 계몽사상과 그에 알맞은 뉴타운을 건설하고, 올드타운을 꾸며 문화중심지, 즉 '북방의 아테네'가 된 것이다.

문화도시 에든버러의 진화는 이것으로 끝나지 않았다. 제2차 세계대전 직후 1947년 우울한 분위기 일신을 위해 '에든버러 국제 축제'가 조직되었다. 그들은 축제를 "인간정신의 개화를 위한 토대"를 제공하기 위한 것으로 정의하고, 연극, 클래식, 무용, 오페라 등 고급 취향의 공연물을 초대하였다. 같은 해 공식적인 축제의 일부가 되지 못한 8개의 극장은 자신들만의 축제를 조직하였다. 이것이 에든버러 축제의 일부가 되는 '에든버러 프린지 축제'이다. 두 축제 기

그림 12_2012년 에든버러 밀리터리 타투(Military Tatoo)

그림 13_로열마일에서 펼쳐지고 있는 프린지 페스티벌의 한 장면

구는 독립적인 단체로 매년 별도의 축제를 기획하지만 매년 비슷한 기간에 축제를 열고 있어 시민들과 여행객들에게는 하나의 축제로 다가온다. 이와 함께 수많은 독립적인 축제들도 에든버러를 국제적인 축제 도시로 만들고 있다. 그 중에서도 에든버러의 상징인 에든버러 성을 이용한 '에든버러 국제 군악대 행진Edinburgh Military Tatoo'은 도시의 과거와 현재가 어떻게 대화하고 있는지를 잘 보여 주는 대표적 예이다.

나오는 말

"Nemo me impune lacessit(나를 공격하고도 벌을 받지 아니한 이는 없다)." 스코틀랜드 엉겅퀴 기사단the Order of the Thistle의 문장과 찰스 2세 이후의 스코틀랜드 왕실 문장에 보이는 이 구절은 에든버러 성의 정문 윗벽에도 적혀 있다. 이 라틴 구절은 어느 정도 과장이 없지 않지만 난공불락의 에든버러 성을 잘 표현하고 있다. 엄격한 의미에서 12세기 중반, 돌로 된 성의 기초가 세워진 이후 근대적인 대포가 나타나기까지 에든버러 성은 정상적인 공성전으로는 한 번도 점령되지 않았다고 볼 수 있다. 에든버러 성은 수차례 잉글랜드의 수중에 들어간 적이 있었지만 그것은 잉글랜드의 공격에 의해 빼앗긴 것이라기보다는 다른 이유로 잉글랜드에 넘겨진 경우였다. 또한 스코틀랜드 군이 재탈환한 적이 있지만 이는 우연과 속임수 덕분이었다. 에든버러 성은 내부에 식량과 물이 있다면 소수의 수비대만으로도 얼마든지 포위공격을 버틸 수 있었다. 14세기 초 에든버러 성은 잉글랜드 군의 수중에 들어가면 그들의 거점이 될 수 있다는 우려에서 철저히 파괴된 적이 있었지만, 다시 재건되어 14세기 후반에는 난공불락의 성이 되었다.

이러한 이유에서 에든버러는 스코틀랜드 국왕의 안전을 확보해 줄 가장 좋

그림 14_Nemo me impune lacessit(나를 공격하고도 벌을 받지 아니한 이는 없다)라는 글귀가 적힌 에든버러 성의 정문

은 장소였다. 국왕이 이곳에 머물기 위해서는 필연적으로 도시가 필요했지만 에든버러는 도시로서 성장하기에는 어려움이 많은 장소였다. 도시의 생명인 물길로부터 2마일이나 격리되어 있었던 것이다. 이러한 열악한 여건의 도시를 성장시키기 위해서는 많은 특권이 부여되어야만 했다. 열악한 여건과 잉글랜드와의 오랜 전쟁 속에서도 에든버러는 성장을 지속했고, 14세기 말에는 도시로서의 기능을 완전히 수행하고 있었다. 물론 이는 왕실의 지원 덕분이었다. 도시의 성장은 도시를 보호하는 수단, 즉 외성을 필요로 하게 만들었고, 외성은 다시 도시의 안전과 특권을 함께 보호하였다. 도시는 다시 왕을 위해 재정적으로 봉사하였고, 왕은 도시를 자치권을 가진 수도로 만들면서 그에 화답하였다.

15세기 수도 에든버러의 모습은 도시의 완성이 아니라 본격적 성장의 시작이었다. 16세기 에든버러는 경제적으로 폭발적인 성장을 보였다. 1590년대 에든버러는 전체 스코틀랜드 무역관세의 72%를 감당하고 있었다. 그러나 갑자기 일어난 왕실통합은 에든버러에 적지 않은 충격을 주었다. 17세기 초 왕실이 에든버러를 떠나면서 그들의 자존심은 큰 손상을 입었다. 18세기 초 국가통합은 에든버러의 경제적 쇠퇴를 가져왔다.

그러나 에든버러인들은 계몽을 꽃피우고, 뉴타운을 건설하면서 그들의 도시를 북방의 아테네로 만들었다. 그리고 20세기 후반 에든버러는 스코틀랜드를 넘어 세계 최고의 도시로 우뚝 섰다. 전 세계인이 매료되는 국제축제의 도시로 자리매김하게 된 것이다. 2011년 스코틀랜드 의회는 스코틀랜드의 독립을 원하는 스코틀랜드 국민당the Scottish National Party이 과반 의석을 차지하였다. 그들은 2014년에 스코틀랜드 독립에 대해 국민투표를 하겠다고 선언한 바 있다.[12] 만일 그들이 독립을 선택한다면 에든버러는 다시 한 번 수도가 될 것이다. 그러나 그 결과에 관계없이 에든버러는 그 자체로 세계인들에게 영감을 주게 될 것이다. 그들은 과거를 가지고 있고, 과거를 이용하여 오늘을 살고 있기 때문이다. 에든버러의 모든 것은 성채바위에서 시작되었다. 성채바위는 국왕과 왕국에 안전을 제공하였고, 도시에는 번영을 주었으며, 도시를 수도로 만들었다. 오늘날에도 에든버러가 영국의 어느 도시보다 더 빠르게 성장하고 있는 것은 에든버러 성의 유산 덕분이다.

미주

* 이 글은 필자의 다음 글에서 많은 부분 발췌했음을 밝혀 둔다. 김중락, 「도시를 위한 성인가, 성을 위한 도시인가?: 14~15세기 에든버러(Edinburgh)의 발전에 있어서 성과 국왕의 역할」, 『영국연구』, 25(2011), pp. 1~33.

1. 에든버러 축제는 다양한 축제를 포함하는 포괄적인 개념이며, 그중 가장 유명한 것은 '에든버러 국제축제'와 '에든버러 프린지 페스티벌'이다.
2. 당시 스코틀랜드 귀족들의 분열로 인해 에드워드 1세는 스코틀랜드 왕위를 지명할 수 있는 권한을 얻었고, 벨리올(Balliol) 가문을 지지하였다. 그는 스코틀랜드를 실질적으로 지배하고자 하였다.
3. 로버트 더 부르스는 윌리엄 월라스와 함께 스코틀랜드 독립전쟁의 영웅이다.
4. 데이비드 2세는 1346년 백년전쟁 중인 프랑스를 지원하기 위해 잉글랜드를 침공했으나 포로가 되었다. 그는 11년간 잉글랜드의 포로로 잡혀 있다 1357년 스코틀랜드로 돌아왔다.

5. 1369년 데이비드 2세가 외성의 동문격인 네더바우 포트(Netherbow Port)를 건설하였다는 기록은 석조 성벽이 이 당시 존재하고 있었을 가능성을 보여 준다.
6. 구경이 510mm, 길이 4.6m인 이 대포는 부르군디 공이 제임스 2세에게 선물한 것으로 알려져 있다. 이 대포는 1754년 런던탑으로 옮겨졌다가 1829년 다시 반환되었다. 이 대포가 왜 '몬스 메그'라 불리는지에 대해서는 확실하지 않다.
7. 14세기 국왕 가운데 2회 이상 에든버러에서 의회를 소집한 왕은 없었다. 로버트 브루스를 제외한 왕들은 모두 한 번만 에든버러에서 의회를 소집하였다.
8. 당시의 가옥은 대부분 복층이었고, 가옥당 3가구, 가구당 4명으로 추산한 것이다.
9. 〈숲의 꽃(flowers of the Forest)〉은 플로든 전투에서 죽은 이들을 기리는 스코틀랜드 민요로 16세기부터 널리 불렸을 것으로 보인다.
10. 플로든 성벽(the Flodden Wall)은 1.2m의 두께와 7.3m의 높이로 1560년에 와서야 완성되었다. 그러나 이 외성의 효과는 그 후 한 번도 검증된 적이 없었다.
11. 성 조지 스퀘어(St. George Square)는 조지 3세의 왕비 이름을 따서 샬롯 스퀘어(Charlotte Square)로 이름을 바꾸었다.
12. 2014년은 스코틀랜드의 실세적인 독립을 가져온 배녹번(Bannockburn) 전투 700주년을 맞이하는 해이다.

참고문헌

Scott, Walter. 『스코틀랜드 역사이야기』. 이수잔 역. 4 vols. 현대지성사, 2005.

Barrow, G. *Scotland and Its Neighbours in the Middle Ages*. London: Hambledon, 1992.

Bartlett, R. *The Making of Europe: Conquest, Colonization and Cultural Change, 950-1350*. London: Penguin Books, 1993.

Brown, H. *Scotland before 1700*. Edinburgh: David Douglas, 1983.

Catford, E. F. *Edinburgh: the story of a city*. London: Hutchinson, 1975.

Chipnail, M. *Anglo-Norman England, 1066-1166*. Oxford: Wiley-Blackwell, 1986.

Cruden, S. *Scottish Medieval Churches*. Edinburgh: John Donald, 1986.

Donaldson, G. *Scottish Church History*. Edinburgh: Scottish Academic Press, 1985.

Driscoll, S. T., and Yeoman, Peter. *Excavations within Edinburgh Castle in 1988-91*. Edinburgh: Society of Antiquaries of Scotland, 1997.

Fawcett, R. *Stirling Castle*. London; Batsford, 1995.

Fry, M. *Edinburgh: A History of the City*. London: Macmillan, 2008.

Gifford, John; McWilliam, Colin; and Walker, David. *Buildings of Scotland*. London: Viking Adult, 1985.

Lynch, M. *Edinburgh and the Reformation*. Edinburgh: John Donald, 1981.

Lynch, M. *Scotland: A New History*. Edinburgh: Pimlico, 1991.

Maitland, W. *The History of Edinburgh*. Edinburgh: Edinburgh U. P. 1753.

Moffat, Alistair. *Before Scotland: The Story of Scotland Before History*. London: Thames & Hudson, 2005.

Monmouth, Geoffrey of. *The History of the Kings of Britain*. Edited by Lewis G. M. Thorpe. London: Penguin Classics, 1966.

Moore, Robert Ian. *The First European Revolution, c.970-1215*. Oxford: Malden, 2000.

Nicolaisen, W. F. H. *Scottish Place Names: their study and significance*. London: Batsford, 1986.

Oliphant, Margaret. *Royal Edinburgh: her saints, kings' prophets and poets*. London: Macmillan, 1891.

Pennecuik, A. *Historical Account of the Blue Blanket*. Edinburgh, 1726.

Pirenne, H. *Medieval cities: their origins and the revival of trade*. Translated by F. D. Halsey. Princeton: Doubleday Anchor Books, 1925.

Salter, M. *The Castles of Lothian and the Borders*. Malvern, Worcestershire: Folly Publications, 1994.

Tabraham, C. J. *Edinburgh Castle: Official Guide*. Edinburgh, 2008.

Turgot. *Vita Margaretae*. Translated by W. Forbes-Leith. Edinburgh, 1884.

Wall, V. "Queen Margaret of Scotland: Burying th Past, Enshrining the future." In *Queens and Queenship in Medieval Europe*, edited by Anne J. Duggan, 27-38. Woodbridge: The Bodywell Press, 1997.

Young, M. D., ed. *Parliaments of Scotland. Edinburgh*: Edinburgh U. P., 1973.

도르트문트, 중세의 자유와 한자동맹 그리고 산업혁명의 도시

나인호_대구대학교 역사교육과

들어가는 말

독일 연방공화국 북서부에는 노르트라인-베스트팔렌Nordrhein-Westfalen 주가 있다. 이 주는 제2차 세계대전이 끝난 직후 독일에서 가장 컸던 프로이센 주가 해체되면서, 그 일부인 북부 라인 지방과 베스트팔렌 지역이 합쳐져 생겨났다. 이 주에는 무엇보다 흔히 '라인 강의 기적'이라 불리는 전후 서독의 경제부흥을 견인한 루르Ruhr 공업지대가 있다. 도르트문트Dortmund는 바로 루르 공업지대를 대표하는 도시 가운데 하나이다.

도르트문트는 2010년 현재 인구 58만 명이 넘는, 독일에서 여덟 번째로 큰 도시이다. 흔히 이 도시는 강철 · 석탄 · 맥주의 도시로 불린다. 다시 말해 중공업과 맥주산업으로 유명한 곳이다. 중공업이 산업혁명 이후의 근대성을 대표한다면, 맥주산업은 산업혁명기 이전의 시대, 즉 중세까지 거슬러 올라가는 전통을 대표한다고 할 수 있다. 도르트문트는 이처럼 오랜 역사를 지니지만, 그 역사는 매우 단절적이다. 이 도시는 '발전과 몰락'이라는 역사 진행의 양대 축

사이에서 부단히 진자운동을 해 왔다. 중세에는 한자동맹의 중심도시로서 부유한 상업도시였으나, 신성로마제국을 파멸로 이끈 30년 전쟁이라는 최후의 전 유럽적 종교전쟁의 와중에 몰락하였다가, 다시 19세기 산업혁명기에 근대 공업도시로 부흥하였다. 그러나 또다시 나치 독일의 암흑시대와 제2차 세계대전을 거치면서 폐허가 되었고, 이후 또다시 부활하였다.

그렇다면 도르트문트의 흥망성쇠의 역사는 어떤 모습일까? 한 가지 미리 밝힐 수 있는 것은 이 도시의 역사는 독일 역사 전체 및 유럽사 전반과 매우 밀접한 관련을 맺고서 전개되었다는 점이다. 따라서 이 글은 한 도시에 대한 역사 서술임과 동시에 한 도시에 초점을 맞춘 독일사 내지 유럽사 서술이라 할 것이다.

중세 자치도시 도르트문트

도르트문트가 최초로 언급된 것은 800년에 기록된 루르Ruhr 강 베르덴Werden의 베네딕트 수도원 수입 장부에서인데, 여기에는 "트로트만니Throtmanni에서 자유인 아르놀트가 8페니히를 우리에게 기부했다"는 기록이 나온다. 여기서 '트로트만니'란 도르트문트를 칭하던 고대 작센 방언이다.

기록에서 보다시피 도르트문트의 기원은 카롤루스샤를마뉴, 카를 대제 치하로 거슬러 올라간다. 카롤루스 대제는 당시 기독교로 개종하지 않은 작센족과의 전투를 목적으로 요새Burg를 건설하였다. 그는 요새와 더불어 이곳에 자신의 체류 기간 동안의 행정을 위해 조그마한 궁정을 설치했는데, 이 근처에 상인과 수공업자들이 정주하여 촌락을 이루었다. 이처럼 요새와 궁정 그리고 촌락이 초기 도르트문트의 모습이다.

도르트문트의 의미가 본격적으로 부각된 것은 카롤루스 사후 카롤링거 왕조가 쇠퇴하고, 10세기에 동 프랑크 지역에서 작센 왕조—오토Otto 1세 이후로는 신성로마제국의 황제 가문으로 격상된 왕조—가 성립되면서부터이다. 작센 공 하인리히Heinrich 1세가 왕이 되면서 도르트문트 요새에 왕실 직속의 성Pfalz을 건설한 이후로, 작센의 지배자들은 이를 숙영지로 활용하였다. 이에 따라 궁정 회합, 그리고 교구회의 및 제국 집회가 빈번히 개최되면서, 도르트문트는 제국 행정의 중심지 중 하나로 부각되었다. 이와 함께 많은 상인 · 수공업자들이 성 근처로 이사하게 되면서 시장이 형성되었다. 이처럼 10세기를 거치면서, 도르트문트는 요새, 성, 그리고 시장을 갖춘 중세 도시로 성장해 갔다.

이후 도르트문트는 특히 신성로마제국의 새로운 지배자가 된 호엔슈타우펜 Hohenstaufen 왕조(1138~1254) 치하에서 비약적으로 성장하여, 중요한 제국도시 가운데 하나가 되었다. 호엔슈타우펜 왕조가 시작된 1138년은 독일사의 분기점이었다. 황제왕의 권력이 교회와 봉건제후를 누르고 정점에 서게 되었기 때문이다. 이는 곧 제국도시들이 정치 · 경제적으로 엄청난 발전을 이루었음을 의미한다. 이 기간 동안 도르트문트는 베스트팔렌에 위치한 여러 도시 가운데 유일한 '자유 제국시이자 황제 직할의 제국시'가 되었으며, 도르트문트 시를 관할하는 제국직속 백작령 도르트문트와 함께 제국의 중요 거점이자 황제 정책을 지지하는 중요한 거점으로 발전하였다.

제국도시가 황제로부터 받은 특권은 크게 두 가지였다. 먼저, 제국도시는 법적인 자율성을 획득했다. 이를 통해 도르트문트 시 밖의 그 어떤 법정도 도르트문트 시민을 고발하거나 재판할 수 없었다. 다음으로, 제국도시는 경제적 발전을 보장받았다. 이를 통해 도르트문트 시는 시장을 개설하고, 관세를 거둘 수 있는 권리를 부여받았다.

이러한 법적 · 경제적 자치권을 토대로 도르트문트 시는 이미 1200년경에는 도시 전체를 둘러싼 성곽을 지닌 베스트팔렌 지역 최대의 제국직영지의 중심

그림 1_중세 전성기 도르트문트 모형도:도시 전체를 에워싼 성곽과 해자에 의해 외부 세계와 구별되었다.

지로 발전하였고, 13세기 중엽 이후로는 정치적 자율과 경제적 번영의 측면에서 최고의 전성기를 누리게 되었다. 정치적으로 도르트문트는 1250년에 황제로부터 성문화된 권리 보장 문서를 확보함으로써, 향후 많은 도시들의 모범적 선례가 되었다. 경제적으로는 특히 원거리 무역을 통해 번영하였는데, 도르트문트는 자신보다 먼저 번성하였던 독일 중부의 프랑크푸르트보다 더 많은 제국세를 낼 정도로 부유한 도시로 성장하였다. 규모의 측면에서도 도르트문트는 이미 1200년경에 약 81헥타르의 면적과, 동서 방향 1.1km, 남북방향 0.8km의 외연을 지닌 독일어권에서 가장 큰 도시 중 하나로 성장하였고, 인구 면에서도 14세기 중엽에는 거주민 수가 약 7,000명에 달함으로써 명실상부 독일어권을 대표하는 도시가 되었다. 이러한 전성기는—뒤에서 언급할—1388~1389년의 이른바 '대결투' 사건이 일어나기까지 한 세기 반 가까이 계속되었다.

도르트문트 시가 자치 도시로서 성장함에 따라 도르트문트 백작과의 관계도 점차로 변화하였다. 원래 도르트문트 백작은 13세기 초까지 황제에 의해 임명된 도르트문트 시와 도르트문트 백령(황제 직영지)의 최고 행정 담당관이면서, 최고 군사령관이자 최고 재판관의 권한을 갖고 있었다. 그러나 13세기 중엽 이후 도르트문트 시는 점차 원래 백작이 지녔던 권한을 조금씩 얻게 되었다. 1241년 도르트문트 백작은 시민들과 도시에게 도르트문트 시 시장에 위치한 자신의 관저, 자신의 고기 및 신발판매대에 대한 권리, 빵집의 대지권 등을 매각하였고, 1313년에는 도르트문트 시가 도르트문트 백작이 가진 재판권의 반을 얻게 되었다. 1320년에는 도르트문트 백작이 백작령의 반을 시에 매각하였고, 마침내 1504년에는 백작이 후손 없이 죽자, 나머지 반이 황제의 승인하에 시에 귀속되었다.

자치도시 도르트문트의 정치 · 경제생활의 중심은 시청이었다. 도르트문트 시청은 13세기 들어 30년간 시민들에 의해 새로이 건설되었다. 1241년 석조로 된 새 시청 건물이 완공되었을 때, 시민들은 이 시청 건물을 'domus consulum 위원회의 집' 혹은 'domus burgensium 시민의 집'이라 불렀다. 중세 도시가 가장 먼저 발달한 곳이 북이탈리아 지역이었는데, 석조로 된 시청 건물 역시 1150년경 북이탈리아에서 처음으로 건설된 것을 선례로 독일어권의 도시들이 이를 모방하였던 것이다.

도르트문트 시청은 경제적, 정치 · 행정적 기능을 지닌 채 다양한 용도로 사용되었다. 지하에는 포도주 창고가 있었고, 1층에는 포도주나 직물 교역과 같이 상업적 용도로 사용된 넓은 홀이 위치하였다. 그리고 여러 위층에는 집회소, 재판소, 축제 공간 등이 있었다. 이러한 복합적 성격은 중세 도시위원회의 기능 및 구성과 밀접한 관련이 있다. 도시 위원회는 도시 통치 기구, 특히 재판소로서의 역할을 수행하였고, 이런 맥락에서 위원회는 영업, 풍속, 교통, 건설을 관장하는 경찰 조직을 갖고 있었다. 또한 위원회는 도시공동체의 최고 기구로서 대외적으로 시민들의 정치적 대변자의 역할을 하였다. 그렇다면 어떤 사람들이 위원회의 구성원이었는가?

도르트문트의 경우 1400년까지 18명의 위원장이 재직했는데, 이들은 모두 세습거주자 신분에 속했다. 세습거주자 신분은 도시 안에 토지를 소유한 자들로서, 따라서 완전한 시민권을 획득할 수 있는 전제조건을 갖춘 사람들이었다. 이와 더불어 도시가 발전함에 따라 세습거주자 신분이 되기 위해서는 원격지 무역에 종사하는 상인 집단에 소속해야 한다는 조건이 중요해졌다. 원격지 무역에 종사하는 상인 집단은 일찍부터 라이놀디Reinoldi 길드를 만들어 그 구성원이 되었고, 도르트문트 시의 지도계층을 형성하였다. 라이놀디 길드의 구성원들은 고급의상 재단사로서, 이들은 직물 상인으로도 활동하였다. 이들은 직물 무역 이외에 포도주 무역에도 종사하였다. 시청이 포도주 및 직물 교역에 이용된 것은 바로 이들 도시위원회 지배자들의 이러한 경제적 특징 때문이었다.

13세기 중엽 이후 도르트문트는 영토 지배자의 공격으로부터 도시들을 방어하기 위한 도시동맹의 결성에 주도적인 역할을 하였다. 호엔슈타우펜 왕조가 몰락하고, 대공위 시대가 도래하자, 황제가 없는 상태에서 제국의 평화가 크게 위협받게 되었다. 이에 도르트문트는 스스로 자신의 권리와 번영을 지키기 위하여 1253년 뮌스터Münster, 조에스트Soest 등과 함께 도시동맹을 결성하였다. 이 동맹은 이후 결성된 모든 베스트팔렌 지역 도시동맹의 기초가 되었다. 이러한 도르트문트의 외교적 노력은 북유럽 최대의 도시 동맹이었던 한자동맹에 가입함으로써 절정에 달하였다. 도르트문트는 한때 동맹 내에서 지도적 위치를 차지할 만큼 중요한 지위를 누렸다.

도르트문트를 지배한 원격지 무역 상인들은 발트 해 무역에서 라인 지방의 도시들과 북유럽 사이를 연결하는 교량 역할을 했으나 뤼벡, 레발 등의 동북쪽 도시들이 부각되자, 13세기 중엽부터는 서유럽과의 무역으로 방향을 돌렸다. 14세기에 들어와 도르트문트는 한자동맹의 서유럽 무역에서 주도적 역할을 하면서 번영하였다. 특별히 도르트문트 상인들은 잉글랜드의 양모 수출업에서 중요한 역할을 수행했다. 더불어 양모 수출과 왕실 수입의 밀접한 연관관계로 인해, 이들은 잉글랜드 왕실에 돈을 빌려 주는 대부업에 종사하기도 했다. 예를 들어 백년전쟁이 발생하자, 잉글랜드 왕실은 재정문제를 해결하기 위해 도르트문트 상인들에게서 신용 대부를 받기도 하였다. 이 시기 한자동맹의 플랑드르, 네덜란드, 그리고 잉글랜드에 대한 무역정책은 도르트문트의 상인들에 의해 결정되곤 했다. 또한 도르트문트는 주 회원 도시로서 여러 준회원 도시를 거느리고, 한자동맹 회합에서 이들의 이해를 대변하곤 했다. 15세기 이후로는 동맹 내에서 도르트문트의 위상은 떨어졌으나, 그럼에도 불구하고 유럽 최후의 가톨릭 대 개신교 간 종교전쟁이었던 30년 전쟁(1618~1648)으로 인해 한자동맹이 해체될 때까지 동맹의 회원으로 남아 있었다.

이 밖에 중세 도르트문트의 경제생활은 양조업에 의해 특징지어진다. 도르트문트의 뛰어난 양조 기술은 계속 이어져 오늘날에도 도르트문트는 유럽 최대의 맥주 도시이자, 세계 두 번째의 맥주 도시로 자리매김하고 있다.

앞서 언급한 것처럼 도르트문트의 전성기는 봉건제후들과의 '대결투'에 의해 끝이 났다. 도르트문트는 제국도시로서의 지위를 유지하기 위해 황제 선출 시마다 이해관계에 있는 봉건제후들에게 자신을 담보로 저당 잡히곤 했는데, 이 도시가 누리고 있던 '제국이 부여한 자유'가 봉건제후들에게는 자신들의 지배력을 구축하는 데 방해가 되었다. 마침내 마르크 백작과 쾰른 대주교가 담보물에 대한 자신들의 법적 권리 실현을 명분으로 도르트문트에 대항하는 동맹을 맺어 결투장을 제출하고 이 도시를 공격하자, 전쟁이 벌어졌는데 이를 '대결투'라 한다. 이 전쟁에서 도르트문트는 승리했으나, 시 재정이 파탄 나고, 재정 문제 해결을 위해 중과세를 시도한 도시위원회에 대한 시민들의 불만이 폭발하는 등 도시의 피해도 컸다. 비록 전성기는 끝났으나, 이후 도르트문트는 위기를 극복하였고, 제국 도시 및 한자동맹 시로서의 의미를 17세기까지도 유지하였다.

도르트문트의 산업화

도르트문트는 30년 전쟁 이후 주로 농경에 종사하는 시민들이 거주하는 지방 소도시로 전락해 갔다. 이미 '대결투' 이후 줄어든 인구는 19세기 초까지도 회복되지 못했다. 1815년의 경우 도르트문트의 인구는 약 4,300명에 불과하여 14세기 중엽의 7,000명보다 훨씬 적었다. 그러나 프랑스 혁명과 산업혁명으로 인해 도르트문트의 의미는 19세기 동안 크게 변화하였다.

먼저, 1802년 나폴레옹에 의해 신성로마제국이 해체되고, 이후 프로이센이 개혁을 통해 새로운 근대국가 구성체를 형성하기 시작하면서, 제국도시로서의 의미는 사라졌다. 그러나 무엇보다 18세기 후반 영국에서 시작된 산업혁명의 물결은 도르트문트의 모습과 의미를 본질적으로 변화시켰다. 불과 100년도 안 되어 도르트문트는 보잘것없는 농업적 소도시에서 독일 경제를 선도하는 중요한 산업 도시로 전환되었다.

도르트문트가 속한 루르 지방의 산업화는 세 단계로 진행되었다. 첫 번째 단계는 19세기 중엽까지 진행된 초기 산업화 단계이다. 이 시기에는 여러 기술적 실험과 공장 건설이 더디지만 조금씩 진행되었다. 두 번째 단계는 1850년에서 1875년까지의 시기인데, 이 기간 동안 루르 지방에서는 최초로 경제 호황을 맞아 산업 시설의 활발하게 건설되었다. 마지막 단계는 1875년 이후 제1차 세계대전이 발발할 때까지로, 루르 지방의 근대 산업경제가 확고히 뿌리를 내리게 되었다.

도르트문트 및 루르 지방의 산업화를 견인한 세 가지 요소는 광산, 제철소, 그리고 철도이다. 이른바 루르 중공업 지대라는 말에서 알 수 있듯이 이 지역의 대표산업은 석탄 · 철강 산업이었다. 특히 도르트문트는 중앙역의 건설로 철도 교통의 중요한 교차지hub 역할을 수행하였으며, 1850년대에 이르러는 루르 지역에서 가장 중요한 산업 건설기지로 발전하였다.

이에 발맞추어 도르트문트의 면적도 급속히 확대되었다. 1860~1870년대 사이에 도시를 둘러싼 성곽이 허물어지고, 주도로가 확장되었다. 이후 1905년, 도르트문트는 기존의 성곽 경계에 갇힌 독립시에서 도르트문트 군관구 전체를 포괄하는 거대 도시가 되었다. 이러한 거대도시화는 이후로도 계속되어 1929년까지 주변 34개 읍이 도르트문트에 흡수되었다.

특별히 1894년부터 1913년 사이에 루르 지방은 1870년대의 불황을 극복하고 고도 산업화 과정을 겪었다. 이른바 '2차 산업혁명'이라고 불리는 이 시기에 카르텔, 콘체른 및 여타의 기업 통합에 의해 거대 기업이 형성되었다. 이러한 고도 산업화 과정에서 도르트문트도 비약적 발전을 이뤘다. 1913년 도르트문트에 23개의 용광로가 설치되어, 루르 지역 철 생산의 20%가량을 담당하였으며, 루르 지역 광부의 약 23%에 이르는 9만 2천여 명의 광부가 도르트문트에 거주하면서, 루르 지역 채굴량의 22.4%에 이르는 240만 톤 이상의 석탄을 채굴하였다. 이 외에 양조업의 발전도 활발하였다.

그럼에도 불구하고, 이 시기에 들어와 도르트문트는 루르 지방의 산업중심지로서의 역할을 점차 뺏기기 시작했다. 1850~1870년대의 광산업의 주요 거점으로의 중요성도 사라져 갔고, 중공업의 중심지 또한 점차 라인 지역으로 옮겨 갔다. 동시에 철도 허브로서의 중요성도 상대적으로 약화되었다. 그러한 가운데, 마침내 1900년경에 루르 지역의 최대 중심지로서의 중요성을 에센Essen에 빼앗기고 말았다. 이에 도르트문트 시는 라인 지역에 비해 불리한 지리적 단점을 극복하기 위해 북해까지 이어지는 운하 건설을 추진하여, 1899년 독일제국 황제 빌헬름 2세가 참석한 가운데 유럽 최대의 운하 항구 개통식을 개최하였다. 그러나 운하는 기대했던 산업적 효과에는 미치지 못하였다.

급속한 산업화로 인해 도르트문트는 빠른 속도로 인구가 증가하였다. 앞서 언급한 것처럼 19세기 초 도르트문트의 인구는 4,300명에 불과하였으나, 1849년에는 10,515명으로, 1880년에는 66,544명으로 늘었고, 1914년에는 25만 명을 넘었다. 새로 유입된 인구는 주로 엘베 강 이동 지역의 봉건적인 농촌지역에서 일자리를 찾아온 사람들로서, 그곳의 대량 빈곤이 이처럼 이주율을 높였다. 특히 광부 중에는 폴란드 출신이 높은 비율을 차지하였다.

빠른 속도로 진행된 노동계급의 대량유입은 사회문제를 발생시켰다. 노동자들의 거주 지역은 도로도 갖춰지지 않았고, 제대로 된 조명 시설도 없었으며, 위생 상태도 형편없었다. 특히 지속적으로 문제가 된 것은 심각한 주택 문제였다. 많은 노동자들은 비싼 월세를 물며 좁은 집에 함께 거주해야 했다. 이와 함께 저임금과 산업의 주기적 위기에 따른 잦은 실업으로 인한 사회적 빈곤도 심각했다. 예를 들어 노동자 2~3명이 교대 근무 시간의 리듬에 맞춰 하나의 침대를 빌려 함께 생활하는 생활 형태가 일반화되었다. 이 밖에 조악한 노동 환경, 실업이나 질병 등에 대한 사회보장이 결여되었다는 것도 당시 사회문제의 중요한 특징 가운데 하나였다. 이러한 문제들은 사회 갈등을 심화시켰고, 사회적 저항을 불러일으켰다. 이처럼 급속한 산업화는 노동운동을 조직화시켰다.

도르트문트의 노동운동은 무엇보다 루르 지방에서 최대의 인구를 차지하고 있던 광부들에 의해 시작되었다. 프로이센에서 광부란 원래 국가 공무원 신분을 보장받은 일종의 특권 계급이었다. 그러나 산업화가 진행되면서 이제 광부는 광산 노동자에 지나지 않게 되었다. 이처럼 광부들은 전통적인 신분적 위세를 잃어버리고, 자신들의 사회적 처지가 악화되자 저항의 선두에 서게 되었던 것이다.

광부들의 사회적 저항은 처음에는 광부 개개인의, 또한 지역 광부조합Knappenverein들의 청원으로 시작되었다. 그러나 아무런 소득이 없자, 광부들 사이에서 스스로 연대하려는 노력이 활발해져 1855년 이후로는 여러 광부협회

그림 2_Neu-Iserlohn 광산의 광부들(1910)

들이 출현하였다. 곧이어 에센의 광부들이 주도한 루르 지방 최초의 대파업이 벌어지자, 도르트문트의 트레모니아Tremonia, 베스트팔리아Westfalia 광산의 광부들도 여기에 참가하였다. 이후 독일제국 성립 직후인 1870년대에는 도르트문트의 광부협회인 굴뤽아우프Glückauf가 주도하여 라쌀F. Lassalle의 개량주의 노선을 따르는 노동자 정당인 '전독일노동자총연맹ADAV'과 연계하여 '루르광부중앙협회'를 창설하려고 하였다. 그러나 이는 정부 당국의 반대로 실패하였다. 더 나아가 정부는 사회주의자 탄압법을 만들어 노동자 정당을 금지시켰다.

도르트문트와 루르 지역 광부 노조 설립의 마지막 계기는 1889년 광부 대파업이었다. 루르 지역 전체 광부의 80%가 참여한 이 파업은 전 유럽 초유의 대규모 파업이었다. 이해 5월 마침 황제가 도르트문트를 방문하자 광부 대표들은 황제와 면담을 추진했지만 아무런 성과를 얻지 못했다. 그러나 이러한 파업 실패의 경험은 곧 노조 설립의 계기로 작용했다. 마침내 1889년 8월 18일 '라인란트와 베스트팔렌 지역 광부들의 이해 증진과 수호를 위한 협회'가 창설되어, 개신교와 가톨릭 간의 종파적 대립, 사회주의자와 가톨릭 중앙당 지지자 간의 정치적 대립, 그리고 독일인과 폴란드인 사이의 민족적 대립을 뛰어넘어 공통의 이해를 대변하기 위한 초지역적 광부 노조가 출현하였다. 이 노조는 독일사회민주당SPD과 긴밀한 관계를 맺으면서 활동하였다. 이후 제1차 세계대전 시기에는 도르트문트와 루르 지역에서 철강 노조가 출현하였다.

마지막으로, 산업혁명기 도르트문트의 정당 지형도 변화를 언급해 보자. 도르트문트는 좌파 자유주의 정당, 그리고 사회민주당과 가톨릭 중앙당이 서로 경쟁하면서 보수 색채가 강한 독일 제국 전체와는 다른 진보적인 지형도를 만들어 냈다.

도르트문트의 가장 오래된 정당은 좌파 자유주의자들의 정당이었다. 이 정당은 1848년 혁명기에 자유주의와 민주주의 성향의 시민들이 보수 · 봉건적 명사들에 맞서 결성한 정치협회에서 기원한다. 도르트문트의 좌파 자유주의자들은 1861년 이후로는 중산층 시민과 개신교 노동자들의 지지 속에 진보당에 합류하였다. 이후 진보당은 1866년 대기업의 이해를 대변한 민족자유당에서 분리하여 독자적으로 발전하였다.

그러나 산업화가 진전되면서 노동계급의 강력한 지지를 받은 가톨릭 중앙당과 사회민주당의 비중이 점차 커졌다. 원래 도르트문트와 루르 지방은 사회주의 노동운동의 중심지가 아니었다. 1870년대 초반에는 도르트문트 지역에서 전독일노동자총연맹에 가입한 노동자들은 다수였던 광부가 아니라, 수공업자와 공장 노동자들로 구성되었다. 그러나 1875년 고타에서 전독일노동자총연맹과 마르크스주의를 수용한 독일사회민주노동자당이 합당하여 사회민주당이 결성된 이후, 도르트문트는 사회민주당의 중요한 거점도시가 되었다. 그러나 곧이어 사회주의자 탄압법이 발효되자 도르트문트 사회민주당은 자진 해산을 하였다. 그럼에도 불구하고, 앞서 언급한 것처럼 1889년의 광부 총파업 당시 사회민주당은 광부들에게 영향력을 끼칠 수 있었다. 이후 1890년에 사회주의자 탄압법이 폐지되자 사회민주당은 도르트문트에서 비약적으로 성장해 갔다. 마침내 1895년 선거에서는 도르트문트 회르데Hörde 선거구에서 최초로 사민당 소속 제국의회 의원이 배출되기도 하였다.

가톨릭 중앙당은 도르트문트의 정당 가운데 가장 안정적인 지지 기반을 가진 정당이었다. 가톨릭 교도는 비스마르크 치하에서 사회주의자와 마찬가지로 탄압을 받았다. 이른바 문화투쟁이라는 가톨릭 억압 정책으로 인해 가톨릭 인구가 정치적으로 결집한 것이 중앙당이었다. 이 당은 1890년대 이후로 사회민주당이 지속적으로 노동계급에 뿌리내리는 것을 막을 수는 없었지만, 가톨릭 노동계급을 비롯한 가톨릭 인구를 안정적으로 통합하는 데는 성공하였다.

20세기 전반기의 도르트문트: 전쟁과 혁명, 민주주의와 독재 사이에서

바이마르 공화국과 도르트문트

제1차 세계대전의 막바지에 러시아 혁명에 자극을 받아 키일 항에 주둔하던 독일 해군이 반란을 일으켰다. 이로써 11월 혁명이 시작되었다(1918년 11월 3일). 도르트문트 또한 혁명의 물결에 곧바로 휩싸였다. 11월 8일 혁명 해군이 도르트문트에 출현하여, 당일 오후 병사위원회를 구성하고, 저녁에는 사회민주당과 함께 노동자-병사 위원회를 구성하였다.

그러나 노동자-병사위원회 내에서, 독일 다른 지역에서와 마찬가지로, 제1차 세계대전에 찬성했던 다수파 사회민주당과 이에 반대했던 독립사회민주당USPD 사이에 선거 및 국민입법의회 구성을 문제로 투쟁이 벌어졌고, 이 과정에서 1919년 초 독립사회민주당 내의 급진 분파가 따로 떨어져 나가 독일공산당KPD 도르트문트 지구당이 창설되었다. 같은 시기 베를린에서 혁명의 진전을 요구하면서 로자 룩셈부르크R. Luxemburg, 카를 리프크네히트K. Liebknecht 등이 주도한 스파르타쿠스단, 즉 공산당이 봉기를 일으켰으나 실패하자, 이를 계기로 도르트문트에서 사회민주당이 독립사회민주당 및 공산당을 누르고 노동자-병사위원회를 장악하였다. 이처럼 도르트문트에서는 온건파 사회주의자들이 노동운동의 주도권을 장악했는데, 이는 다른 대도시와 비교해 보면 예외적인 것이었다.

사회민주당은 바이마르 공화국의 출발이 된 1월 19일의 국민의회 선거에서 압도적으로 승리하였다. 곧 노동자-병사위원회가 자진 해산하고, 3급 선거제[1]가 폐지된 가운데 시의회 선거가 열려 사회민주당이 다수당이 되면서, 자유주의 정당인 '독일인민당DVP', 가톨릭 중앙당과 함께 연정을 시작하였다. 시장은 독일인민당이, 시의회 의장은 사회민주당이 차지했다. 시위원회는 사회민주당 15명, 가톨릭 중앙당 7명, 독일인민당 6명, 그리고 공산당 6명으로 구성되어 독일제국 당시에는 비주류 내지 '독일민족의 적'으로 몰렸던 정치세력이 시 권력을 독점하게 되었다. 그리하여 도르트문트는 우파들에 의해 '붉은 도르트문트'로 불렸다.

주지하다시피 바이마르 공화국은 성립 초기에 극심한 인플레이션으로 인한 경제 혼란과 공화국을 무너뜨리려는 극우 및 극좌파의 봉기로 인한 정치적 불안정에 시달렸다. 도르트문트 역시 전후의 이러한 혼란 속에서 오랫동안 질서 잡힌 공공생활을 확립할 수 없었다. 특히 1920년 3월에 카프W. Kapp가 주도한 극우파의 무장 봉기(카프 반란)가 일어나자, 도르트문트에서는 공화국을 지키려는 노동자들과 반란군 사이에 격렬한 전투가 벌어졌다. 스스로 '붉은 군대'라 칭한 노동자 의용군은 반란 세력을 제압하고 도르트문트를 장악하였다. 그러나 중앙 정부의 묵인 하에 우익 용병단이 다시 노동자 의용군을 공격하여 결국 노동자 의용군이 진압되었다(루르 투쟁). 이 사건 이후 도르트문트의 노동자 사이에서 바이마르 공화국 대연정의 한 축으로 정권에 참여했던 사회민주당의 인기는 떨어졌다. 노동계급은 '사회주의적 목적'에 대한 배반과 혁명 실패의 책임을 사회민주당에게 물었다. 그 결과 곧이어 벌어진 선거에서 독립사회민주당이 약진하였다.

1923년 또 하나의 정치적 혼란이 도르트문트를 급습했다. 이해 1월 프랑스가 전쟁배상금 지연 문제를 해결한다는 명분으로 군대를 보내 루르 지방을 점령한 것이다. 프랑스 군정 정부의 자의적 통치는 민족적 저항을 불러일으켜, 루르 지역 여기저기서 크고 작은 저항과 소요가 발생하였다. 도르트문트에서도 소요가 발생하여 7명이 사살되었다. 희생자들의 장례식에 5만여 명의 시민이 참석하여 애도를 표했다는 사실을 통해 저항의 분위기가 어느 정도였는지를 짐작할 수 있다.

프랑스 군의 루르 점령은 기존의 인플레이션과 이로 인한 경제 혼란을 더욱 악화시켰다. 대다수의 광산이 휴업 상태에 들어갔고, 노동인구 가운데 90%가 실업 상태였다. 마침내 1924년 프랑스 군이 철수하고, 통화 개혁 등의 조치로 인플레이션도 멈췄다. 이후 몇 년간의 상대적인 안정기가 찾아와 독일의 경제는 제1차 세계대전 이전 상태로 회복되고, 정치적으로도 안정이 찾아왔다('황금의 20년대'). 바로 이 시기에 도르트문트는 더욱 발전하여 거대 산업도시가 되었다.

그러나 번영과 평화는 오래가지 못했다. 1929년 10월 25일 검은 금요일을 시작으로 대공황이 도래한 것이다. 특히 대공황 동안 독일의 실업률은 엄청났다. 1931년과 1932년의 경우 전체 노동인구 중 33%가 실업 상태에 놓였다. 대공황은 기존 정치세력에 대한 철저한 실망과 함께 유토피아를 약속하는 대안 세력에 대한 무비판적 추종을 불러일으켰다. 이러한 가운데 나치당이 '붉은 도르트문트'에서조차 1932년 11월 치러진 선거에서 전체 유권자의 17%를 넘는 지지[2]를 받게 되었다. 한편, 소수에 머물러 있던 공산당도 고용창출 프로그램 등으로 인기가 올라갔다. 반면 사회민주당은 도르트문트를 다스리는 집권당으로서 경제 문제에 책임을 져야 했다.

대공황 이후 도르트문트에서는 정치적 대립이 첨예화되었다. 1932년 1월의 경우만 보더라도 무려 2,000건 이상의 정치집회가 열렸고, 반대파에 대한 정치

살인마저 발생했다. 그러나 나치는 '붉은 도르트문트'에서는 힘겨운 싸움을 해야 했다. 진보적 노동자가 다수를 이루는 이 도시에서 나치는 목숨을 걸고 교두보를 마련해야 했다. 1932년 7월 나치 선전상 괴벨스P. J. Goebbels는 "루르 지방 여행은 목숨의 위협이 따른다"라고 일기에 쓰고 있다. 1932년 11월 6일 제국의회 선거가 실시되었을 때, 도르트문트 북부 지역에서는 나치와 공산당 사이에 격렬한 시가전이 벌어지기도 했다. 그리고 이 선거에서 공산당이 제1당이 되었다. 물론 2위와 3위는 사회민주당과 가톨릭 중앙당이 차지했다.

대공황 이후 전반적으로 나치의 지지가 올라가긴 했지만 도르트문트에서는 나치당이 사회민주당과 가톨릭 중앙당, 그리고 새로이 급부상한 공산당의 힘을 꺾을 수가 없었다. 1929년 치러진 시의회 선거에서 승리한 사회민주당은 절대 다수당으로서 1933년 초까지도 가톨릭 중앙당과 연정을 실시하였다. 히틀러가 권력을 장악한 1933년에 제국의회 선거와 함께 실시된 3월의 시의회 선거에서야 비로소 나치당은 중산층과 부르주아지 정당 지지자들을 흡수하여 제1당이 될 수 있었다. 그러나 나치가 얻은 표는 30.3%에 불과하였다. 이는 사회민주당과 공산당, 그리고 가톨릭 중앙당의 저항 블록이 결코 만만치 않았음을 뜻한다. 이러한 선거 결과는 도르트문트에서는 나치의 권력 장악 후 벌어질 반反나치 저항 운동의 잠재력이 강했음을 시사한다.

나치 지배하의 도르트문트

나치가 권력을 장악하자 도르트문트의 민주주의는 끝이 났다. 1933년에 실시된 지방 선거에서는 나치에 의해 불법화되었음에도 불구하고 38%의 유권자가 사회민주당과 공산당에게 표를 던졌다. 이는 나치당이 받은 표보다 7% 이상이 더 많은 것이었다. 그러나 나치는 시위원회에서 사회민주당과 공산당, 그리고 가톨릭 중앙당을 배제시켰다. 이어 나치 지역지도자 및 친위대SS, 돌격대SA의 최고지도자가 시위원회의 구성원으로 취임하였다. 행정체계는 '지도자 원리'에 의거하여 아른스베르크 관구장이 도르트문트를 관리함으로써 전통적으로 누려 왔던 도르트문트의 자율성이 말살되었다. 도르트문트의 공공생활은 나치의 '획일화Gleichschaltung' 정책에 의해 특징지어졌다. 나치 정권에 대한 비판자 및 반대자들은 '민족공동체의 적'이라는 오명을 쓰고 법적 지위를 박탈당하였다.

그러나 도르트문트 시민의 나치에 대한 저항운동은 끊임없이 계속되었다. 나치의 권력 장악 직후에 이미 저항그룹이 조직되었는데, 이 조직은 특히 네덜란드와 연계한 가운데 게슈타포의 감시에도 불구하고 반나치 문건들을 배포하는 활동을 하였다. 이 조직은 이전의 사회민주당과 공산당 당원이 중심이 되고, 여기에 가톨릭 중앙당 당원 등 여러 성향의 사람들이 가담한 다양한 정치 노선의 연합체였다. 나치에 대한 저항 활동을 하다가 체포된 사람 가운데는 이전에 사회민주당이나 공산당 지구당 위원장이나 노조 대표들도 여럿이 있었다. 체포된 사람들은 고문을 당하고, 감옥을 가거나 강제수용소에 구금되었다. 나치 저항 운동에는 몇몇 가톨릭 사제들이나, 일부 개신교 목사들도 가담하였다. 특히 도르트문트는 훗날 히틀러 암살을 시도하다가 죽임을 당한 본회퍼D. Bonhoeffer 목사가 활동했던 베스트팔렌 지역 고백교회의 중심지였다.

나치의 유대인 박해는 이곳 도르트문트에서도 조직적으로 시행되었다. 그 시작은 1933년 4월 1일 유대인 상점에 대한 '보이코트의 날'이었다. 대대적인 유대인 포그럼이 자행된 1938년 11월 9, 10일의 이른바 '수정의 밤'[3] 전야에는 이곳의 유대인 시나고그(회당)가 파괴되었고, 당일 밤에는 돌격대 및 친위대가 유대인 상점, 주택 등을 파괴하고, 유대인 회당에 불을 질렀다. 또한 게슈타포는 도르트문트 거주 남자 유대인의 75%를 '정치적 보호를 위한 체포'라는 명분으로 작센하우젠 강제수용소에 구금하였다. 1942년 '유대인 문제의 최종해결'이 시행된 이후 제2차 세계대전이 끝날 때까지 2,200명의 도르트문트 유대인

그림 3_1945년 2월 나치에게 살해당한 저항운동가 300인을 기리는 비테르마르크 추모비

이 절멸수용소[4]에서 살해당하였다.

종전 직전인 1945년 2월 게슈타포는 저항조직의 지도부 (특히 공산당원) 및 나치에 저항한 전쟁포로, 징용 외국인 등 모두 300명을 체포하여, 이들을 재판 없이 롬버베르크Romberberg 공원과 비테르마르크Bittermark에서 고문을 가하고 비참하게 살해하였다.

전후 도르트문트의 부활

1945년 4월 12, 13일 미군이 도르트문트를 점령하여, 영국군 군정 당국에 통치를 이관하였다. 이로써 도르트문트는 나치 독재로부터 해방되었다. 영국 군정 당국은 탈나치화를 진행하는 한편, 나치의 군수산업 역할을 했던 공장 및 기반 시설들을 철거했다. 군정 당국에 의해 임명된 시장 및 정무부시장, 과도위원회 체제가 마감되고, 마침내 1946년 10월 13일 시의회선거가 시행되었다. 이 선거에서 8년간 감옥 및 강제수용소에 구금되었다가 석방된 사회민주당의 헨슬러F. Henssler가 시장으로 취임하였다. 이후 사회민주당은 도르트문트 시 행정에 결정적 영향력을 행사하였다. 사회민주당과 더불어 가톨릭 중앙당의 후신이라 할 수 있는 기독교민주당CDU과 공산당 역시 도르트문트의 행정에 공동으로 참여하였다. 전쟁으로 거의 모든 관공서가 파괴되고 3,670명의 공무원 및 사무직원들 중 575명이 나치 전력으로 인해 해임됨으로써, 전문 인력의 부족 사태를 겪기도 하였으나, 좌우합작의 성격을 갖는 이 3당의 합의로 조금씩 행정의 정상화가 이루어져 갔다.

정치적인 새출발과 함께 도르트문트는 점차 전쟁의 상처를 씻고 재건되었다. 이 도시가 당한 가장 큰 피해는 공습에 의한 것이었다. 1943년 이후 도르트문트는 거대한 산업시설들로 인해 연합군의 공습 목표가 되었다. 1943년 5월 5, 6일과 24일의 공습으로 1,400명이 죽고 130,000명의 이재민이 발생하였으며 시청, 라이놀디Reinoldi 교회 등 중세 도르트문트의 흔적이 담긴 역사적 건물들이 사라졌다. 그러나 이는 아직 시작에 불과하였다. 1945년 3월 12일 최대의 공습이 시작되었다. 오후 4시 27분부터 5시 7분까지 불과 40분 사이에 1,000대의 폭격기가 5,000톤가량의 폭탄을 쏟아부어, 도르트문트 시내의 95%가량이 파괴되었다. 이 공습으로 교통로가 파괴되고 가스 · 전기가 끊겼으며, 중요 관공서 및 문화재가 소실되었고, 주택의 2/3가 파괴되었다. 그리고 무엇보다 6,000명 이상이 사망하였다.

전후 도르트문트 시민들은 또 다른 전쟁을 해야 했다. 바로 생존을 위한 투쟁이었다. 1940년대 말까지 식료품 도둑질과 약탈은 시민이 일상적으로 겪는 것이었다. 도르트문트의 경제적 재건은 군정 당국의 공장 및 산업 시설 해체로 인해 더욱 어려웠다. 경제적 재건은 마셜 계획이 발효되기 시작한 1950년대에 들어와 시작되었다. 이후 도르트문트 역시 이른바 '라인 강의 기적'에 합류하였다. 1950년대를 경과하면서 도르트문트의 철강 및 광산업은 전전 수준으로 거의 회복되었다. 전후 독일의 경제기적이 부동산 및 에너지 중심의 투자재 산업 위주로 진행되었기 때문에, 전통적인 광산업 · 중공업 도시였던 도르트문트에게는 매우 유리했다. 이 기간 동안 도르트문트의 경제 수준은 독일 연방공화국 평균치보다 훨씬 높은 수준을 자랑했다. 이는 필연적으로 도르트문트의 소비재 산업과 무역을 진흥시켰다. 오늘날 도르트문트에는 대규모 백화점이 많다. 이는 곧 도르트문트가 베스트팔렌 지역의 구매 중심지임을 의미한다.

1950년대 경제기적의 시기에 도르트문트로 수많은 인구가 유입되었다. 도르트문트의 인구는 1955년에는 60만 명이 넘었으며, 1965년에는 65만 명이 넘었다. 슐레지엔과 동독 등에서 이주한 피난민, 지중해 지역 등에서 온 외국인 노동자가 새로운 인구 성장의 주요 요소였다. 도르트문트는 자신의 부활을 기념하기 위해 베스트팔렌 홀을 재건했다.

석탄과 철을 통해 도르트문트는 라인 강의 기적에 기여했고, 비약적으로 발전했다. 그러나 1960년대 중반 이후 석탄과 철이 낡은 산업이 되어 감에 따라, 도르트문트는 구조적 위기를 겪어 왔다. 광산에서의 대량 해고와 생산 위축에 따른 철강 분야의 대량 해고 사태는 아직도 완전히 해결 안 된 장기적이고 구조적인 위기이다. 이를 해결하기 위해 도르트문트는 대도시의 인프라를 새로 짜기 위해 부단히 노력하고 있다. 그 결과 1980년대 중반 이후 체계적인 '재도시화Re-Urbanization'를 계획하고 실행해 왔다. 도시철도와 S-Bahn, 신공항을 건설했으며, 금융과 보험의 거점으로서 전환하는 데 성공하였다. 오늘날 도르트문트에는 독일 3대 보험사의 본사가 들어와 있다. 또한 대학과 20개의 학술연구소가 있다. 도르트문트 시는 근래에 들어와 자신을 매력적인 생활과 노동의 도시로 만들기 위해 특별히 휴식과 레저의 기회 향상, 환경 · 생태의 향상, 그리고 문화적 감수성의 향상을 목표로 끊임없는 변화의 노력을 가하고 있다.

미주

1. 독일제국 당시 제국의회 선거는 보통선거제로 치러졌으나, 프로이센을 비롯한 각 주에는 재산의 많고 적음에 따라 선거권에 차별을 둔 불평등 선거, 즉 3급 선거제가 존속하여 지방 선거는 3급 선거제로 치러졌다.
2. 독일 전체에서는 나치당이 33.7%를 획득하였다.
3. 수정의 밤(Kristallnacht): 깨어진 유대인 상점의 유리창 파편들이 달빛 아래에서 수정처럼 빛났다는 데서 유래한 말이다.
4. 나치의 강제수용소는 노동수용소와 절멸수용소로 구분되는데, 후자는 주목적이 대량학살을 위한 것이었다. 대표적으로 아우슈비츠의 비르케나우 수용소가 그러한 용도로 사용되었다.

참고문헌

Luntowski, Gustav/Schilp, Thomas/Reimann, Norbert/Högl, Günther, "Geschichte der Stadt Dortmund". In: Stadtarchiv Dortmund (Hrsg.): *Dortmunder Leistungen*. 2, (Harenberg, Dortmund), 1994

Reimann, Norbert/Palm, Hanneliese/Neufeld, Hannelore, *Dortmund - Ein historischer Zahlenspiegel. 1000 Daten zur Stadtgeschichte*. 2. Auflage. (Ruhfus, Dortmund), 1982

Stadt Dortmund (ed.), *Stadthistorie. Dortmund und seine Vergangenheit*. (Dortmund-Agentur, Dortmund), 2003.

Winterfeld, Luise von, *Geschichte der freien Reichs- und Hansestadt Dortmund*. 7. Auflage. (Ruhfus, Dortmund), 1981

http://www.dortmund.de/de/leben_in_dortmund/stadtportraet/stadtgeschichte

에도의 역사와 사회

하세헌_경북대학교 정치외교학과

에도의 역사

에도의 성립

'일본日本'이라는 국가의 성립은 일본 열도의 서부 지역인 규슈九州나 킨기近畿 지방을 중심으로 이루어졌다. 이들 지역은 중국 대륙과 가까이 있어, 한반도를 경유하거나 아니면 중국으로부터 직접 문물이 유입되기 쉬운 지리적 장점이 있었다. '킨기近畿'라는 말 자체가 중국의 율령제律令制로부터 유래한 것이다. 제도나 문화가 어느 정도 정비되어 가던 6세기부터는 나라奈良나 교토京都에 수도가 정해졌고, 이후 오랜 기간 이들 지역은 일본의 중심지로서 역할을 하게 되었다.

한편 동부 지역은 오랫동안 개발이 뒤떨어진 낙후 지역으로 존재했다. 동부 지역이 일본 역사의 전면에 등장하기 시작하는 것은 11세기 들어와 미나모토노 요리토모源賴朝가 카마쿠라鎌倉에 막부幕府를 설치하면서부터이다. 이때 교토와 카마쿠라를 잇는 일본 제일의 간선도로인 도카이도東海道가 처음으로 정비되기 시작했다. 그 후 무로마치實町시대에는 카마쿠라 쿠보우鎌倉公方가 동부 지방의 지배체제를 확고히 하였다. 이어서 전국시대戰國時代에 들어와서는 고호조시後北條氏가 민정제도를 정비하고, 도로 등을 부설하였다. 그리고 마침내 도쿠가와 이에야스德川家康가 전국시대를 평정하고, 일본 열도 최대의 평야지대인 에도江戶 일대에 거대도시를 건설하였다. 그는 16세기 말에 에도에 막부를 설치하고, 일본 역사에서 유례를 찾아볼 수 없는 260년간의 초장기정권을 이어 갔다. 이때부터 에도는 일본의 지배자가 된 도쿠가와 이에야스의 통치 중심지였을 뿐만 아니라, 사실상의 수도로서 기능하게 되었다.[1]

에도 막부 초기 그 지배하에 있었던 영토는 남쪽으로는 남규슈로부터 북쪽으로는 혼슈本州 일대까지 미쳤다. 에도의 니혼바시日本橋를 중심으로 전국에 5개의 가도街道가 설치되었고, 이를 기점으로 전국 곳곳이 연결되었다. 또한 각 도로에는 1리里마다 흙으로 쌓은 이정표를 설치했는데, 이를 '이치리츠카一里塚'라고 불렀다. 1리를 메타법으로 환산하면 약 4km가 되는데,[2] 당시 일반 사람들이 평균적으로 1시간에 걸어갈 수 있는 거리를 가리켰다. 교통수단으로서의 마차는 에도시대 말기에 들어와서 처음으로 도입되었기 때문에 당시에는 말을 타는 것 외에는 걷는 것이 유일한 교통수단이었다.

에도의 확대

도쿠가와 이에야스가 막부를 설립하였을 초기의 에도는 규모가 매우 작았다. 이에야스가 각 한藩[3]의 세력을 통제하는 방법에는 산킨코우타이參勤交代 제도[4]와 텐가부신天下普請이라고 일컬어지는, 각 한의 다이묘에게 공공공사 과업을 부과하는 제도가 있었다. 텐가부신은 에도를 정비하고 확대하는 데도 이용되었다. 즉 이에야스는 다이묘들을 총동원하여 당시 습지였던 해안가 토지를 매립하여 도시의 지리적 범위를 확충하고, 에도 성과 일반주민들의 생활 터가 되는 시타마치下町를 건설해 갔다. 도시 정비가 일단락된 것은 반치万治 3년

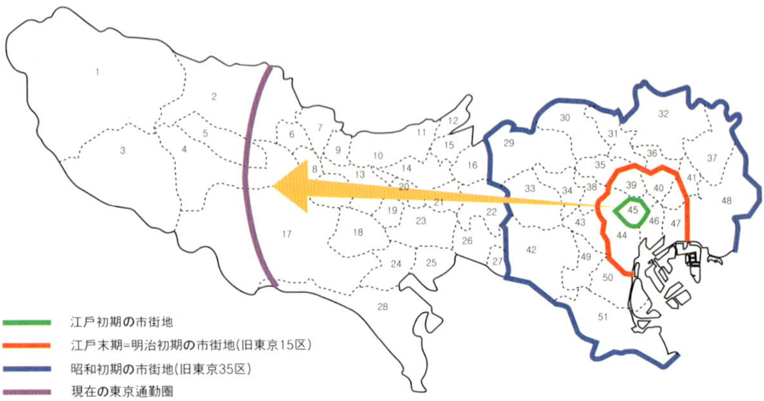

1. 奥多摩町
2. 青梅市
3. 檜原村
4. あきる野市
5. 日の出町
6. 羽村市
7. 瑞穂町
8. 福生市
9. 武蔵村山市
10. 東大和市
11. 東村山市
12. 清瀬市
13. 立川市
14. 小平市
15. 東久留米市
16. 西東京市
17. 八王子市
18. 日野市
19. 国立市
20. 国分寺市
21. 小金井市
22. 三鷹市
23. 府中市
24. 多摩市
25. 稲城市
26. 調布市
27. 狛江市
28. 町田市
29. 練馬区
30. 板橋区
31. 北区
32. 足立区
33. 杉並区
34. 中野区
35. 豊島区
36. 荒川区
37. 葛飾区
38. 新宿区
39. 文京区
40. 台東区
41. 墨田区
42. 世田谷区
43. 渋谷区
44. 港区
45. 千代田区
46. 中央区
47. 江東区
48. 江戸川区
49. 目黒区
50. 品川区
51. 大田区

그림 1_에도의 확대과정

(1660), 제4대 쇼군 도쿠가와 이에츠나德川家綱가 재임하던 시기였다.

에도의 도시로서의 확대과정을 살펴보면 다음과 같다. 〈그림 1〉에서 가장 안쪽에 있는 녹색 선이 소토보리外堀이다. 지금의 치요다구千代田區에서 칸다神田 일대를 제외한 지역과 거의 일치한다. 당초 에도는 이 조그만 지역으로부터 출발하였다. 이윽고 막부체제가 안정을 이룩하고, 산킨코우타이 제도에 의해 지방으로부터 에도로의 왕래가 빈번해지고, 또한 상업활동이 활발해짐에 따라 에도의 도시 경계는 급속도로 확대되어 갔다. 일반서민 거주구역과 상가들은 당초 에도 성의 오오테몬大手門 근처에 밀집해 있었으나 점차 시타마치 방면으로 퍼져 갔다. 그리고 무사들이 거주하는 저택들도 에도 성을 벗어나서 야마노테山の手 쪽으로 확대되어 갔다.

260년에 걸친 에도 역사에 있어서 가장 큰 특징 중의 하나는 대화재가 빈발하였다는 점이다. 당시 일반서민들의 가옥은 대부분 목재로 지어졌기 때문에 일단 화재가 나면 도시 전체가 순식간에 화마에 휩싸이는 경우가 많았다. 일본 전역의 다른 성들과 마찬가지로 에도 성에도 본래는 천수각天守閣[5]이 있었다. 그런데 메이레키明曆 3년(1657)에 일어난 '메이레키의 대화재明曆大火'로 그만 소실되고 말았고, 현재까지도 재건이 이루어지지 않고 있다.

이러한 대화재는 에도에 사는 모든 사람들의 삶에 커다란 타격을 주는 것이기도 하였지만, 한편으로 대화재는 에도가 새롭게 태어나는 하나의 계기가 되기도 하였다. 대화재 때마다 에도는 도시재건 사업을 적극적으로 벌였고, 그 결과 도시 전체가 계획도시화되어 갔다. 에도 성에서 필요로 하는 시설들은 성 주변으로 모아졌고, 상업활동에 종사하는 사람들은 상품별로 특정 지역에 배치되었다. 그와 같은 모습은 지금도 도쿄의 지명 속에서 그 발자취를 찾아볼 수 있다. 예를 들어 카야바초우茅場町는 띠로 지붕을 인 집의 띠를 파는 상가들이 모여 있던 마을이고, 닌교초우人形町는 인형을 만드는 직인들이 집단 거주하는 지역이었으며, 또한 긴자銀座는 은화 제조소가 밀집해 있던 지역이었다.

당시 에도에 살았던 인구의 정확한 수에 대해서는 여러 가지 설이 있다. 하지만 에도는 대부분의 시기에 걸쳐 100만 명 이상이 살았던 세계 유수의 대도시였다는 점은 틀림없는 사실이다. 에도 말기에는 〈그림 1〉에서 빨간색 선으로 나타나 있는 범위까지 시가지가 확대되었다. 그렇지만 현재 도쿄의 시가지에 해당하는 23구(청색 선)에 비해서는 훨씬 작았다. 현재는 보라색 선의 범위까지 도쿄 도심으로의 통근권이 확대되어 있다. 에도, 그리고 도쿄는 지난 400년 동안에 경계를 지속적으로 확대해 갔음을 알 수 있다.

그림 2_에도와 도쿄의 지리적 범위

에도에서 도쿄로

1868년(慶応 3) 메이지유신明治維新의 성공, 뒤이은 왕정복고의 포고와 더불어 에도 막부는 260여 년에 걸친 정권의 종말을 고하였다. 메이지유신 이후에도 보신전쟁戊辰戰爭이나 하코다테전쟁箱館戰爭을 겪는 등 국내가 완전한 평정을 되찾는 데는 적지 않은 시간이 걸렸지만, 15대에 걸친 도쿠가와 가家 막부 지배체제는 무너지고, 근대국가 '메이지 일본明治日本'이 탄생하게 되었다.

도쿠가와 막부의 붕괴에 의해 에도는 '도쿄東京'로 지명을 변경하고, 동시에 역할과 조직도 큰 변동을 겪게 되었다. 1869년 메이지 천황은 교토에서 도쿄로 거처를 옮겼는데, 이로써 도쿄는 명실상부한 일본의 수도가 되었다. 그리고 막부체제하에서 에도에 거주할 수밖에 없었던 다이묘들은 자신들의 영지로 영구히 돌아갔다. 이들 다이묘와 함께 에도에 집단적으로 살고 있던 사무라이들도 자신의 영주를 따라 본래의 한으로 되돌아갔음은 물론이다. 최고 번성기에 150

만 명에까지 육박하였던 에도 인구는 다이묘들과 거기에 따른 사무라이들이 귀향해 버림으로써 도쿄로 바뀌고 난 직후에는 60만 명 정도로 급격히 줄어들고 말았다. 〈그림 2〉는 현재의 도쿄 23구 지역과 이전의 도쿄 시를 나타낸 것이다. 에도 시절에는 '슈비키朱引き'라고 불리는 행정범위가 있었다. 그것은 야마노테의 사무라이 거주 지역으로부터 시타마치의 일반서민 거주지까지 에도의 시 구역을 대략 포괄하는 범위였다. 그러므로 에도가 도쿄로 명칭이 변경되었을 때, 에도의 슈비키가 거의 그대로 도쿄부東京府로 전환되었다. 그것이 지도상에 붉은 점선으로 표시되어 있는 구역이다.

현재 도쿄의 한가운데에 황궁皇居이 위치해 있다. 황궁 주변을 우치보리內堀り와 소토보리外堀[6]가 둘러싸고 있어 에도 성을 중심으로 에도가 성립되었음을 잘 설명하고 있다. 한편으로 현재 도쿄의 대표적인 부도심 지역이며 대규모 대중교통 터미널이 위치하는 이케부쿠로池袋, 신주쿠新宿, 시부야渋谷는 에도 중심으로부터 멀리 떨어져 있는 교외 지역이었다. 또 다른 부도심인 시나가와品川, 이타바시板橋, 센쥬千住는 에도에서 출발해 처음으로 당도하는 역참驛站이 있던 곳이었다. 신주쿠新宿라는 지명은 이들 기존에 있던 역참에 더해서 새롭게 설치된 역참이라는 뜻을 담고 있다. 지금은 이들 지역 모두가 도쿄역에서 15분 정도면 도달할 수 있는 거리 안에 있지만, 당시의 거리감각으로 봐서는 역참이 설치될 정도로 꽤 먼 곳에 위치해 있었다.

메이지유신 직후에 인구가 격감함으로써 생겨난 문제가 '도쿄의 과소화過疎化'였다. 아무렇게나 방치되고 있던 다이묘 저택들은 황폐화되어 갔고, 교외의 무사 가옥들도 뽕나무가 무성히 자라는 뽕나무 밭으로 변해 갔다. 이러한 가운데 일본의 수도 도쿄를 근대국가들의 수도에 상응하는 근대도시로 탈바꿈시키기 위해 메이지유신을 성공시킨 원로들은 다양한 '도쿄 개발계획'을 세웠다. 그러한 계획들 가운데는 도쿄를 지금의 마루노우치丸の內로부터 츄오구中央區

정도로 좁혀서 소위 '콤팩트 시티Compact City'화하려는 시도까지 있었다.

새로운 문명 속의 도쿄

메이지유신 이후 수도가 된 도쿄에는 새로운 문명들이 속속 등장하게 된다. 무엇보다 먼저 들 수 있는 것은 마차의 도입이다. 메이지 2년에는 도쿄와 요코하마橫浜를 연결하는 승합마차가 처음으로 운행을 개시하였다. 군사상의 이유 때문에 도로정비가 이루어지지 않아 마차문화가 존재하지 않았던 일본에서는 아주 특이하고도 새로운 교통수단이었다.

이어서 메이지 3년에는 인력거가 발명되었다. 에도시대에도 서민이 이용할 수 있는 카고駕籠라고 하는 가마와 비슷한 형태의 탈것이 있었다. 하지만 인력거는 카고보다 훨씬 빠르고 마차보다 적은 비용으로 운행되었기 때문에, 지금의 택시와 같이 도시 내에서 서민의 발로 널리 이용되었다. 메이지 초기에 벌써 2~3만 대나 되는 인력거가 도쿄 일대를 달리고 있었다.

그리고 이러한 새로운 교통수단 가운데서도 가장 유명하고 대표적인 것은 철도였다. 근대국가들 중 일본은 비교적 철도부설이 빠른 편이었는데, 최초의 철도는 1872년(明治 5)에 신바시新橋와 요코하마 구간에 개설되었다. 이 노선은 관동지방의 중심 항구로서 정비된 요코하마와 수도 도쿄를 연결하는 도시 간 철도로서의 성격을 지녔다. 두 도시 간의 거리는 30km 정도였는데, 에도시대라면 하루 종일 걸려서 걸어 다녔을 거리를 1시간도 채 되지 않는 시간에 주파하는 증기기관차에 대해 모두 놀라움을 감추지 못하였다.

이렇게 해서 도쿠가와 체제로부터 메이지 체제로, 에도로부터 도쿄로 시대가 변화해 가는 가운데 각종 문명의 이기가 등장하고 도시의 풍경이 바뀌어 나갔다. 그렇지만 메이지 10년대까지의 도쿄는 아직 인구도 회복되지 않았고, 거의 도보로 다닐 수 있을 정도의 규모밖에 되지 않았다. 철도 운임도 서민들이 일상적으로 이용하기에는 비싼 편이었다. 이들 새로운 문명의 교통수단들은 도쿄 사람들의 라이프 스타일과 도시 외관을 서서히 변모시켜 나갔을 뿐이었다. 도쿄가 보다 근대화되고 국제적인 도시가 되기 위해서는 그 후 100년 동안 진행된 일본 근대화의 역사를 거치지 않으면 안 되었다. 특히 1923년의 관동대지진과 태평양 전쟁 말기 미군의 도쿄대공습으로 인한 철저한 파괴와 그로부터의 부흥을 거치고 난 뒤 도쿄는 오늘날의 초근대적인 국제도시로 성장하게 된다.

에도의 사회

행정조직

에도의 쵸우닌町人[7] 인구는 50만 명이나 되었는데, 이들을 통제하고 서비스하는 관리의 수는 에도 남북 두 군데에 존재했던 부교우쇼奉行所[8] 관리를 합쳐도 299명에 지나지 않았다. 이 정도의 인원으로 에도의 행정, 사법, 경찰, 소방 등을 운영하고 있었던 것이다. 그런데 과연 이 정도의 인원만 가지고도 에도의 행정운영, 특히 치안유지가 가능할 수 있었을까?

쿄우호享保 18년(1731)의 인구조사에 의하면 에도에는 53만 6천 명의 쵸우닌들이 살고 있었다. 그 가운데 남자는 34만 명, 여자는 19만 6천 명이었다. 사무라이 계급이 쇼군가, 막부의 관리들, 각 다이묘의 가족 및 부하들, 그리고 그 밖을 합쳐 50만 명 이상으로 추정되고 있었다. 이 외에도 에도에는 타지에서 일자리를 구하러 와 있는 임시직 노동자, 여행자, 호적에 기재되어 있지 않은 부랑자 등이 적지 않게 살고 있었다. 이 모두를 합하면 당시 에도 인구는 100만 명을 훨씬 초과하였을 것으로 보인다. 참고로 쿄우호 6년(1721)의 인구조사에서 일본의 총인구는 2,606만 5,425명이었다.

일본의 사무라이 사회는 막부를 정점으로 한 엄격한 위계질서 하에서 성립되어 있었다. 또한 각 한 내에서도 다이묘를 정점으로 하는 명령계통이 존재하였다. 이러한 위계질서 하에서 행정 · 사법 · 경찰 그 밖의 조직이 완비되었고, 규율 · 규칙 · 도덕 · 예의작법 등이 엄격히 지켜지고 있었다.

그런데 인구 50만 명을 넘는 에도 쵸우닌 사회의 행정 · 사법 · 경찰 조직은 어떠한 모습이었을까? 막부는 마치부교우町奉行[9] 2명을 임명하여 매월 교대로 에도 시정을 담당케 하였다. 마치부교우의 산하에는 요리키与力[10] 25명, 도우신同心[11] 120명이 근무하고 있었다. 그 밖에 도우신이 사적으로 고용한 오갓비키岡っ引가 있었다.[12] 그 인원수는 시기에 따라 달랐지만, 75~150명 정도였다. 남북 양 부교우쇼를 합하여도 정규 관리 수는 292명밖에 되지 않는다. 이렇게 적은 수의 관리가 50만 명에 이르는 쵸우닌 사회의 행성을 처리하고 치안을 유지하였던 것이다. 쵸우닌 1,700명당 관리 1명꼴이다. 현재 도쿄 도都의 인구는 약 1,200만 명인데, 직원 수는 173,000명이나 된다. 도민 69명에 직원 1명꼴이다. 에도시대의 관리 수가 얼마나 적었는지를 알 수 있다. 과연 이와 같은 소수 인원으로 50만 명의 쵸우닌들을 제대로 관리할 수 있었을까 하는 의문이 들 정도이다.

그에 대한 답은 쵸우닌들에 의한 회원참가라고 하는 자치제에서 찾을 수 있다. 이 자치제가 작동하고 있었기에 관리 수가 극히 적어도 에도의 행정과 치안이 확보 · 유지될 수 있었던 것이다. 여기에 덧붙여 상당한 수준에 도달해 있던 당시 사람들의 도덕과 윤리 의식, 그리고 높은 교육수준이 이와 같은 자치를 가능하게 하는 요인이 되기도 했다.

에도 사람들이 일상생활을 할 때 기준과 규범으로 삼고 있었던 것이 '세상의 눈', '세상 여러 사람들에게 부끄럽지 않게'와 같은 의식이었다. 즉 에도 사람들은 자기의 행동을 다른 사람이 어떻게 보고 판단할까를 가장 먼저 생각하였고, 일뿐만 아니라 일상생활에 이르기까지 '다른 사람의 눈'에 항상 신경을 쓰고 살았다. 교육에 있어서도 '사회에 내놓아도 부끄럽지 않은 아이로 키운다'는 것이 기본목표였다. 달리 말하면, 당시 사람들의 의식을 지배하고 있던 것은 '부끄러움의 문화'이고, '하늘이 보고 있다'는 문화였다.

에도 중기에 이르면, 서민 가정에서는 '테라코야寺小屋'라고 하는 교육시설에 아이를 보내는 것이 일반화되었다. 여기에서는 기본적인 읽기 · 쓰기 · 수판 · 예의범절과 같은 것을 가르쳤는데, 아이들에게 이러한 것을 배우게 한 것도 위에서 언급한 '사회에 내놓아도 부끄럽지 않은 아이로 키운다'는 인식이 서민들의 마음속에 침투해 있었기 때문이다. 이렇게 해서 서민들 스스로의 필요와 의욕에 바탕을 두고서 자신들 손으로 만들어진 테라코야가 급속히 보급되었고, 막부 말기에 이르면 전국에 수만 개가 개설되어 있었다고 한다.

에도시대에는 사무라이는 말할 것도 없고, 쵸우닌과 농민들에게 있어서도 '개個'의 사상은 부정의 대상이었다. '나私' 개인의 주장은 극히 피해야 할 것이고, 좋지 않은 것이란 인식이 공유되고 있었다. 사리사욕私利私慾, 개인감정私情, 개인원한私怨 등 '私' 자가 붙는 단어는 모두 좋지 못한 어감을 가졌고, 가급적 기피되었다. 이보다는 겸손 · 양보와 같은 의식을 함양시키는 정신을 모든 계층과 신분의 사람들이 갈구했다. 멸사봉공滅私奉公의 정신은 무가사회에도 쵸우닌 사회에도 깊숙이 침투하고 있었다.

이와 같은 행동규범과 사상을 기반으로 해서 에도는 소위 '쵸우닌에 의한 쵸우닌을 위한 자치'가 광범하게 실시되고 있었다. 쵸우닌 스스로가 에도의 치안을 관리 · 유지하였고, 또한 자치를 위한 비용도 막부에 의지하지 않고 스스로 염출하였다.

자치조직은 다음과 같이 구성되었다. 에도의 마치 전체를 관할하는 사람으로서 마치도시요리町年寄 3명이 있었고, 그 밑에 몇 개의 마치를 묶어서 관할하는 마치나누시町名主가 있었다. 마치나누시 밑에는 야누시家主가 '고닌구미五人組'라는 것을 만들어 각 마치를 담당하였다.

쇼토쿠正德 3년(1713)의 기록에 의하면 에도에는 933개의 마치가 있었고, 쇼토쿠正德 5년(1715) 11월의 조사에서 나누시의 수는 196명에 이르렀다. 마치나누시의 직무는 1) 정부의 전령전달御触申渡[13], 2) 호적조사[14], 3) 화재 감시, 4) 소송사건의 화해 붙이기, 5) 주택매매 승인 등 쵸우닌들의 일상생활에 밀접히 관련된 것들이었다. 본래 이들 업무는 공식 정부기관으로서의 막부가 담당해야 할 일들이었지만, 이들에게 민영화되어 있었다.

각 마치에는 마치 내의 치안유지를 위해 지신반自身番[15]이 설치되었고, 야누시 또는 고용된 사람들이 임무를 맡았다. 가에이嘉永 3년(1850)의 기록에 의하면, 에도 시내에는 994개의 지신반이 있었다고 한다. 또한 마치들의 경계지점에는 기도반木戸番이라고 하는 통제소를 두고 마치를 출입하는 사람들의 체크와 야간순찰 등을 맡았다. 기도반은 밤 10시경에는 폐쇄되었으므로, 일반주민들은 그 시간 이후에는 기본적으로 자신의 마치를 벗어날 수 없었다.

지신반과 기도반을 운용하기 위한 비용은 지역 주민들이 부담하였는데, 그것을 '마치이리요우町入用'라고 불렀다. 이것 외에도 각 마치에서는 화재예방을 위해 호스 · 사다리 등을 항시 갖추고 있었고, 하수도와 쓰레기 처리시설 등도 운용하고 있었다. 이러한 시설의 유지와 운영에 들어가는 비용도 모두 각 마치 자체적으로 부담하지 않으면 안 되었다. 이러한 제도는 이미 칸분寬文 3년(1660)에는 성립되어 있었다.

그런데 쵸우닌들은 어떠한 이유로 이러한 비용을 스스로 부담하고 있었던 것일까? 정기적으로 세금을 징수당하고 그 외에 이와 같은 새로운 부담을 강요당하고 있었던 것일까? 다행히도 대다수의 쵸우닌들에게 세금부담은 전혀 없었다.

막부가 직접세를 징수하는 대상은 농민뿐이었고, 쵸우닌들로부터는 직접세를 일절 거두지 않았다. 다만 쵸우닌들에게는 일종의 간접세인 묘우가킨冥加金을 부과했다. 묘우가킨이라는 것은 일종의 감사금, 즉 에도에서 장사를 할 수 있게 해 준 것에 대한 감사의 뜻을 담아 바치는 돈이었다. 그리고 이 돈이 부과되는 대상도 쵸우닌 개인이 아니고, 쵸우닌의 조합조직이었다.

에도에는 '10개 도매상'이라고 불린 동업조합이 있었다. 술가게, 쌀가게, 연탄가게, 옷가게 등의 각 직종별로 조합조직을 만들었는데, 쵸우닌들은 이 조합에 가입하지 않으면 에도에서 영업할 수 없게 되어 있었다. 묘우가킨을 지시받은 조합은 조합원들 사이의 자발적 합의를 통해 각자가 내야 할 분담금을 정하였다. 거상巨商이나 대점포로부터는 많은 몫을 징수하고, 반면 벌이가 변변찮은 사람들에게는 면제를 해 주기도 하였다. 에도의 쵸우닌 계급은 일부의 부상富商들을 제외하면 거의 모두가 영세상인이었으므로, 대부분의 쵸우닌들에게 에도는 완전한 면세 도시였다고 해도 지나친 말이 아니었다.

쵸우닌들에게 부과된 책임과 의무의 원활한 이행을 위해서 만든 제도가 고닌구미 제도였다. 고닌구미는 본래 수전농경水田農耕 사회에서 공동노동의 전통으로부터 생겨난 것이다. 수전농경을 위해서는 공동 개간, 공동 관개灌漑, 공동 모심기, 공동 수확 등 무엇이든지 마을 사람들이 공동으로 서로 협력하지 않으면 안 되었다. 이와 같은 상황 속에서 마을 내 상부상조 조직으로 생겨난 것이 고닌구미였고, 이것이 점차로 도시의 쵸우닌 사회에도 퍼져 갔다.

도시에서 고닌구미가 뿌리를 내리게 된 데에는 어떤 사람이 나쁜 일에 빠지는 것을 공동으로 예방하려고 한 것이 크게 작용했다. 고닌구미제의 핵심은 구성원 간의 연대책임이었다. 더욱이 연대책임은 고닌구미 구성원 사이에서뿐만 아니라 마치의 관리, 집주인에게까지 미쳤기 때문에 관계된 여러 사람들 사이에서 서로 신경을 써서 관심을 보이게 되었다. 특히 연좌제가 엄격하게 적용된 것이 아동범죄였다. 어린이가 죄를 저질렀을 때는 어른들이 처벌받게 되어 있었다. 아동은 한 부모의 자식이라기보다는 마치의 자식으로 받아들여졌다. 어린이가 장난을 심하게 치면 어른들은 남의 집 자식이라도 엄하게 꾸짖었다. 그렇게 함으로써 어린이가 사회로부터 탈락하는 것을 미연에 방지할 수 있었던 것이다. 따라서 어린이들은 언제나 누군가의 관심과 감시하에 지내고 있었고, 이러한 점은 어린이에 대한 일종의 사회교육적인 효과가 있었다. 또한 이렇게 함으로써 부모로서의 연대감은 고닌구미라는 작은 범위를 넘어 수평적으로 무한정 확대되어 갔다.

이상과 같이 에도의 치안이 안전하게 유지될 수 있었던 것은 에도 주민 각자가 높은 도덕 · 윤리 의식 및 교육 수준을 유지하고 있었을 뿐만 아니라, 나아가 쵸우닌의 자주적인 회원참가형의 자치제가 작동하고 있었기 때문이다. 그리고 바로 이러한 점이 50만 명이나 되는 쵸우닌 사회에 300명도 안 되는 정규 관리들을 가지고서 사법 · 행정 · 경찰 체제를 무난하게 유지할 수 있었던 이유이기도 했다.

소방제도

에도시대 265년간에 에도를 거의 불바다로 만든 대화재가 약 100회나 일어났다. 당시 가옥은 초가지붕에 건물 전체가 목재와 종이로 만들어져 있었기 때문에 화재에 완전히 무방비한 상태였다. 부엌에서의 불 끄기 소홀, 담뱃불 처리 부주의 등으로 인한 크고 작은 화재가 일상적으로 발생했고, 화재로 인한 인명 피해도 이루 말할 수 없을 정도였다.

에도시대에 발생한 3대 화재를 들면 다음과 같다. 먼저 '메이레키 대화재明曆大火'이다. 메이레키 3년(1657) 1월 18일부터 19일에 걸쳐 발생한 화재로, 사망자 10만 7천여 명을 내고, 시가지 거의 전부가 불타 버린 대화재였다. 일명 '후

리소데振袖 화재'라고 일컬어지고 있다. 다음으로 에도시대 사상 최대의 화재로 메이와明和 9년(1772) 2월 29일에 발생한 '메이와 대화재明和大火'가 있다. 사망자 1만 700여 명을 냈고, 무려 934개 마치를 순식간에 태워 없앴다. '메구로교우진자카目黒行人坂의 대화재'로도 불렸다. 마지막으로 분카文化 3년(1806) 3월 4일에 발생한 '분카 대화재文化大火'를 들 수 있다. 사망자 1,200여 명을 내고, 539개 마치가 전소되었다. 처음 불이 난 곳의 지명을 따서 '쿠루마초우車町 화재'라고도 부른다.

대화재는 에도에 막대한 피해를 입혔지만, 한편으로는 전국에 적지 않은 경제적 효과를 가져왔다. 100만 인구를 가진 대도시가 필요로 하는 생활물자에 대한 수요는 일상적으로 발생하는 화재에 의해 더욱 증가하였다. 그중에서도 목재 소비는 상상을 초월하는 것이었으며, 건축 관련업계에 종사하는 장인들에게도 막대한 이윤을 안겨 줬다.

대화재가 일상적으로 발생함에 따라 소방대책도 체계적으로 갖춰졌다. 에도 '3대 소방대'라고 불린 것이 다이묘 소방대大名火消, 하타모토 소방대旗本定火消, 마치 소방대町火消였다. 다이묘 소방대 가운데 유명한 것이 카가마에다케加賀前田家의 카가토비加賀鳶 소방대와 츄우신구라忠臣藏의 아코우아사노케赤穗淺野家 소방대였다. 다이묘 소방대에 대해 강력한 라이벌 의식을 가지고 있었던 곳이 하타모토 소방대와 마치 소방대 가운데 메구미め組 소방대였다. 분카 2년(1805) 3월 14일에 시바신묘우芝神明 경내에서 벌어진 메구미 소방대와 스모相撲 선수 간의 집단 난투극은 유명한데, 200년이 흐른 오늘날에도 가부키와 만담의 소재로 자주 등장한다.

쿄우호 3년(1718)에 마치부교우 오오오카타다스케大岡忠相는 쵸우닌들에 의한 소방대 조직화에 착수하였다. 쿄우호 5년(1720)에는 스미다강隅田川 서쪽의 마치들을 대략 20개씩 하나로 묶어서 모두 47개의 소방대로 편성했다. 이들 각

소방대에는 히라가나 47개 문자 가운데 하나씩을 이름으로 붙였다.[16] 쿄우호 15년(1730)에는 마치소방대원의 수가 약 1만 명에 이르렀다. 에도 시에만 47개 소방대에 9,165명의 대원이 소속해 있었고, 이 외에도 혼죠本所 · 후카가와深川에 16개 소방대에 461명의 대원이 있었다. 에도의 쵸우닌 약 50명당 1명의 마치소방대원이 있었다는 계산이 된다. 모든 소방대는 각 마치의 자치조직이었으므로, 소방대 운영에 소요되는 경비는 모두 마치 자체적으로 부담하였다.

화재가 났을 때, 당시의 불 끄는 방식은 오늘날과 달리 불난 곳을 모두 파괴하는 식이었다. 바람의 방향에 따라 바람이 불어오는 곳의 집들을 미리 부숴 버려서 불이 더 이상 번지지 않도록 하는 것이었다. 하지만 그냥 무조건 집을 파괴하는 것은 아니었다. 풍향과 불이 번지고 있는 방향을 잘 파악하여 바람이 지나갈 것으로 예상되는 곳의 집들을 부수고 연소를 막아야 했기 때문에 전문적인 지식과 경험이 필요하였으며, 때로는 목숨을 건 작업이기도 하였다.

폐기물 처리 시스템

에도의 인구는 쿄우호 7년(1722)에 이미 100만 명을 훨씬 넘어서고 있었다. 이처럼 인구가 증가함에 따라 쓰레기 처리와 자원의 재활용 문제가 골칫거리였다. 이 점은 현대사회에서도 똑같이 나타나고 있는 문제인데, 에도시대에는 이에 대해서 어떻게 대처했는지 살펴본다.

하나의 예로서 옷을 들 수 있다. 당시 부유한 상인쯤 되면 새로운 옷을 여러 벌 구입해서 때때로 갈아입을 수 있었지만, 일반서민들은 대부분 헌 옷을 구입해서 입었다. 오랫동안 입은 헌 옷은 다시 잠옷이 되고, 그 역할이 끝나면 아기들의 기저귀가 되고, 다음으로 걸레가 되고, 걸레 다음으로는 불쏘시개 혹은 흙으로 돌아가 일생을 마치게 되었다. 헌 옷을 파는 가게 수는 쿄우호 8년(1723)의 기록에 의하면 동업조합에 가입해 있는 것만 해도 1,182개소에 달하였다.

조합에 가입하지 않고 영업하는 가게도 제법 있었으므로, 전체적으로 상당한 규모의 산업을 이루고 있었음을 알 수 있다.

헌 옷 가게 외에 재생 및 수리에 관련된 업종을 들면 다음과 같다.

- 羅宇のすげ替え: 담뱃대 수리 가게
- 鑄掛け屋: 구멍이 뚫린 솥, 냄비, 차 주전자 등을 수리하는 가게
- 焼継ぎ屋: 도자기의 파손된 부분을 칠을 하여 보수하는 가게
- 雪駄直し: 짚신 수리 가게
  箍屋: 목재로 된 통 수리 가게
- 磨ぎ師: 칼, 톱, 단도 등을 가는 가게
- かまど塗り: 부엌 수리 가게
- 傘の張替え: 헌 우산을 구입해서 새 종이를 발라 재생하는 가게
- 端切れ屋: 옷감 조각을 구입하여 이를 누벼 아동용 옷과 인형을 만드는 가게

한편 폐품 회수와 관련된 업에는 다음과 같은 것들이 있었다.

- 古着買い: 헌 옷 구입업자
- 紙屑買い: 폐지 구입업자
- 三つ物屋: 헌 솜옷을 분리하여 겉면과 안면으로 나누어서 간단한 옷으로 재활용하는 가게
- 古骨買い: 헌 우산을 구입하여 재활용하는 업자
- 蝋燭の流れ買い: 촛불 사용 후 흘러내린 것을 모아 재활용하는 업자
- 行灯仕替え: 촛대를 수리해서 재생품으로 판매하는 업자

- 籠襤褸: 대나무로 된 통을 짊어지고 헌 옷과 못 쓰는 물건을 사러 다니는 업자
- 灰買い: 타고 남은 재를 긁어모으는 업자
- 焼け跡の拾い屋: 화재 현장에서 칼, 농기구, 목재 등을 주워 모으는 업자
- ごみ取り: 쓰레기를 퇴비로 이용하기 위해 전문적으로 긁어모으는 업자
- 肥汲み: 배설물을 모아 농민들에게 비료로 제공하는 업자

이처럼 에도의 서민들은 어떠한 물건이든지 재활용하고 재생해서 사용하고 있었다. 따라서 100만 명의 인구를 가진 대도시 에도에서는 오늘날의 모든 현대 도시가 골머리를 앓고 있는 폐기물 처리문제는 존재하지 않았다고 해도 좋을 것이다.

서민정신, 계급도덕

에도 서민들의 전원참가의 자치의식과 치안유지를 위한 자조노력의 바탕이 된 것은 무엇이었는가? 사회생활을 영위하기 위한 에티켓과 사회생활 매너는 어느 정도였는지를 아래에서 설명한다.

"에도시구사江戸しぐさ"란 말이 있다. 에도시대 사람들이 일상적으로 몸에 지니고 있던 태도나 표정 같은 것을 말한다. 예를 들면 "가타히키肩引き", "카사카시게傘かしげ", "코부시우카세こぶし浮かせ"와 같은 것이다. "肩引き"는 좁은 골목에서 반대쪽에서 오는 사람과 마주칠 때, 서로 어깨를 조금 틀어 충돌하지 않고 다닐 수 있게 하는 것을 말한다. "傘かしげ"는 비가 오는 좁은 길에서 상대방과 마주칠 때 양쪽이 우산을 조금 비켜 기울이면 비도 맞지 않고 서로 부딪치지도 않는 것을 가리킨다. 그리고 "こぶし浮かせ"는 만원인 좁은 배에 새로운 손님이 타려고 할 때, 이미 타고 있는 두세 사람이 주먹 하나만큼씩만 허리를 틀어

양보하면 한 사람분의 공간이 생겨 한 사람이 더 탈 수 있게 되는 것을 말한다. 이렇게 해서 올라타게 된 손님은 가볍게 눈인사를 하면서 자리에 앉는다. 남을 배려하는 이러한 모습은 에도 시민들에게 있어서는 지극히 당연하고 몸에 밴 것들로서 당시에는 일일이 "肩引き", "傘かしげ", "こぶし浮かせ"라고 부르지도 않았다. 이러한 용어들은 후대에 만들어진 것이다.

에도 말기 기슈紀州 한의 한 무사가 쓴 『江戸自慢』에 보면 "에도 상인은 물건을 사러 오는 손님들에게 매번 '감사합니다'라는 인사를 빠뜨리지 않고, 추석과 설 같은 명절에는 단골손님에게 선물하는 것을 게을리하지 않는다"라고 하였다. 감사를 말로만 하는 것이 아니라, 눈 표정에도 담는다. 이것이 "お愛想目つき"로 불리는 몸짓이다. 또 손님이 찾는 물건이 없을 때는 "죄송합니다すみません"라고 자기가 잘못한 것인 양 허리를 굽혀 사과를 한다. 이것을 "あいにく目つき"라고 한다. 에도시대에는 "얼굴을 보고 신부를 고르면 실패할 수도 있지만, 태도를 보고 고른 신부는 틀림이 없다"라는 말이 유행했을 정도이다.

에도시대에는 시 짓기나 다도 · 분재 등과 관련된 수많은 사적 모임들이 열렸다. 그런데 이들 모임에서는 "三脫"이라고 해서 서로 물어서는 안 될 세 가지 사항이 있었다. 그 첫 번째가 나이와 태어난 곳, 두 번째가 직업과 지위, 마지막으로 가족에 관한 것이었다. 오랫동안 교제하면서 상대가 스스로 말하거나 자연히 알게 되는 경우 이외에는 첫 대면한 사람에게 절대로 물어서는 안 되는 것이었다. 그러한 모임에는 사무라이도 있고 쵸우닌도 있었으며, 신분이 높은 자도 있었고 낮은 자도 있었다. 또한 대상인도 있는가 하면 소상인도 있었다. 이처럼 모든 계층과 계급의 사람들이 한 모임에 들어가 있었기 때문에, 그러한 것들이 알려지면 그 속에서 서열이 생기고 서로 관계가 어색해질 수 있었다. 따라서 이러한 점들을 미연에 방지하기 위해 이와 같은 관습이 생겨났던 것이다.

"江戸しぐさ"는 에도시대 260년 동안 일반서민들이 일상습관으로서 몸에

지니고 있던 고도로 세련된 매너이고 에티켓이었다.

교육제도

20세기 초까지 일본의 전형적인 풍경으로서 촌락의 가장 큰 건물이며 그 촌락의 가장 중심부에 위치해 있는 것이 학교였다. 서구사회에서 마을 중심부에 교회가 위치해 있는 것과 같은 식이다. 그럼 왜 학교가 촌락의 중심에 위치해 있었고, 왜 가장 큰 건물이었는가? 그것은 어린이를 나라의 보배로 여기면서, 어린이에 대한 교육을 가장 큰 임무로 생각했던 에도시대로부터의 유산이라고 할 수 있다.

가정에서도 마치 내에서도 어린이는 미래의 에도를 짊어지고 갈 세대이기 때문에 어린이를 손중하는 마음은 매우 컸다. 이와 같은 의식은 어린이가 보배라는 소위 자보사상子寶思想으로 발전해 갔다. 어린이를 잘 키우는 것, 어린이와 함께 일상생활을 즐기는 것, 그리고 교육에 열중하는 것이 부모의 가장 큰 역할로 여겨졌다. 동시에 어린이를 키우는 일은 친부모만의 일이 아니라 그 지역공동체 전체의 일이기도 했다. 아이를 낳은 친부모 이외에도 '출생을 도운 부모', '젖을 주는 부모', '이름을 지어 준 부모', '거두고 기른 부모' 등의 여러 종류의 양부모假親가 있었고, 이들 양부모와 아이와의 사이에 유사 친자親子관계가 맺어졌다. 이들 양부모는 그 아이의 성장과정에서 일종의 '대부모代父母'로서 관련을 맺었다. 그것은 아이 양육을 위한 어른들의 네트워크 형성이라는 의미를 가졌다. 한편 어린이의 출생과 그 후의 성장과정에서 축하할 일이 생길 때는 근처 사람들과 친척들이 모두 모여 식사를 함께 하였다. 이것도 어린이의 성장을 지탱하는 어른들의 네트워크 집단이라고 볼 수 있다.

농촌에서는 7살이 넘으면 어린이를 '어린이 집단子供組'이라고 하는 일정 연령으로 구분된 단체에 들어가게 하고 많은 시간을 그곳에서 보내게 하였다. 어린이들은 놀이나 마을 행사 등에 참가하면서 어른들로부터 많은 것을 배우며 마을의 일원으로서 자라 갔다. 대략 15살이 넘으면 한 사람의 독립된 인격체로서 취급되어, 그때부터는 예외 없이 '젊은이 집단若物組'에 속하게 되고 결혼할 때까지 그곳에서 보냈다. '젊은이 집단'은 기본적으로 숙식을 포함한 공동생활을 하였으며, 그러한 과정을 통해 완전한 마을의 일원으로 성장해 갔다. '젊은이 집단'에 들어가게 되면 배우자의 선택을 비롯한 많은 결정의 순간에 부모보다 그 집단의 의향이 더욱 크게 작용하였다. 요컨대 부모나 가정보다 자치집단 쪽이 어린이들의 인격형성에 훨씬 큰 의미를 가지고 있었던 것이다. 에도시대에는 어린이의 예절이나 교육은 부모보다 사회 전체의 의무와 책임이라는 의식이 강했다.

에도의 쵸우닌은 거의가 상인이었기 때문에 부모들은 매우 바쁘게 생활하였고, 자식들 교육을 위해 할애할 시간적 여유도 거의 없었다. 그러므로 부모들은 공동으로 자금을 내서 테라코야의 선생님에게 아이를 맡겼다. 테라코야는 어떠한 신분의 자제들도 들어갈 수 있는 오픈된 시스템이었다. '장래성이 있는 아이는 그 장점을 살려 주고, 뒤처지는 아이는 끌어 주며, 평범한 아이는 좋은 점을 발견하여 그것을 살려 주는 것'을 신조로 하였다. 또 선생님은 40세 이상이 원칙이었고, 남자뿐만 아니라 여자도 있었다. 인격형성 과정에서 균형된 시각을 길러 주기 위해 선생님 선정에 있어 어느 정도 연령과 성별의 밸런스를 고려한 듯하다.

학습내용에 있어서는 우선 최소한의 읽기와 쓰기, 계산법을 배운 뒤에는 보고, 듣고, 말하기에 중점이 놓였다. 테라코야에서는 연령 단계에 따라 과제를 달리하는 등 교육내용도 잘 고안되어 있었다.

에도 사회는 인간생활에서 교육을 가장 존귀한 것으로 여겼다. 이와 같은 시대적 배경하에서 교육은 단지 테라코야의 선생님에게 맡기는 것만으로 끝나는 것이 아니었다. 사회 전체가 다음 세대 에도의 보배인 어린이들을 매우 정성 들여 교육하였다. 어린이 교육에 있어서는 부모, 사회, 테라코야의 선생님이 각각 맡은 역할이 따로 있었다. 다섯 살까지는 가정 내에서 부모에 의한 교육이 이루어졌다. 부모 교육의 첫 번째 목표가 되었던 것이 앞에서 언급한 '세상에 내놓아도 부끄럽지 않는 아이'로 키우는 것이었다. 다섯 살 이후부터는 자립심을 길러 주기 위해 테라코야에 다니게 했다.

에도시대 거의 대다수 서민들에게 있어 테라코야 선생님은 전 생애를 통해 가장 소중한 은사였다. 부모는 선생님을 존경하고 전폭적인 신뢰를 보냈다. 일단 선생님에게 아이를 맡기면 선생님의 명령에 절대적으로 따르게 하고, 스승에 대한 존경심이 약해지지 않도록 철저히 가르쳤다. 테라코야에 맡겨진 아이들은 스승을 존경하여 '7자 뒤루 물러나서 스승의 그림자도 밟지 않는다'는 것을 행동의 지침으로 삼았다. 선생님도 금전적 · 물질적 관계를 초월한 교육애와 사명감을 가지고 있었고, 오로지 인격적으로 교육과 지도에 임하였다. 또 스승으로서의 도의와 절조를 지키고 순결하고 고상한 직무 수행자라는 의식하에서 교육을 행하였다. 스승과 제자 사이 존경과 신뢰의 인간관계를 단적으로 보여 주는 예로서 일본 전국 각지의 사원묘지와 공동묘지에서 수없이 볼 수 있는 '후대코 묘지筆子塚'를 들 수 있다. 후대코 묘지는 테라코야에서 배운 학생들筆子이 스승에 대한 보은의 심정으로 스승의 학덕과 인덕을 기리기 위해 건립한 것이다.

테라코야에 입학하는 연령은 분명하게 정해진 것은 없고, 대개 6세가 되면 입학하였다. 남자는 5~6년, 여자는 6~7년간의 재학기간을 거쳐 보통 12~13세가 되면 졸업하였다. 테라코야에 입학하면서 스승과의 일생에 걸친 인격적 관계가 시작되었다. 졸업 후에도 결혼은 말할 것도 없고, 아이의 출생, 취직 등과 같은 중요한 일에는 반드시 스승을 초대해서 그 일을 보고 드리고 대접하는 자리를 마련하였다. 스승이 사망하면 제자들이 장의비용을 전적으로 부담하였으며, 그 유덕을 기리고자 보은의 비석을 세웠다. 스승의 묘지에는 꽃과 향이 끊이지 않았다.

이상과 같이 에도시대에는 사회, 부모, 테라코야의 선생님이 상호신뢰를 바탕으로 협력하여 아이들을 양육하고 교육하였다.

미주

1. 도쿠가와 이에야스가 패권을 장악하고 난 뒤에도 일본의 명목상의 최고 지배자는 천황이었고, 따라서 공식적으로는 천황이 거주하는 교토가 수도였다.
2. 한국에서는 10리를 4km로 환산하는 데 반해, 일본에서는 1리가 4km이다.
3. 도쿠가와 막부체제는 봉건제를 실시하였는데, 각 영주가 다스리던 지역을 '한(藩)'이라고 하였다. 영주의 정식 명칭은 '다이묘(大名)'였다. 한편 막부의 최고 지배자를 '쇼군(將軍)'이라고 하였다.
4. 도쿠가와 막부체제하에서는 전국에 302개의 한이 있었는데, 이들 한의 영주인 다이묘는 1년씩 교대로 자기 영지와 에도에서 생활해야 했다. 다이묘가 자기 한에서 생활하는 1년 동안에는 처자식은 에도에 머물러야 했다. 다이묘들은 에도에 머무르는 동안 업무를 보고 생활하기 위한 공간으로서 대저택들을 지었다. 산킨코우타이제도 실시의 주목적은 다이묘들이 도쿠가와 막부에 대항해서 반란을 일으키지 못하도록 하는 것이었다.
5. 일본의 성 한가운데 우뚝 서 있는 건물의 꼭대기 부분을 말한다. 그 건물에는 보통 성주가 살며, 윗부분의 천수각은 전쟁 시에 적의 동정을 살피거나, 최후의 저항거점으로 이용되었다.
6. 성을 적으로부터 보호하기 위해 성 둘레에 해자를 파는데, 성으로부터 안쪽에 있는 해자를 우치보리라 하고, 바깥쪽에 위치하는 해자를 소토보리라고 한다.
7. 에도시대에 도시에 거주하며 주로 상업에 종사하는 사람들을 가리키는 명칭이다.
8. 에도의 행정과 치안을 담당하는 최고기관이다.
9. 부교우쇼의 최고 책임자이다.
10. 부교우쇼의 중간 행정관으로 부교우의 명령을 받아 도우신을 지휘하였다.
11. 부교우쇼의 하급 행정관이고, 요리키를 보좌하는 역할을 하였다.
12. 오갓비키는 민간인으로서 행정기관의 운영에 협력하고 일반 사람들의 동정 등을 밀고하는 사람을 말한다. 다른 말로는 메아카시(目明し), 고모노(小者), 떼사키(手先) 등으로도 불렸다.
13. 이 업무는 마치나누시의 가장 중요한 일이었다. 마치부교우로부터의 지시사항을 각 마치에 전달할 뿐만 아니라 그것을 엄격히 실행시키는 것까지 포함되었다.
14. 농촌에서는 연공(年貢) 징수를 위한 인구조사의 필요성에 의해, 그리고 에도에서는 치안유지를 위한 필요성으로 정기적으로 호적조사가 실시되었다. 호적조사는 텐와(天和) 3년(1683) 처음 실시되었고, 매월 마치도시요리에게 각 초우의 인구와 그 변동사항을 보고하도록 하였다. 이 제도는 범죄를 미연에 방지할 뿐만 아니라, 범죄가

발생하였을 때 신속한 조사와 범인 검거에 매우 유용한 수단이 되었다.

15. 현대의 파출소와 같은 기능을 담당했다.

16. へ, ら, ひ 세 글자는 어감이 그다지 좋지 않아서 그것들 대신에 각각 百, 千, 万을 사용했다. 또한 ん 대신에는 本을 사용했다.

참고문헌

고시자와 아키라/장호준 역, 『도쿄 도시계획 담론』, 구미서관, 2006.

모로 미야/허유영 역, 『에도일본』, 일빛, 2006.

이시하라 요시노부/민주식 역, 『도쿄의 미학: 혼돈과 질서』, 도서출판 소화, 2000.

이영석 · 민유기, 『도시는 역사다』, 서해문집, 2011.

요시미 슌야 · 오카바야시 미키오/오석철 역, 『도쿄이야기』, 커뮤니케이션북스, 2006.

E. 사이덴스티커/허호 역, 『도쿄이야기』, 이산, 1997.

相良亨, 『武士の思想』, ペリカン社, 1984.

伊藤毅, "近代東京の都市空間", 『서울, 베이징, 상하이, 도쿄의 대도시로의 성장과정 비교연구 I 』, 이상기획, 2006.

大方潤一郎, "近代東京の都市計画 : 郊外化都市更新", 『서울, 베이징, 상하이, 도쿄의 대도시로의 성장과정 비교연구 I 』, 이상기획, 2006.

川本彰, 『日本人と集團主義』, 玉川大學出版部, 1982.

高木博志, 『近代天皇制と古都』, 岩波書店, 2006.

多多良翼 · 傑田忠雄 · 矢內愉, 『日本の社會と文化』, 南窓社, 1986.

土肥真, "江戸から東京への社会的諸制度の変化と都市オープンスペースの形成的変化に関する考察", 『The Japanese Institute of Landscape Architecture』, 1994.